Sophie Charlotte
Sisis leidenschaftliche Schwester

von

Christian Sepp

August Dreesbach Verlag

Impressum

Gestaltung und Satz: Anne Dreesbach
Gesamtherstellung: Tutte Druckerei und Verlagsservice GmbH
Papier: PlanoPlus 120 g/qm
Gesetzt aus der Agmena
Printed in Germany
ISBN 978-3-944334-37-0

Die Deutsche Nationalbibliothek verzeichnet diese Publikation in der Deutschen Nationalbibliografie; detaillierte bibliografische Daten sind im Internet über http://dnb.dnb.de abrufbar.

Besuchen Sie uns im Internet: www.augustdreesbachverlag.de

»O könnten meine heissen Thränen das harte Schicksal erweichen«

Sophie Charlotte

Sisis leidenschaftliche Schwester

von
Christian Sepp

August Dreesbach Verlag

Inhalt

»Wär ich ein Jäger auf freier Flur,
Ein Stück nur von einem Soldaten,
Wär ich ein Mann doch mindestens nur,
So würde der Himmel mir rathen;
Nun muß ich sitzen so fein und klar,
Gleich einem artigen Kinde,
Und darf nur heimlich lösen mein Haar,
Und lassen es flattern im Winde!«

Annette von Droste-Hülshoff, Am Turme, 1841/42

»Nicht so wild, Effi, nicht so leidenschaftlich.
Ich beunruhige mich immer, wenn ich dich so sehe …«
Luise von Briest zu ihrer Tochter Effi

Theodor Fontane, Effi Briest, 1895

Für meine Großmutter
Hanna Hindelang (1915–2009)
und ungezählte Stunden »Wer is g'storben?«

und für
Bobby (2004–2014),
den besten Begleiter auf vier Beinen für ein Buchprojekt,
den man sich nur wünschen konnte.

Vorwort

Ein unterdrückter Schrei gellt an diesem Juniabend des Jahres 2013 durch das schon fast verlassene Büro. Eine Kollegin nähert sich schnellen Schrittes, ihren besorgten Blick auf mich gerichtet: »Alles okay bei dir?« »Da ist ein Brief. Auf eBay. Zum Verkauf. Ein Brief von Ferdinand von Alençon an seine Tochter Louise, November 1887. Genau die Zeit, in der Sophie Charlotte in Maria Grün war.« Der Kopf der Kollegin geht in eine leichte Schieflage, gefolgt von einem nicht zu deutenden Lächeln. Kein Wunder. Schließlich kann keiner wirklich nachvollziehen, welch überraschtes Entzücken dieser Fund bei mir auslöst.

Für mich war es ein kleines Wunder. Denn seit ein paar Monaten recherchiere ich nun schon die Lebensgeschichte von Herzogin Sophie Charlotte in Bayern. Und ich bin an einen Punkt gekommen, an dem mich zwei Dinge besonders beschäftigen: Ist es in Ordnung, so in einem vergangenen Leben zu stöbern? Und: Es gibt eine Stelle in der Geschichte, die mich besonders berührt. Genau hier kann ich die Geschichte aber nicht weitererzählen, denn mir fehlt das Quellenmaterial. Bisher habe ich nichts gefunden, das diese Lücke füllen kann.

Und nun das: Ein Brief aus dem 19. Jahrhundert zum Verkauf auf eBay. Aber es kommt noch besser: Denn der Brief entpuppt sich als Teil eines kleinen Nachlasses, der von einer Privatperson angeboten wird. Ich zögere nicht wirklich lange und wenige Tage später, mitten im Hochsommer, steht eine blau-weiße Briefschatulle auf meinem Küchentisch, dazu zwei Ordner gefüllt mit Briefen, Bildern, Postkarten, Sterbebildchen, Zeitungsausschnitten und vielem mehr. Bei der ersten Durchsicht stelle ich fest, dass all diese liebevoll gesammelten Erinnerungsstücke aus dem Nachlass der Prinzessin Louise von Bayern, Sophie Charlottes Tochter, einer geborenen d'Orléans, stammen müssen. Alle enthaltenen Briefe sind an sie adressiert. Für mich ist diese Sammlung ein echter Schatz. Ich bekomme Einblicke in Dokumente, die vor mir noch niemand ausgewertet hat. Und mir wird klar: Wenn das kein Auftrag ist, die Geschichte zu erzählen, was dann?

Denn leider sind – mit wenigen Ausnahmen – viele Halbwahrheiten über das Leben von Sophie Charlotte im Umlauf. Was schlicht und ergreifend daran liegt, dass im deutschen Sprachraum keine Biografie über ihr gesamtes Leben existiert. In Büchern und Filmen erscheint sie meist als Randfigur neben ihrer älteren Schwester Elisabeth, der berühmten Kaiserin Sisi von Österreich, oder dem bayerischen »Märchenkönig« Ludwig II., mit dem sie ganze 259 Tage lang verlobt war. In den letzten Jahren haben zwei historische Romane und eine zweiteilige Miniserie bei RTL auch nicht dazu beigetragen, ihrem Leben gerecht zu werden, denn hier wurden nur Bruchstücke ihrer Biografie zusammengetragen, um sie dann möglichst sensationell wieder aneinanderzureihen. Dabei bedarf ihr Leben wahrlich keiner künstlichen Dramatisierung.

Die vorliegende Biografie soll diese Lücke nun füllen. Mein Vorhaben ist es, auf der Grundlage von zahlreichen Quellen – Briefen, Tagebüchern, Gesandtschaftsberichten – und durch Auswertung der bereits vorhandenen Literatur ein möglichst lebendiges und authentisches Bild dieser außergewöhnlichen und eigenwilligen Frau zu zeichnen, die bereit war, für ihre Gefühle viel aufs Spiel zu setzen und einen ganz eigenen Weg einzuschlagen. Dabei sind mir insbesondere zwei Dinge wichtig: zum einen eine emotionale Annäherung an ihre Person, zum anderen eine wissenschaftliche Herangehensweise. So sind alle Zitate aus zeitgenössischen Quellen belegt; wo wir uns im spekulativen Bereich bewegen, wird deutlich darauf hingewiesen. Die ausgewerteten Quellen und die herangezogene Literatur findet der interessierte Leser im Anhang angegeben. Dieser wird durch ausführliche Stammbäume, die dabei helfen sollen, sich in den komplexen verwandtschaftlichen Verhältnissen zurechtzufinden, ergänzt.

Sophie Charlotte unterschrieb mit Ausnahme der an ihre Kinder adressierten Briefe immer mit beiden Vornamen; wenn andere von ihr sprachen, verwendeten sie meist nur den ersten Vornamen. In diesem Buch werden beide Varianten verwendet, im ersten Drittel zumeist die Variante mit beiden Vornamen, um sie von den anderen Sophien, die in ihrer Biografie auftauchen, zu unterscheiden.

Meine größte Hoffnung ist es, dass Sophie Charlotte mit dieser Annäherung an ihr Leben bei eigener Lektüre zufrieden gewesen wäre. Auf dass ihre Briefe nicht umsonst in meine Richtung gelenkt wurden.

München / Wald im Pinzgau, im August 2014

Kapitel 1

Die Familie

Anfang des 19. Jahrhunderts ist die einst in zahlreichen Familienzweigen blühende Dynastie der Wittelsbacher auf eine handvoll Familienmitglieder zusammengeschrumpft. Als 1799 Kurfürst Karl Theodor, der erstmals die Pfalz und Bayern in Personalunion regiert, stirbt, fällt sein reiches Erbe an die ehemals eher unbedeutende Seitenlinie Pfalz-Birkenfeld-Zweibrücken. So steigt Pfalzgraf Maximilian Joseph in den letzten Jahren des Heiligen Römischen Reiches Deutscher Nation mit einem Schlag zum Kurfürsten von Bayern und der Pfalz auf. Eine weitere Standeserhöhung lässt nicht lange auf sich warten: Durch sein Bündnis mit Napoleon I., dem selbsternannten Kaiser der Franzosen, wird Bayern 1806 zum Königreich erhoben und der ehemalige Pfalzgraf als Maximilian I. Joseph Bayerns erster König.

Neben der so schnell aufgestiegenen Linie Pfalz-Birkenfeld-Zweibrücken existiert zu diesem Zeitpunkt noch eine weitere Linie der Wittelsbacher: Pfalz-Birkenfeld-Gelnhausen. Diesem Familienzweig haftet allerdings ein kleiner Makel an – hatte doch einer ihrer Vertreter nicht ganz standesgemäß geheiratet. Aber ausgerechnet aus dieser morganatischen Ehe stammen alle noch lebenden Angehörigen der Linie. Als Max Joseph 1799 in den Besitz seiner großen Erbschaft kommt, lässt er auch die noch verbliebene Verwandtschaft daran teilhaben. Aus Dankbarkeit für die Sicherung einer reibungslosen Regierungsübernahme werden aus den Pfalzgrafen von Birkenfeld-Gelnhausen die Herzöge in Bayern. Dass zwischen den beiden Linien standesgemäß ein großer Unterschied besteht, lassen die Mitglieder des bayerischen Königshauses die herzogliche Verwandtschaft jedoch bei allen möglichen Gelegenheiten spüren.

Der erste Herzog in Bayern ist Wilhelm, ein sehr ehrgeiziger Mann, der sein Leben lang versucht, eine eigene souveräne Herrschaft zu erlangen. Auch wenn er dieses Ziel nicht erreicht, so gelingt ihm doch eine Festigung der Stellung seiner Linie im Hause Wittelsbach. Neben einem großen Vermögen hinterlässt er seinen Nachkommen auch Schloss Banz in Oberfranken. Der Herzog hatte das ehemalige Kloster nach dessen Säkularisation als

Sommerresidenz erworben. Für seinen einzigen Sohn Pius fädelt Herzog Wilhelm eine sehr vorteilhafte Partie mit einer vermögenden Prinzessin aus dem Hause Arenberg ein. Doch die Ehe ist eine einzige Katastrophe. Im Alter von 33 Jahren wird Pius in eine Schlägerei verwickelt, bei der zwei Juden misshandelt und verletzt werden. Er flieht als Handwerksbursche verkleidet, wird aber in Bayreuth erkannt und festgenommen. Der eigene Vater bittet den König von Bayern, seinen Sohn ins Gefängnis zu stecken. Es kommt zum Zerwürfnis zwischen dem ehrgeizigen Vater und dem auf die schiefe Bahn geratenen Sohn. Pius zieht sich schließlich in die Eremitage des Alten Schlosses bei Bamberg zurück; zu einer Versöhnung mit dem Vater kommt es nicht mehr. Vor diesem Hintergrund setzt Wilhelm alle seine Hoffnungen in seinen einzigen Enkelsohn, Herzog Maximilian in Bayern, der von allen nur Max genannt wird. Aufgrund der zerrütteten Ehe seiner Eltern holt die königliche Verwandtschaft ihn 1817 zur Erziehung nach München. Er wird an einem »königlichen Erziehungs-Institut« unterrichtet und verbringt die Ferien im Kreise seiner königlichen Verwandten auf Schloss Nymphenburg oder am Tegernsee. Der Tod seiner Mutter, die mit nur 34 Jahren stirbt, trifft Max sehr schwer.

Schon während seiner Schulzeit entwickelt er für einen Adeligen eher ungewöhnliche Interessen: Er entdeckt seine Begeisterung für das Theater und beginnt bereits in jungen Jahren, eigene Stücke zu schreiben. Diese Leidenschaft zieht sich durch sein ganzes Leben; neben Novellen, Gedichten, Dramen und Reiseberichten produziert er leicht blutrünstige Ritterromane und in gesetzterem Alter vor allem historische Aufsätze. Der Herzog schätzt anregende Gespräche mit Künstlern und Gelehrten, mit großer Leidenschaft sammelt er Bücher. Am Ende seines Lebens wird seine Bibliothek 27.000 Bände umfassen. Außerdem begeistert er sich für Pferde und für alles, was mit dem Zirkus und bayerischer Volksmusik zu tun hat. Seine besondere Liebe gilt dabei der Zither. Auch dies scheint eine außergewöhnliche Wahl für einen Aristokraten, ist doch die Zither damals als »Lumpeninstrument« verrufen. Max stört das nicht, er nimmt Unterricht und komponiert schließlich sogar eigene Stücke, die er auch vor Publikum spielt.

Um die herzogliche Linie näher an das königliche Haus heranzuführen, arrangiert Großvater Wilhelm für seinen Enkel eine Ehe mit einer der zahlreichen Töchter des ersten bayerischen Königs. Was Max Joseph und Wilhelm ausgehandelt haben, wird am 9. September 1828 in die Tat umge-

Ein attraktives Hochzeitspaar, das einander aber nicht liebt: Herzogin Ludovika und Herzog Max in Bayern vor Schloss Tegernsee, 1828.

setzt: Prinzessin Ludovika Wilhelmine von Bayern heiratet in der Kirche von Schloss Tegernsee, einem säkularisierten Kloster das ihrer Mutter gehört, Herzog Max in Bayern. Dabei hätte an der Stelle der Braut eigentlich eine andere stehen sollen: ihre Schwester Maximiliane, die jüngste Tochter des bayerischen Königs, in der Familie nur »Ni« genannt. Doch als Ni sich nach einem Theaterbesuch unterkühlt und wenige Tage später im zarten Alter von zehn Jahren in den Armen ihrer Mutter stirbt, rückt ihre ältere Schwester Ludovika als Verlobte von Herzog Max nach. Dies ist in den dynastischen Systemen dieser Zeit keine Seltenheit, ebensowenig wie der Umstand, dass das Brautpaar sich nicht besonders zugetan ist. Der Großvater als Arrangeur der Ehe soll der Meinung gewesen sein: »Cela est fort égal. Ils finiront par s'aimer.«[1]

Das große Problem besteht darin, dass Herzog Max zum Zeitpunkt seiner Eheschließung schon verliebt ist – allerdings nicht in seine Braut, sondern in eine Bürgerliche, die er aus Standesgründen nicht ehelichen darf. Nur aus Angst vor seinem energischen Großvater sei er die Ehe mit Ludovika eingegangen, gesteht er später seiner Braut. Aber auch deren Herz ist bereits vergeben. Am Hofe ihrer älteren Schwester in Wien war die Prinzessin Dom Miguel von Bragança begegnet, dem jüngsten Sohn des Königs von Portugal. Die beiden hatten sich ineinander verliebt und Miguel hatte um Ludovikas Hand angehalten, doch der König von Bayern hatte sie ihm verweigert, da er zu diesem Zeitpunkt nur ein landloser Prinz war. Als Dom Miguel 1828 dann zum König von Portugal aufsteigt, schlägt sein Herz immer noch für die bayerische Prinzessin und er schickt einen Gesandten in das ferne Königreich, um nochmals um ihre Hand anzuhalten. Dieser kommt allerdings zu spät – genau einen Tag nach der Hochzeit mit Max soll er sein Ziel erreicht haben. Ludovika wird dies erst viel später erfahren.

Dass sie als Königstochter einen Mann, der nur aus einer herzoglichen Nebenlinie der Wittelsbacher stammt und über kein Land herrscht, heiraten soll, empfindet die bayerische Prinzessin als Abstieg. Ihre Schwestern hatten bisher wesentlich bessere Partien gemacht: Karoline Auguste war mit ihrer Heirat zur Kaiserin von Österreich aufgestiegen, Elise hatte den preußischen Thronfolger geheiratet und Amalie war durch ihre Ehe Mitglied des sächsischen Königshauses geworden. Daneben ist ein landloser Herzog mit klei-

1 *»Das ist völlig egal. Schließlich wird Liebe daraus werden.«*

nem Fehler im Stammbaum nicht die beste Partie. Ihrem Frust soll Ludovika angeblich Luft gemacht haben, indem sie auf ihrer eigenen Hochzeit beim Werfen des Brautstraußes ausrief: »Dieser Ehe und allem, was daraus hervorgeht, soll der Segen Gottes fehlen bis ans Ende!«

Das junge Ehepaar ist nicht glücklich. Zwei Jahre nach der Hochzeit notiert Ludovika in ihrem Tagebuch: »Mein zweiter Hochzeitstag – den ganzen Tag in Tränen zugebracht.« Und als alte Frau vertraut sie Marie von Redwitz, einer Hofdame ihrer Enkelin, an: »Wir haben uns beide nicht heiraten wollen.« Zunächst verbringen die Jungvermählten viel Zeit auf Reisen durch die Schweiz und Italien. 1831 beziehen sie das neu erbaute, prachtvolle Herzog-Max-Palais in der Münchner Ludwigsstraße, die damals von Leo von Klenze architektonisch völlig umgestaltet wird. Auch wenn Ludovikas Mann nur ein Herzog ist, arm ist er nicht. Von seiner früh verstorbenen Mutter hat Max eine große Hinterlassenschaft geerbt, zu der auch Besitzungen in Frankreich und ein Palais in Paris gehören. Diese finanzielle Freiheit ermöglicht Max einen gehobenen Lebensstil ohne jede höfische Verpflichtung. 1834 verkauft er seine französischen Güter und erwirbt dafür einen Wohnsitz für die Familie auf dem Land: Schloss Possenhofen am Starnberger See. Der idyllisch gelegene Landsitz mit seinem großen Park wird zum Mittelpunkt des Familienlebens. Mit viel Liebe hängen alle Kinder des Herzogspaares an diesem Ort und kehren immer gerne dorthin zurück, in zahlreichen Briefen wird in Erinnerungen an die Kindertage in »Possi« geschwelgt.

Denn obwohl sich die beiden Ehepartner nicht sonderlich gewogen sind, ist die Ehe mit einer großen Nachkommenschaft gesegnet. Zwischen 1831 und 1849 kommen insgesamt zehn Kinder zur Welt. Ein Junge stirbt als Kleinkind an Keuchhusten, ein weiterer Junge bei der Geburt. Drei Jungen und fünf Mädchen erreichen das Erwachsenenalter: Ludwig (*1831), Helene (*1834), Elisabeth (*1837), Karl Theodor (*1839), Marie (*1841), Mathilde (*1843), Sophie Charlotte (*1847) und Maximilian Emanuel (*1849). Man fragt sich natürlich: Wie kann das sein? Eine unglückliche Ehe und dann dieser reiche Kindersegen? Gegen Ende ihres Lebens erzählt Ludovika im Kreise der Familie sehr offenherzig, dass die Türe ihres Schlafzimmers nie verschlossen gewesen sei. Doch am nächsten Morgen wäre ihr Mann immer fort gewesen – sie habe ihn nicht halten können.

Kapitel 2

Ein ungleiches Ehepaar

So lebt das Herzogspaar in Bayern mehr nebeneinander her als miteinander. Herzog Max verbringt die meiste Zeit in seinem Münchner Palais, gibt dort fröhliche Feste, wird zum Förderer der bayerischen Volksmusik und frönt seinen anderen Leidenschaften. Zur großen Begeisterung der Münchner Bevölkerung hat der ungewöhnliche Herzog einen Zirkus im Garten hinter seinem Palais errichten lassen. Der zeltgedeckte runde Bau wird mit Holzeinbauten, Sperrsitzen und Logen ausgestattet, immer wieder überrascht Herzog Max das Publikum mit neuen Glanzstücken, sei es mit einer über Hindernisse springenden Hirschkuh oder mit einem Walzer tanzenden Pferd. Die Münchner, Adel und Bürgertum gleichermaßen, drängen in seine Vorführungen, gelegentlich tritt der Herzog sogar höchstpersönlich auf. Auf dem Rücken seiner Pferde stehend präsentiert er »zirzensische Reitkunst«. Wenn er nicht in München ist, dann befindet er sich auf Reisen. Wenige Tage nach der Geburt seiner zweiten Tochter bricht Herzog Max zu einer großen Tour in den Orient auf, die ihn über Griechenland nach Ägypten und ins Heilige Land führt. Begleitet wird er unter anderem von dem Wiener Zitherspieler Johann Petzmayer, den er kurz vor der Abreise zum Herzoglich-Bayerischen Kammervirtuosen ernennt. Petzmayer hat, wie der Herzog auch, seine Zither im Gepäck und spielt an besonders malerischen Orten seinen erstaunten Zuhörern auf. So erklingt sein Zitherspiel am Fuße der Pyramiden, in den Tempelruinen von Luxor und Karnak und in der Wüste an der Grenze zu Nubien, dem südlichsten Punkt ihrer Reiseroute. Dass Herzog Max allerdings tatsächlich auf der Spitze der Cheopspyramide Zither gespielt hat, wie oft behauptet wird, lässt sich nicht belegen. Erst nach acht Monaten kehren der Herzog und seine Begleiter wieder nach Hause zurück. Zahlreich sind die Andenken im Gepäck der Reisegesellschaft: Neben Gefäßen und Waffen hat man einige ausgestopfte Vögel, drei ausgestopfte Krokodile, zwei ausgestopfte Nilwarane und sogar eine Mumie erworben. Für das größte Aufsehen sorgen wohl fünf junge Afrikaner, die Herzog Max mit nach Bayern begleiten. Er hatte die verschleppten Zentralafrikaner, teils noch Kinder, auf ver-

Sophie Charlottes Vater Herzog Max in Bayern ist ein Mann »von besonders schöner, schlanker Gestalt, dunkelhaarig mit ins grünliche schimmernden Augen«.

schiedenen Sklavenmärkten in Ägypten freigekauft. In München werden sie getauft, erhalten christliche Namen und bleiben zum Teil im herzoglichen Dienst.

Während Max sich in der weiten Welt umsieht, widmet sich Ludovika der wachsenden Kinderschar. Die Herzogin, die das Land und die freie Natur liebt, versucht so viel Zeit wie möglich in Possenhofen zu verbringen. Aus München werden jede Woche Lehrer an den Starnberger See kutschiert, um den Nachwuchs zu unterrichten. So wachsen die Kinder frei von jeglicher höfischer Etikette meist in der ländlichen Idylle von Possenhofen auf, umgeben von Pferden und allerlei Haustieren, mit einer Handvoll Bediensteter. Wenn Herzog Max nach wochenlanger Abwesenheit nach Hause kommt, unterbricht er oft den Unterricht der Kinder, um mit ihnen Streifzüge in das Umland zu unternehmen. Tochter Elisabeth wird von ihrem Vater zu Jahrmärkten und Bauernhochzeiten mitgenommen – er spielt auf der Zither, sie tanzt. Die Münzen, die Elisabeth vom Publikum bekommt, bewahrt sie auf und zeigt sie später ihren Besuchern als ihr einzig ehrlich erworbenes Geld. Für Kinder aus der europäischen Hocharistokratie ist so eine ausgelassene Kindheit die Ausnahme. Symbolisch für die Ungezwungenheit, in der die herzoglichen Kinder aufwachsen, sind die Spitznamen, mit denen man sich in der Familie anredet. So wird aus Ludwig »Louis«, aus Helene »Nené«, aus Elisabeth »Sisi«, aus Karl Theodor »Gackel«, aus Mathilde »Spatz« (wegen ihrer zarten Konstitution) und aus Max Emanuel »Mapperl«. Diese Kosenamen werden den Geschwistern bis ins hohe Alter erhalten bleiben.

Spitznamen sind im Übrigen keine Seltenheit in den europäischen Herrscherhäusern im 19. Jahrhundert. Gerne spricht man sich in der privaten Korrespondenz mit Kosenamen an, was es den Historikern oft nicht einfach macht, zu enträtseln, wer sich denn nun hinter »Manni«, »Bubi«, »Mädi« oder »Weibi« verbirgt. Ludovika selbst amüsiert sich über die Spitznamen ihrer Kinder und erzählt als alte Dame gerne lachend eine Anekdote darüber, zu welch komischer Situation dies einmal geführt haben soll. Die Herzogin habe bei einer Reise ihre Ankunft mit einem Telegramm avisiert, in dem stand: »Komme mit Gackel und Spatz.« Adressat dieses Telegramms war eigentlich eine ihrer Töchter, doch es landete fälschlicherweise direkt bei dem Hotel, in dem die Familie untergebracht werden sollte. Als Ludovika und ihre Kinder dort ankamen, wurden sie von den Hausdienern des Hotels in Empfang genommen, die mit zwei Käfigen ausgestattet waren, um die vermeintlich ankommenden Vögel unterzubringen.

Aber die ungezwungene Kindheit hat auch ihre Kehrseite: Sobald die Kinder das heiratsfähige Alter erreichen, werden auch sie zu Objekten der dynastischen Heiratspolitik. Nach Zu- oder Abneigung wird dann nicht gefragt – es wird die Person geheiratet, für die sich die Familie entscheidet. Es ist Herzogin Ludovika, die die meisten Ehen ihrer Kinder einfädelt, obgleich sie selbst einen Mann heiraten musste, für den sie nichts empfand. Nach den Freiheiten, die die Kinder der herzoglichen Familie erfahren haben, werden sie es später schwer haben, sich in das streng geregelte Hofleben einzufinden. So wird im Nachhinein bemängelt, das Herzogspaar habe seine Kinder »verwildern« lassen. Sie könnten zwar reiten wie Zirkusartisten, seien aber zu keinem vernünftigen Satz in der Lage, schon gar nicht zu einer gepflegten Konversation. Der preußische Diplomat Philipp Graf zu Eulenburg wird später süffisant lästern, die herzoglichen Schwestern hätten »dank der sorgfältigen Erziehung durch ihre Eltern, etwa die Lebensanschauungen und Bildung eines Stubenmädchens«. Und über Herzog Max bemerkt er spitzzüngig: »Der Vater (…) war ein derartig sonderbarer Herr durch sein ganzes Leben hindurch, daß man sich über die Sonderbarkeiten seiner Kinder nicht wundern darf.«

Womit man damals noch nicht rechnet: Eine aus der bunten Kinderschar sollte – mehr oder weniger über Nacht – zu einer der ranghöchsten Repräsentantinnen der Monarchie in Europa aufsteigen. Nicht nur in der zweiten Hälfte des 19. Jahrhunderts schwärmt ganz Europa von ihr, auch spätere Generationen werden noch von ihr fasziniert sein. Es ist die zweite Tochter, von der hier die Rede ist: Elisabeth, kurz Sisi. Ihre Heirat hat Auswirkungen auf das weitere Leben der gesamten herzoglichen Familie.

Kapitel 3

Plötzlich Kaiserin

Das Revolutionsjahr 1848 verändert einiges in Europa: In Frankreich bringt es das Ende der Herrschaft der Bourbonen und die Errichtung der Zweiten Republik, in Bayern muss König Ludwig I. zugunsten seines Sohnes abdanken und auch in Österreich bekommt man einen neuen Herrscher: Kaiser Ferdinand I., genannt »der Gütige«, tritt zugunsten seines jungen Neffen Franz Joseph I. zurück. Dieser wird im Alter von 18 Jahren zum Kaiser von Österreich, damals ein Vielvölkerstaat mit rund 40 Millionen Einwohnern, zu dem neben dem Erzherzogtum Österreich unter anderem noch Böhmen, Ungarn, Kroatien, Dalmatien, Siebenbürgen, die Lombardei und Venetien gehören. Er ist zu einer Hälfte Wittelsbacher, seine Mutter Sophie ist eine geborene Prinzessin von Bayern, Tochter von Maximilian I. Joseph, und damit eine Schwester von Herzogin Ludovika in Bayern. Sie ist die treibende Kraft hinter dem jungen Kaiser und in den 50er Jahren des 19. Jahrhunderts Österreichs heimliche Kaiserin. Mithilfe ihrer in Preußen und Sachsen verheirateten Schwestern betreibt sie in Wien eine betont deutsche Politik und wünscht sich auch eine deutsche Gemahlin für ihren Sohn. Nachdem sich andere Pläne zerschlagen haben, kommt Sophie auch mit ihrer Schwester Ludovika ins Gespräch, die immerhin selbst fünf bildschöne Töchter hat. Hinter dem Rücken des Kaisers einigen sich die beiden Frauen auf die älteste Tochter Helene als Gemahlin des Kaisers. Nené ist ein schönes, ernstes und religiöses Mädchen, das, um besser auf die Rolle einer Kaiserin vorbereitet zu sein, auch eine strengere Erziehung genießt als ihre Geschwister. Die Aussteuer ist bereits bestellt, aber noch kennen die Auserwählten sich nicht persönlich. Das möchte man möglichst schnell ändern.

Im August 1853 wird ein Treffen in der kaiserlichen Sommerresidenz in Ischl im Salzkammergut vereinbart. Um sie von einer unglücklichen Jugendschwärmerei abzulenken, nimmt Ludovika neben Nené auch die 15-jährige Sisi mit nach Ischl. Für sie hat die Mutter einen jüngeren Bruder des Kaisers im Auge. Doch an dieser Stelle greift Fortuna ein und es kommt, wie es nicht kommen sollte: Bei ihrem ersten Zusammentreffen verliebt Franz

Jubelnde Menschen, die Mutter schwimmt in Tränen: Sisis emotionaler Abschied von der bayerischen Landeshauptstadt am 20. April 1854.

Joseph sich nicht wie geplant in die ältere, sondern in die jüngere Schwester. Sisi ist zur damaligen Zeit noch ein Teenager, ein schüchternes Mädchen mit dunkelblonden, langen Zöpfen – aber gerade wegen ihrer natürlichen, unbefangenen Art hinterlässt sie einen großen Eindruck. Am 16. August 1853 findet das erste Treffen statt, bereits zwei Tage später, an seinem Geburtstag, hält Franz Joseph um die Hand seiner Cousine an – und bekommt sie auch. Dass gerade die kleine Sisi den begehrtesten Junggesellen ihrer Zeit heiraten und damit die beste Partie des 19. Jahrhunderts machen soll, glaubt niemand weniger als sie selbst.

36 Jahre später wird Kaiserin Elisabeth ihrer jüngsten Tochter nüchtern gestehen, die Ehe sei eine »widersinnige Einrichtung«. »Als 15jähriges Kind wird man verkauft und tut einen Schritt, den man nicht versteht und dann 30 Jahre lang bereut und nicht lösen kann.«

Durch Sisis Heirat mit dem Kaiser von Österreich rückt ihre Familie mehr oder weniger über Nacht in das Rampenlicht der Öffentlichkeit. Als sie als erstes Kind die Familie verlässt, ist ihre kleine Schwester Sophie Charlotte

Zum Abschied von ihrer Familie bekommt Sisi ein Bild geschenkt, das alle ihre Geschwister auf der Terrasse von Possenhofen zeigt: (v.l.n.r) Sophie Charlotte, Max Emanuel (»Mapperl«), Karl Theodor (»Gackel«), Helene (»Nené«), Ludwig (»Louis«), Mathilde (»Spatz«) und Marie.

sieben Jahre alt. Wir schreiben den 20. April 1854. Vor dem Herzog-Max-Palais in München hat sich eine große Menschenmenge versammelt, um Abschied von der bayerischen Prinzessin zu nehmen. Die »Münchner Neuesten Nachrichten« berichten über die Abreise der zukünftigen Kaiserin von Österreich wie folgt: »Nachdem die allerhöchsten und höchsten Herrschaften und die beiden Bürgermeister das herzogliche Palais wieder verlassen hatten, rollte alsbald ein vierspänniger offener Reisewagen mit der hohen Kaiserbraut, deren erlauchter Mutter, deren Schwestern und Prinz Karl Theodor aus dem Palais. Die umstehende Menge empfing die hohe Kaiserbraut mit den lebhaftesten Hochrufen, die entlang der langen Volksreihe herzlichen Widerhall fanden. Die sichtlich gerührte Kaiserbraut winkte mit dem Tuch nach allen Seiten und brachte so auf das freundlichste ihr Lebwohl entgegen. Die tief ergriffene Mutter schwamm in Tränen.« Hinter dem Wagen mit Sisi, ihrer Mutter und den Geschwistern folgt Herzog Max mit dem ältesten Sohn

Ludwig. Die bewegende Abschiedsszene dürfte auch Sophie Charlotte lange im Gedächtnis geblieben sein.

Zur Erinnerung an ihre Geschwister und an die gemeinsam verlebte, unbeschwerte Kindheit schenkt Ex-König Ludwig I. von Bayern (er hatte, wie erwähnt, 1848 zugunsten seines Sohnes abdanken müssen) der jungen Kaiserin zur Hochzeit ein Bild seines Hofmalers Joseph Stieler. Es zeigt die sieben Geschwister auf der Terrasse von Schloss Possenhofen vor dem Hintergrund des Starnberger Sees und der schneebedeckten Gipfel der Bayerischen Alpen. In der Mitte des Bildes steht die verschmähte Braut Nené, untergehakt bei ihrem älteren Bruder Louis, ihre andere Hand ruht auf der ihres Bruders Karl Theodor. Ganz links außen sehen wir die siebenjährige Sophie Charlotte. Das hübsche Mädchen trägt ihre Zöpfe im Stil der Zeit zu zwei Schnecken geflochten, ihre Arme sind zärtlich um eine Puppe gelegt. Neben ihr Mapperl, der Jüngste, mit einer Trommel. Rechts außen die beiden Schwestern Marie und Mathilde, deren Aufmerksamkeit einem Papagei in einem Käfig gilt. Das Bild strahlt auch noch heute die Idylle von Possenhofen aus, in der die Herzogskinder aufwachsen.

Kapitel 4

Sophies Schwestern

Obwohl an Nené jetzt der Makel einer verschmähten Braut haftet, leidet das Verhältnis der Schwestern erstaunlicherweise nicht im Geringsten unter den Ereignissen. Wie selbstverständlich nimmt auch Nené an der Hochzeit in Wien teil. Die beiden Schwestern werden dabei beobachtet, wie sie die Köpfe eng zusammenstecken und sich auf Englisch unterhalten. Das Englische war damals längst noch nicht so weit verbreitet wie heute und dient den beiden Schwestern daher als »Geheimsprache«, durch die sie andere von ihren Unterhaltungen ausschließen können. Für Ludovika wird es allerdings schwierig, einen geeigneten Kandidaten für die Hand ihrer ältesten Tochter zu finden. Beinahe ist der Gedanke an eine Heirat schon aufgegeben, da taucht ein Bewerber auf: der Erbprinz von Thurn und Taxis. Obwohl dieser für eine »Königliche Hoheit« – dieses Prädikat darf die herzogliche Familie seit 1845 führen – nicht ganz standesgemäß ist, willigt die Familie ein. Damit Nené in Possenhofen heiraten kann, lässt Vater Max sogar eine Kapelle bauen, in der die Trauung im August 1858 vollzogen wird. Nené zieht nach Regensburg, dem Stammsitz der von Thurn und Taxis.

Kaum ist die Älteste unter der Haube, kann Ludovika schon das nächste Heiratsprojekt erfolgreich abschließen. Dieses Mal steht wieder eine Krone in Aussicht: Der König beider Sizilien möchte seinen ältesten Sohn und Thronfolger mit Marie in Bayern verheiraten und ihn damit zum Schwager des österreichischen Kaisers machen. Obwohl die politische Lage in Italien alles andere als stabil ist und die herzogliche Familie den zukünftigen Schwiegersohn nicht leibhaftig zu sehen bekommt, scheint der Ausblick, neben einer Kaiserin auch noch eine Königin in der Familie zu haben, allzu verlockend. So werden alle warnenden Stimmen ignoriert und Marie wird im Januar 1859 *per procurationem*, sprich in Abwesenheit des Bräutigams, in München mit Kronprinz Francesco von Neapel-Sizilien vermählt. Als die junge Frau ihrem Gemahl in Neapel dann Auge in Auge gegenüber steht, ist der Schock groß. Vor sie tritt ein blasser, kränklicher und unbeholfener Knabe. Marie fällt in Ohnmacht, so wenig attraktiv erscheint ihr der zukünftige Mann an ihrer

Königin Marie von Neapel-Sizilien, die »Heldin von Gaeta«, im Exil in Rom.

Seite, von dem sie bisher nur gehört hatte, dass er »nicht hübsch« sei. Marie hat kaum Zeit, sich in ihrer neuen italienischen Heimat einzugewöhnen, da stirbt im Mai 1859 ihr Schwiegervater. Als Francesco II. wird ihr Mann König beider Sizilien und Marie im Alter von 17 Jahren Königin. Dem jungen Königspaar ist jedoch nur eine kurze Regierungszeit beschieden. Schon im folgenden Jahr zwingt die italienische Einigungsbewegung unter Garibaldi das Königspaar zur Flucht. Es ist sehr kennzeichnend für den jungen König, dass er lediglich 66 Reliquiare und die Asche einer Heiligen auf die Flucht mitnimmt. In der Festung Gaeta nördlich von Neapel findet das Paar mit wenigen Getreuen Zuflucht. Obwohl Marie alle Kräfte aufbietet und die Festung am Ende sogar selbst mit dem Gewehr verteidigt, muss der König im Februar 1861 abdanken. Ihr entschiedenes Auftreten bringt Marie den Beinamen »Heldin von Gaeta« ein, aber das Königreich beider Sizilien ist Geschichte und geht im neuen italienischen Nationalstaat auf. Die beiden flüchten nach Rom, wo Papst Pius IX. ihnen Zuflucht gewährt.

Marie ist in der Fremde sehr einsam. Aus der Heimat hat sie bei ihrer Verehelichung außer zwei Wellensittichen aus Possenhofen nichts mitnehmen dürfen. Sie vermisst besonders ihre jüngere Schwester Mathilde, ihren »lieben Spatz«. So befördert sie nach Kräften eine Ehe Mathildes mit Luigi Graf von Trani, dem jüngeren Halbbruder ihres Mannes. Mathilde und Graf Trani heiraten im Juni 1861 in München und lassen sich ebenfalls in Rom nieder. Nun hat Marie in der Fremde endlich ihre vertraute Schwester um sich. Doch die »italienischen« Schwestern finden sich schneller wieder in Possenhofen ein als gedacht.

In Rom langweilt sich die junge Ex-Königin von Neapel zu Tode und provoziert kleine Skandale am laufenden Band – sie schwimmt nackt im Meer bei Ostia, raucht in der Öffentlichkeit und lacht sich einen Liebhaber an, von dem sie schwanger wird. Da ihr Mann an einer Phimose, einer Verengung der Vorhaut, leidet, und die Ehe aus diesem Grund nicht vollzogen werden konnte, ist guter Rat teuer. So flüchtet Marie unter dem Vorwand einer Krankheit zusammen mit ihrer Schwester Mathilde im Juli 1862 zurück nach Bayern. Zu Hause in Possenhofen trifft nach und nach die gesamte Verwandtschaft ein, um über eine Lösung des Problems zu beraten, denn Marie möchte nicht mehr zu ihrem Mann zurück. Unter dem Vorsitz des Königs von Bayern wird Familienrat gehalten, an dem auch der Kaiser und die Kaiserin von Österreich sowie Helene von Thurn und Taxis teilnehmen. Man kommt darin überein,

Eine Schwester attraktiver als die andere: Mathilde als Ehefrau des Grafen Luigi von Trani.

Marie vorerst in Bayern zu behalten und die ganze Affäre zu vertuschen. Die Ex-Königin müsse sich erst von den Ereignissen in Gaeta erholen, so lautet die offizielle Variante. Der bayerische König ordnet allerdings an, dass Marie ihren Liebhaber nie mehr wiedersehen darf. Um wen es sich bei dem Vater des Kindes handelt, ist ungewiss – zu viele Gerüchte umranken diese Affäre. Als mögliche Kandidaten werden ein belgischer Offizier aus der päpstlichen Garde und der spanische Botschafter in Rom genannt.

Marie wird in das kleine Schlösschen Biederstein am Englischen Garten nördlich von München einquartiert, das ihrer Mutter gehört. Anschließend schickt man sie auf Kur, bevor sie im Oktober 1862 in einem Kloster in Augsburg untertaucht, wo sie Ende November ein Mädchen zur Welt bringt. Auf Zureden ihrer Familie entschließt sich Marie doch zur Rückkehr zu ihrem Mann, dem sie ihren Fehltritt gesteht und der sie großherzig wieder aufnimmt. Was mit dem Kind geschieht, entzieht sich leider unserer Kenntnis. Im April 1863 nimmt Marie abermals Abschied von Bayern, wieder ist die gesamte Familie versammelt. Mutter Ludovika und Schwester Sophie Charlotte begleiten Marie mit der Bahn bis nach Lindau. In Marseille erwartet die Ex-Königin eine Fregatte, die sinnigerweise übersetzt den Namen »Die Empfängnis« trägt, die sie zurück nach Rom bringt. Dort wird sie von ihrem Mann und ihrer Schwester Mathilde in Empfang genommen, die schon früher nach Italien zurückgereist war.

Die Ehe ihrer Schwester Marie und deren Komplikationen sind deshalb so wichtig, da diese auch zur Erfahrungswelt der jungen Sophie Charlotte gehören. Die jüngste Herzogstochter ist damals gerade 16 Jahre alt und wird von den Vorgängen in Possenhofen einiges mitbekommen haben. So begleitet sie auch ihre Schwester ein Stück des Weges, als diese sich zum zweiten Mal von ihrer Heimat verabschieden muss. Ihr wird es nicht entgangen sein, dass eine außereheliche Affäre nichts Besonderes in der Familie ist. Auch Vater Max hat neben seinen ehelichen auch uneheliche Kinder. Während aber Marie sowohl ihrem Liebhaber als auch ihrem Kind entsagen muss, kann Herzog Max seine unehelichen Kinder in sein Leben integrieren. Aus diesem Grund macht der Vater wohl auch kein großes Aufheben um den »Fehltritt« seiner Tochter.

Kapitel 5

Sophies Brüder

Während Ludovika für fast alle ihre Töchter standesgemäße Hochzeiten arrangieren konnte, verweigert sich der älteste Sohn allen Plänen der Familie. Er ist eine Beziehung mit der Schauspielerin Henriette Mendel aus Augsburg eingegangen, von der er sich auch nicht mehr trennen möchte. Als das Paar 1858 eine uneheliche Tochter bekommt, stellt Louis die Familie vor vollendete Tatsachen: Er tritt von seinem Erstgeborenenrecht zurück und heiratet im Jahr darauf seine Lebensgefährtin.

Die Bürgerliche bezaubert die Familie durch ihr charmantes und bescheidenes Wesen, woraufhin ihr und ihrer Tochter der Titel »Freiin von Wallersee« verliehen wird. Kaiserin Sisi, die die höfische Denkweise ablehnt, stellt sich demonstrativ hinter ihre neue Schwägerin und baut eine innige Freundschaft zu ihr auf. Eine von Sisis Hofdamen notiert folgendes Statement der Kaiserin: »Ich kann nicht genug Égards für sie haben, ich muß ihr dankbar sein, ich habe meinen eigentümlichen Bruder gerne und halte es doch keinen Tag mit ihm aus, und wer seinesgleichen täte es? Niemand! Und sie macht ihn glücklich. Mir ist einerlei, wer sie ist, sie ist ihm recht und so geniert mich das ›Bürgermädchen von Augsburg‹ gar nicht, ich schätze sie um ihrer Güte willen.«

Zum künftigen Familienoberhaupt steigt damit der zweite Sohn auf: Karl Theodor. Er ist der erklärte Liebling seiner Mutter. Die unerschütterliche Liebe Ludovikas zu ihrem zweiten Sohn wird später einmal eine seiner Schwestern dessen ältester Tochter gegenüber wie folgt beschreiben: »Uns alle hätte sie hergegeben für Deinen Papa.« Und ganz im Gegensatz zu seinem Bruder Ludwig entscheidet sich Karl Theodor für eine standesgemäße Ehefrau. Seine Wahl fällt auf eine Tochter des sächsischen Königs Johann und der bayerischen Prinzessin Amalie, einer Schwester seiner Mutter. Damit ist die junge Frau seine Cousine. Sie heißt ebenfalls Sophie – und erobert mit ihrer natürlichen Art die Herzen der Possenhofener im Sturm. Auch Sophie Charlotte ist begeistert von der Wahl ihres Bruders und betont, dass sie sich »keine angenehmere Schwägerin hätte wünschen können.«

Der Liebling seiner Mutter Ludovika: Herzog Karl Theodor (»Gackel«) in Bayern.

Im Februar 1865 findet sich ein Großteil der Geschwister zur Hochzeit von Karl Theodor und Sophie von Sachsen in Dresden ein. Neben dem ältesten Bruder Louis sind auch Nené, Erbprinzessin von Thurn und Taxis, Kaiserin Elisabeth von Österreich und die 17-jährige Sophie Charlotte mit dabei. Zu dieser Gelegenheit zeichnet die Kaiserin in einem Brief an ihren Sohn Rudolf ein Bild ihrer jüngsten Schwester: »Da sitzt jetzt die Tante Sofie und laßt sich frisieren, sie schwätzt in einem fort mit der Angerer, daß ich ganz irre werde.« Fanny Angerer ist ein Mädchen aus dem Wiener Vorstadtmilieu und Friseurin am Wiener Burgtheater. Sie wurde von der Kaiserin für die Haarpflege engagiert und bezieht dafür das Gehalt eines Universitätsprofessors.

Nach der Hochzeit nutzt Sisi die Gelegenheit, Zeit im Kreise ihrer Familie in München zu verbringen. In einem Brief an ihren kleinen Sohn beschreibt die Kaiserin das beschaulich-langweilige Familienleben im Herzog-Max-Palais: »um ½ 8 kommen alle anderen Geschwister auch, Onkel Mapperl mit einem Pack Bücher, dauert es lang, so schlaft alles ein, wir bespritzen Sofie mit Wasser damit sie recht bös wird, und das ist die einzige Unterhaltung. Bis ½ 11 bleiben wir bei der Großmama, in ihrem Toilettenzimmer wo es ganz finster ist. Onkel Mapperl geht früh schlafen, Onkel Gackel u. seine Frau gehen auch früh weg. Braucht uns die Mama nicht mehr, dann gehen Sofie und ich herüber und bleiben bis 1 Uhr beisammen sitzen u. schwätzen uns recht aus, was wir den ganzen Tag nicht können.« Diese Zeilen sprechen von einer großen Vertrautheit zwischen den beiden Schwestern, die doch zehn Jahre Altersunterschied trennt. Bis nach Mitternacht müssen die beiden warten, um die Ungestörtheit zu haben, sich in Ruhe, ohne Zuhörer, über die wirklich wichtigen Dinge austauschen zu können.

Sophie Charlottes neue Schwägerin bringt nach dem Auszug der vielen Geschwister wieder Leben nach Possenhofen. Die junge Frau fühlt sich im Kreise der musikalischen Familie sichtlich wohl. In fröhlichen Briefen nach Hause berichtet Karl Theodors Gemahlin über das Leben am Starnberger See. Die beiden Sophien wohnen in Possenhofen im gleichen Teil des Schlosses, nur ein Stockwerk voneinander getrennt. Das frischgebackene Ehepaar nimmt zusammen Klavierunterricht und den ganzen Tag schallt Musik aus den Fenstern – »Gackel oben, Sophie unten«. Auch die neue Hofdame Gräfin Angèle Marogna, »hübsch, elegant, angenehm« und ebenfalls im Besitz eines Klaviers, nimmt an den Belustigungen teil. »Du kannst Dir denken, lieber Papa, daß hie und da Unsinn getrieben wird. Gackel spielt, um die Gesellschaft zu unterhalten, endlos Scalen, worauf wir wie die Hühner schrien, Sophie eine Arie dazwischensang und der berühmte Pruß (ein Hund, Gefährte des Argus) endlich anfing zu bellen – eine herrliche Katzenmusik.« Und die Familie wächst noch weiter an: Am Heiligabend 1865 werden Karl Theodor und seine Frau Sophie Eltern einer kleinen Tochter. Nach ihrer Großmutter mütterlicherseits wird sie auf den Namen Amalie getauft, in der Familie wird sie nur Amélie genannt. Wir werden sie später noch genauer kennenlernen.

Eine lebenslustige junge Frau: Sophies gleichnamige Schwägerin und Cousine Sophie von Sachsen.

Kapitel 6

Eine unbeschwerte Kindheit

Sophie Charlotte Auguste wird am 22. Februar 1847 im Herzog-Max-Palais in München geboren. Trotz seiner Aufgeschlossenheit anderen Menschen gegenüber ist Herzog Max kein Familienmensch und lebt die meiste Zeit von Frau und Kindern getrennt. In den 1840er Jahren hat der Herzog sein Interesse am Theater verloren, auch den Zirkus im Garten des Palais' gibt es nicht mehr. Stattdessen spielen Herrenabende eine immer größere Rolle in seinem Leben. In der »König-Artus-Runde« schart Max Gleichgesinnte, vor allem Künstler, um sich. Bei den wöchentlichen Treffen im Palais, die eher mittelalterlichen Gelagen ähneln, singt man gemeinsam volkstümliche Lieder, hält Reden und unterhält sich bei Bier und Zigarren.

So wächst die kleine Sophie in enger Bindung an die Mutter auf, die im Gegensatz zu ihrem Mann als der nüchterne und ruhigere Part in der Beziehung gilt. Aber auch Ludovika ist für eine Prinzessin aus königlichem Hause eher ungewöhnlich. Ihre Enkelin Amélie überliefert uns folgendes Charakterbild: »Grossmama war sehr wahrheitsliebend, besah sich die Welt mit offenen Augen und äusserte ihr Urteil über ihre Angehörigen ohne jede Beschönigung, sie war eher eine nüchterne Natur mit trockenem, altbayerischen Humor, dabei streng religiös, pflichtgetreu und gewissenhaft, bis zur Skrupellosigkeit, mit besonderer Liebe ihren Kindern, Enkeln, ihrer Umgebung und ihrer bayerischen Heimat zugetan. Sie war in manchen Dingen die grosse vornehme Dame, konnte endlos Cercle machen, liebte es (wenigstens in ihren alten Tagen) Menschen bei sich zu sehen, Konversation zu machen, auch hielt sie ziemlich streng auf alles, was sich bei Hofe schickt, doch hasste sie auch manchen Zwang, ging gerne und viel in die freie Natur hinaus, ohne sich dafür besonders anzukleiden. Noch mit über 80 Jahren ging sie im Sommer stundenlang spazieren. Sie liebte die Bäume, das frische Grün so sehr, dass sie nicht einmal Zweige, welche in die Fusswege hineinhingen, abschneiden lassen wollte. Von ihr haben wir wohl alle die grosse Liebe zur freien Natur, zu Wald und Wiese, zum Aufenthalt in frischer Luft, zu stundenlangen Fusswanderungen. Sie war Grande-dame aber nicht hochmütig, sah mehr auf die Pflichten als auf die Vorzüge ihrer Stellung, verkehrte leutselig mit jedermann, auch der einfachsten Bäuerin. Besonders gut war sie für ihre Dienerschaft, und außerordentlich wohltätig gegen die Armen. Ein merkwürdiger Zug in ihrer sonst etwas nüchternen Gemütsart, war die Neigung zur Melancholie.«

Die Verpflichtungen, die das Leben einer Prinzessin aus königlichem Hause mit sich bringen, mag Ludovika nicht besonders. Sehr bezeichnend für sie ist ein Brief, den sie kurz nach der Geburt von Sophie an ihren Mann schickt. Anlässlich des Neujahrsempfangs muss Herzogin Ludovika bei Hof repräsentieren und kann es gar nicht erwarten, dass das »Banquet« vorbei ist – »wenn das überstanden ist, sind wir frei!!! – Die Bälle bei Hof beginnen erst am 19.« Die Aussicht auf drei freie Wochen ohne Verpflichtungen lassen die Königstochter jubilieren! Neben ihrer Leidenschaft zur Natur interessiert sich die Herzogin für Geschichte, aber auch für Geografie und Sternenkunde. Sie sammelt Uhren, Thermometer und Barometer. Im Alter hätten diese Dinge die Herzogin ständig umgeben, bemerkt eine Hofdame ihrer Enkelin Amélie, »als ob sie damit die Zeit aufhalten und das Wetter hätte verbessern können«.

Neben all diesen technischen Gegenständen liebt Ludovika die Gesellschaft von Hunden, die sie auf Schritt und Tritt begleiten. Bei einem Besuch in Possenhofen berichtet eine von Sisis Hofdamen völlig schockiert nach Wien, dass die Mutter der Kaiserin »mit ihren Hunden lebt, stets welche auf dem Schoß neben sich oder unter dem Arm hat und auf den Eßtellern Flöhe knaxt! Die Teller werden aber gleich gewechselt!« Und als die herzogliche Familie einmal nach Italien reist, kommt es in Genua zu einem ernsten Zwischenfall, als man auf dem Bahnhof umsteigen muss und ein Portier Romulus, den Lieblingshund der Herzogin, in ein Hunde-Coupé sperren will. Der herzogliche Oberhofmeister tritt als rettender Engel auf und löst für Romulus kurzerhand ein Hundebillet – und die Krise ist gebannt.

Mutter Ludovika ist Sophies engste Bezugsperson in den ersten Lebensjahren. Ihre Großeltern lernt sie nicht mehr kennen. Als jüngste Tochter einer ebenfalls jüngsten Tochter sind die Eltern ihrer Eltern bereits alle gestorben, als sie auf die Welt kommt.

Das Leben von Ludovika und ihren Kindern spielt sich hauptsächlich zwischen München und Possenhofen ab. Ab Anfang November verbringt die Familie den Winter in der Stadt, um im nächsten Jahr möglichst früh wieder

Die Münchner Ludwigstraße im Jahr 1842 mit dem Herzog-Max-Palais (l.), dem Geburtsort von Sophie Charlotte.

aufs Land zu ziehen. Die Herzogin liebt das ungezwungene Landleben, hier kann sie durchatmen. Später gesteht sie ihrer Enkeltochter Amélie, dass sie vor der Hochzeit von Sisi 1854 etwas »verbauert« sei. Dies ändert sich erst, als die Familie durch die Heirat ins Licht der Öffentlichkeit rückt und Sisis Geschwister, vor allem die Mädchen, zu begehrten Partien auf dem internationalen Heiratsmarkt avancieren.

Das malerisch am Ufer des Starnberger Sees gelegene Schloss Possenhofen stammt aus dem 16. Jahrhundert. 1834 kauft es Herzog Max für 145.000 Gulden von den Grafen de La Rosée und lässt es umbauen. So kommt unter anderem ein Gebäude hinzu, das einige Gästezimmer und Pferdeställe umfasst. Das Schloss mit den vier Ecktürmen ist von einer großen Parkanlage umgeben. Am Seeufer gibt es ein Badehäuschen und ein Bootshaus. Damals ist diese Gegend noch sehr einsam und dichte Wälder umgeben das Schloss und seinen Park. 1861 liefert der Schriftsteller Hermann Schmid für seine Leser in der »Gartenlaube« folgende Beschreibung von Possenhofen, dem er sich auf einem Schaufelraddampfer vom See her nähert: »Sehen Sie die

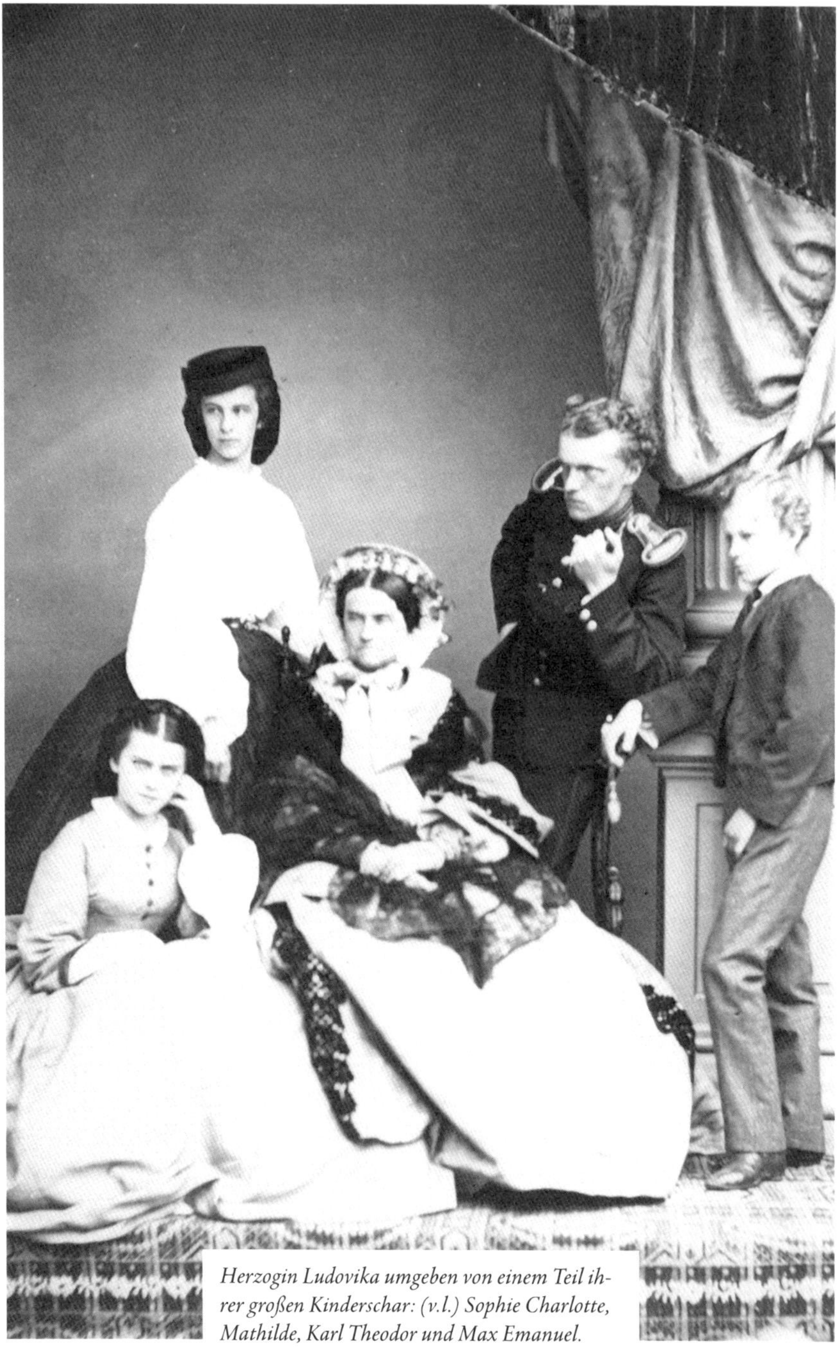

Herzogin Ludovika umgeben von einem Teil ihrer großen Kinderschar: (v.l.) Sophie Charlotte, Mathilde, Karl Theodor und Max Emanuel.

Schloss Possenhofen am Starnberger See, Wohnsitz der herzoglichen Familie im Sommer. Nach diesem Ort, in der Familie liebevoll »Possi« genannt, sehnen sich die Kinder ein Leben lang zurück.

gelbliche Mauer mit der Zackenkrone, die sich unter überhängenden Bäumen so langgestreckt hinzieht und im Wasser zu stehen scheint, so daß es das Ansehen hat, als sei es die Umzäunung einer glücklichen Insel, die uns entgegenschwimmt? Sehen Sie jenes Gebäude mit den Eckthürmen, in demselben warmen, rötlich gelben Tone, der so trefflich zu den grünen Bosketen und Bäumen, zu den schimmernden Blumenbeeten und blitzenden Fontänen wie zu der Epheubekleidung steht, welche die ganze östliche Front des Gebäudes wie ein natürlicher Mantel umgibt, und nichts frei läßt als die Fenster?«

Auf dieser »glücklichen Insel« hat Sophie genügend Platz, allen kindlichen Vergnügen zu frönen – baden und fischen im See, herumtollen mit den vielen Tieren im Park. Wie alle ihre Schwestern ist auch sie eine sehr gute Reiterin. In dieser idyllischen Atmosphäre schafft Herzogin Ludovika ein entspanntes und stabiles Zuhause. Die meisten Angestellten ihres Haushalts verbringen fast ihr ganzes Leben bei der herzoglichen Familie. Wirft man einen Blick in das Hof- und Staatshandbuch des Königreichs Bayern in Sophies Geburtsjahr, so findet sich im Hofstaat der Herzogin unter den Garderobedienerinnen eine gewisse Johanna Beutelrock, die auch 40 Jahre später noch im Dienste Ludovikas tätig ist. Der wichtigste Angestellte ist jedoch Baron Carl von Wulffen. Als Herzog Max seine Söhne zur Erziehung in die Schweiz

Sophie Charlotte, leise lächelnd, und ihr kleiner Bruder Mapperl.

geben will, verhindert Ludovika dies, indem sie von Wulffen als Lehrer ihrer Söhne engagiert und damit eine Trennung umgeht. Als dieser später Hofmarschall bei Herzog Max wird, kommt es jedoch schnell zum Zerwürfnis. Von Wulffen soll angeblich »große Summen für illegitime Freuden« verwalten und quittiert in »sittlicher Entrüstung« seine Stellung. Ludovika möchte von Wulffen jedoch in der Familie halten und nimmt ihn als Oberhofmeister in ihre Dienste. Den Gehaltsunterschied zwischen beiden Anstellungen bezahlt sie aus ihrem Privatvermögen, was erst nach ihrem Tod herauskommt. Der Baron ist für Ludovika die wichtigste Stütze in ihrem Leben.

Kapitel 7

Schutzmantelmadonna mit Hunden

Sophie lebt in einem Jahrhundert, in dem die Bilddokumentation revolutioniert wird: die Fotografie wird erfunden. Anfang der 1840er Jahre eröffnen die ersten Ateliers im deutschen Sprachraum und 1847, genau in Sophies Geburtsjahr, lädt der mit ihrer Tante Elise verheiratete preußische König den Hamburger Hermann Biow, Deutschlands ersten Fotografen, nach Berlin ein, um mit der neuen Technik Bilder von der königlichen Familie anfertigen zu lassen. Und so wird auch Sophies Leben seit ihren Kindheitstagen immer wieder fotografisch festgehalten. Dazu müssen wir uns vergegenwärtigen, dass diese frühen Aufnahmen noch sehr aufwändig und zeitintensiv sind und dass für Portraitaufnahmen Ateliers aufgesucht werden müssen. Diese gibt es aber zu diesem Zeitpunkt auch schon in vielen kleineren Städten, der Beruf des Fotografen findet schnell große Verbreitung.

Nehmen wir uns aus den Aufnahmen von Sophie eine Fotoserie heraus, die uns viel über das Wesen der jungen Herzogin verrät. Diese Serie ist bei dem Fotografen Victor Angerer in Ischl entstanden. Die kaiserliche Familie von Österreich hat dort eine Sommerresidenz und es liegt nahe, dass man sich entschließt, den Fotografen aufzusuchen, als gerade Sisis jüngere Schwester Sophie zu Besuch ist. Ihr gelöstes Haar lässt den Rückschluss zu, dass diese zu jenem Zeitpunkt noch keine verheiratete Frau ist. Daher schätzen wir, dass die Aufnahmen in den Jahren 1865 oder 1866 entstanden sind. Sie ist damals 18 oder 19 Jahre alt. Die Bilder fallen etwas aus dem Rahmen, denn Sophie hat sich als Begleiter für die Aufnahmen zwei Hunde ausgesucht. Auf der ersten Fotografie ist sie alleine zu sehen; alle Aufmerksamkeit wird auf diesem Bild auf ihr Haar gelenkt, das eine ähnliche Üppigkeit aufweist, wie das ihrer Schwester Sisi, die einen regelrechten Kult um ihre Haarpracht betreibt. Die Haare zählen zu den wichtigsten Schönheitsattributen einer Frau im 19. Jahrhundert und die Kaiserin von Österreich gilt als die schönste Frau ihrer Zeit. Es ist unverkennbar, dass sie das »Role-Model« für Sophie ist. Im Übrigen sehen sich alle fünf herzoglichen Schwestern ähnlich – und pflegen diese Ähnlichkeit auch.

Haare spielen im 19. Jahrhundert eine wichtige Rolle als weibliches Schönheitsideal.

Sophie Charlotte und die Hunde: Eine Liebe, die ein Leben lang hält.

Um ihre Zuneigung zu den Hunden auszudrücken, setzt sich die Schwester der Kaiserin von Österreich auch mal auf den Boden.

Für das nächste Bild nimmt Sophie einen der beiden Hunde mit vor die Kamera. Der Vierbeiner wirkt nicht sonderlich glücklich in seiner neuen Rolle als Fotomodell. Er steht auf den Hinterläufen hinter dem Stuhl, die Vorderpfoten sind auf der Lehne abgestützt. Sophies Hand liegt beruhigend auf dem Nacken des Hundes, ihr Blick ist liebevoll auf ihren treuen Begleiter gerichtet. Für die nächste Aufnahme darf dann auch der zweite Hund mit aufs Bild. Um beiden Hunden gerecht zu werden, hat Sophie auf dem Boden Platz genommen, die langen Haare vor der Brust verflochten – ganz wie Sisi auf einem der berühmten Gemälde des Malers Franz Xaver Winterhalter, das zur selben Zeit entsteht. Sophie hat je einen Arm um einen der Hunde gelegt und erinnert in ihrer Gestik an eine Schutzmantelmadonna – nur ohne Mantel.

Das letzte Bild dieser Serie sagt einiges über Sophie aus. Zuallererst und ganz offensichtlich zeigt es ihre Liebe zu Hunden, die sie übrigens auch mit ihren Schwestern teilt. Für eine Herzogin, die Enkelin eines Königs und

Schwester einer Kaiserin ist, ist das Bild ungewöhnlich, denn Sophie sitzt auf dem Boden – sie hat ihren Platz, den Stuhl, verlassen, um mit den beiden Hunden posieren zu können. Es lässt Rückschlüsse auf ihr Wertesystem zu: Es ist ihr wichtiger, ihre Zuneigung zu den Hunden zum Ausdruck zu bringen, als eine standesgemäße Haltung zu wahren. Viele adelige Zeitgenossen lassen sich damals ebenfalls mit ihren Hunden fotografieren – allerdings bleibt dabei immer die Rollenverteilung gewahrt: Der Hund befindet sich stets seinem Herren zu Füßen. Und oftmals dient er auch nur als reine Zierde. Nicht so bei Sophie, die auf dieser Fotografie ihre echte Zuneigung zu den Tieren zum Ausdruck bringt.

In den aristokratischen Zirkeln kommt Tieren allgemein eine wichtige Funktion zu, wird doch im eher asketischen höfischen Miteinander das Verlangen nach Anschmiegsamkeit und körpernahem Umgang nicht hinreichend befriedigt. Sophie ist mit ihrer Tierliebe bei Weitem nicht alleine, auch ihre Cousine Therese von Bayern bindet sich mit großer Hingabe an die verschiedensten tierischen Mitbewohner und auch Kaiserin Sisi entwickelt eine starke emotionale Beziehung zu ihren Hunden.

Kapitel 8

Eine komplizierte Verlobung

Mit ihren 19 Jahren ist Sophie Charlotte mittlerweile in einem Alter, in dem es nach Auffassung vieler Zeitgenossen allerhöchste Zeit ist, einen passenden Ehemann zu finden. Mit der Ausnahme von Nené waren alle ihre Schwestern in diesem Alter bereits verheiratet. Die Herzogstochter hat sich zu einer jungen Schönheit entwickelt, ihr Cousin Prinz Leopold von Bayern schwärmt in seinen Erinnerungen von »den kornblumenblauen Augen und dem üppigen weizenblonden Haar«.

Wenn wir uns Bilder von Sophie ansehen, dann fällt allerdings auf, dass sie auf den Fotos dunkle Haare hat. Täuschen sich also die Zeitzeugen? Nein, das tun sie nicht. Dass ihre Haare auf den Bildern sehr dunkel erscheinen, liegt an der damaligen Aufnahmetechnik, dem sogenannten »nassen Kollodiumverfahren«. Die fotografischen Platten sind damals noch orthochromatisch. Erst um die Jahrhundertwerde wird das Verfahren panchromatisch, also empfindlich für alle Farben und Spektralbereiche. Der Spektralbereich der weizenblonden Haare liegt zum überwiegenden Teil im rötlich-gelben Bereich, für den die orthochromatischen Platten völlig unempfindlich sind und deswegen die Flächen im Negativ so gut wie nicht abbilden. Beim Kopieren ins Positiv erscheint die Fläche so sehr dunkel. Aus diesem Grund wirken Sophies Haare auf den Portraits auch wesentlich dunkler, als sie es wahrscheinlich waren.

Auch für ihre jüngste Tochter betätigt sich Mutter Ludovika als Heiratsvermittlerin. Als einen der ersten Kandidaten schickt sie den jüngsten Bruder des Kaisers von Österreich ins Rennen – Erzherzog Ludwig Viktor, genannt »Luzivuzi«. Mitte April 1866 wird in Possenhofen ein zwangloses Kennenlernen arrangiert. Aber Sophie Charlotte lehnt den vorgeschlagenen Ehemann zur großen Enttäuschung ihrer Mutter ab. Auch Sisi unterstützt diese Partie eigentlich, ist allerdings schon im Vorfeld skeptisch und hält die Entscheidung ihrer Schwester für ehrlich und klug. Ihrer Mutter schreibt sie: »Der Kaiser glaubte von Anfang an nicht, daß sie ihn nimmt. Wenn sie nur einen Mann fände, den sie liebt und der sie recht glücklich macht. Aber wen?« Es erstaunt auch nicht wirklich, dass Sophie Charlotte sich nicht für »Luzivuzi« entscheidet. Der jüngste Kaiserbruder ist alles andere als begehrenswert, er wird als kalter und zynischer Spötter beschrieben. Sophies Cousine, Prinzessin Therese von Bayern, ist ebenfalls als Heiratskandidatin für den Erzherzog im Spiel. Aber auch sie lehnt ab und notiert in ihrem Tagebuch: »Dieser Mensch ist mir ein Dorn im Auge, er ist mir gräßlich; schon öfters neckte man mich mit ihm, man sagte, er würde mich heirathen; für so einen danke ich. Er soll boshaft, herzlos sein, nicht sehr begabt, dabei nur dem Vergnügen nachgehend, macht dumme Streiche in Fülle, und den soll ich heirathen? Das fällt mir nicht ein.« Als Therese dennoch zu einem Zusammentreffen gezwungen wird, ist ihr Eindruck nicht besser: »Er hat nur Interesse für elegante Damen, die auch ein böses Zünglein haben: er ist immer geschniegelt, gestriegelt, pomadiert, ein Geck durch und durch.« Mit diesem Urteil ist Therese nicht alleine, die Grande Dame der Wiener Gesellschaft, Fürstin Nora Fugger, wird den Erzherzog später mit folgenden Worten charakterisieren: »schwächlich, unmännlich, geziert und von garstigem Äußeren. (…) Seine Zunge war scharf wie die einer Giftschlange.« Ludwig Viktor bleibt unverheiratet – dieser Kelch geht sowohl an Therese als auch an Sophie Charlotte vorüber.

Kaum ist Erzherzog Ludwig Viktor aus Possenhofen abgereist, da wartet Ludovika bereits mit einem neuen Kandidaten auf, der in der Familienkorrespondenz nur als »der Spanier« bezeichnet wird. Sisi ist mit diesem möglichen Bewerber um die Hand ihrer jüngsten Schwester überhaupt nicht einverstanden und warnt ihre Mutter eindringlich, dass der »spanische Hof in keiner Weise recommendabel« sei. »Angst und Bang« wird der Kaiserin, käme Sophie »in diese Atmosphäre«, wo sie »steinsunglücklich« werden könnte. Ob die unmissverständlichen Aussagen Sisis oder ein anderer Grund ausschlaggebend waren, fest steht bald eines: auch aus diesem Eheprojekt wird nichts werden. Für Ludovika ist dies leicht zu verwinden, denn bald sichtet sie einen neuen Kandidaten, an den sie bisher gar nicht gedacht hatte.

1864 stirbt nach kurzer, heftig verlaufender Krankheit König Maximilian II. Joseph von Bayern. Er hatte Bayern seit dem Thronverzicht seines Vaters 1848 regiert. Den Thron erbt nun sein 18-jähriger Sohn Ludwig, heute der populärste unter den bayerischen Königen und als »Märchenkönig« in die Geschichte eingegangen. Ludwig ist ein auffallend großer und gutaussehender junger Mann. Als der von ihm neu ernannte bayerische Justizminister

Eduard von Bomhard, der vom Alter her Ludwigs Vater hätte sein können, ihn zum ersten Mal trifft, beschreibt er den König als »Jüngling, übergossen vom Reiz jugendlicher Schöne, Adel in Anlitz und Gestalt, mit üppig dichtem braunen Haar und einem wahrhaft prachtvollen Auge voll Geist und Seele«. Der junge, unverheiratete König mit den großen, dunklen Augen lässt vor allem die Herzen vieler Frauen höher schlagen. Ex-König Ludwig I. bemerkt einmal gegenüber seinem Enkel: »Du bist ein glücklicher Mensch, dir kann kein Weib widerstehen.« Und in diesem Punkt kannte sich der für seine diversen Affären bekannte Großvater gut aus. Eine sehr lebendige Beschreibung des jungen Monarchen in seinem ersten Regierungsjahr liefert uns der österreichische Gesandte in München, Gustav von Blome. Er berichtet nach Wien: »Der junge König ist noch ein Problem, wunderliche Kontraste treten in seinen Handlungen hervor, es läßt sich gar nicht voraussehen, was er dereinst sein wird. Heute wiegen offenbar kindliche Anschauungen und romantische Schwärmereien vor.« Der Gesandte beschreibt auch das Schlafzimmer des Königs in Schloss Hohenschwangau, das von einer kunstvollen mondförmigen Nachtlampe erleuchtet wird, die ihr Licht auf einen stets plätschernden Miniaturbrunnen wirft. »Zum Glück sind übrigens vom Ballett bisher nur die Dekorationen in das königliche Schlafgemahl gedrungen«, bemerkt er bissig. Und weiter: »Beurteile ich den jungen Fürsten recht, so hat die Natur ihm mehr Einbildungskraft als Verstand gegeben und ist in der Erziehung das Herz am meisten vernachlässigt worden. Ein übertriebenes Selbstgefühl, Eigenwilligkeit und Rücksichtslosigkeit machen sich in bedenklicher Weise geltend. Der König duldet keinen Rat, den er nicht verlangt hat (…). Literaten und Künstler werden mehr als andere Klassen der Bevölkerung zur Audienz zugelassen (…). Musik und Literatur sind die Hauptneigungen Seiner Majestät (…). Die Dichtung des Lohengrin und die anderen dem altdeutschen Sagenkreis entlehnten Operntexte des Richard Wagner haben die Vorliebe für die Wagnerische Musik erzeugt. (…) Der König findet überhaupt bis jetzt keinen Gefallen an der Damengesellschaft und Umgang mit dem weiblichen Geschlechte. So von der praktischen Welt abgeschlossen, gewinnt die Phantasie begreiflicherweise immer größeren Spielraum.«

Ludwig II. hat eine Abneigung gegen seine Residenzhauptstadt München, »die verhasste, unselige Stadt«, und lebt die meiste Zeit in Schloss Berg am Starnberger See, sozusagen direkt gegenüber der herzoglichen Familie in Possenhofen, zu der er eine enge Bindung pflegt. Ludwig ist fasziniert von seiner berühmten Cousine Sisi, die wie er einen Hang zur Menschenflucht hat und das offizielle Hofzeremoniell hasst. Immer wenn die Kaiserin in Possenhofen weilt, stattet der König ihr einen Besuch ab. So berichtet Sisi ihrem Sohn im März 1865: »Gestern hat mir der König eine lange Visite gemacht, und wäre nicht endlich Großmama dazugekommen, so wäre er noch da. Er ist ganz versöhnt, ich war sehr artig, er hat mir die Hand so viel geküßt, daß Tante Sofie, die durch die Thür schaute, mich nachher fragte, ob ich sie noch habe! Er war wieder in österreichischer Uniform, und ganz mit Chypre parfumirt.« Den Mann, der später einmal eine sehr wichtige Rolle in ihrem Leben einnehmen wird, erlebt Sophie zunächst einmal als Verehrer ihrer älteren Schwester. Die kurze Episode zeigt auch Sophies Sinn für Humor. »Ist denn deine Hand noch dran nach den vielen Küssen?«, fragt sie ihre ältere Schwester. Gekonnt ironisiert Sophie die als übertrieben empfundene schwärmerische Verehrung des bayerischen Königs für die Kaiserin.

Wie schon in der Beschreibung des österreichischen Gesandten erwähnt, hegt der junge König eine große Bewunderung für das Werk von Richard Wagner. Kurz nach seinem Regierungsantritt lässt der König den Komponisten durch seinen Kabinettssekretär ausfindig machen und lädt ihn nach München ein. Anfang Mai 1864 stehen sich der kleine, sächselnde 51-jährige Wagner und der mehr als 30 Jahre jüngere Ludwig II. in der Münchner Residenz erstmals gegenüber – es ist der Beginn einer großen Freundschaft. »Heiß Geliebter! Mein Einziger!«, »Sonne meines Lebens«, »Urquell des Lebenslichts«, so beginnen ab jetzt die Briefe Ludwigs an Wagner, der die homoerotische Neigung des Königs spürt und – in seinen Briefen wenigstens – mitspielt. Diese unterzeichnet Wagner unter anderem mit: »In ewiger Liebe und Treue bis in den Tod!« Der König holt seinen Lieblingskomponisten schließlich zu sich nach Bayern und mietet für ihn die Villa Pellet in Kempfenhausen am Starnberger See an, ganz in der Nähe von Schloss Berg. Hier bekommt Wagner Besuch von Cosima von Bülow, einer unehelichen Tochter des Komponisten Franz Liszt und Ehefrau des Dirigenten und bayerischen Hofkapellmeisters Hans von Bülow. Achteinhalb Monate nach dem Besuch bringt Cosima eine Tochter namens Isolde zur Welt. Offiziell ist sie noch mit Hans von Bülow verheiratet, aber der Vorname verrät den wahren Vater des Kindes – Richard Wagner arbeitet an der Oper »Tristan und Isolde«. Der Öffentlichkeit gegenüber wird Cosima als Sekretärin von Wagner ausgegeben, in diesem Glauben lässt das heimliche Paar auch den bayerischen König. In

»Seine Zunge war spitz wie die einer Giftschlange«: Erzherzog Ludwig Viktor, genannt »Luzivuzi«, der jüngste Bruder des Kaisers von Österreich.

seinem Einfluss auf den Monarchen überspannt der Komponist sehr schnell den Bogen: Immense finanzielle Ausgaben für seine Projekte belasten die Staatskasse, Wagner mischt sich in die Regierungsgeschäfte ein und versucht über den König Personalentscheidungen auf Ministerialebene zu beeinflussen. Als das gesamte Kabinett geschlossen mit Rücktritt droht und sich auch Ludwigs Familie gegen Wagner stellt, beugt sich Ende 1865 der bayerische König schließlich dem öffentlichen Druck. Richard Wagner muss aus München abreisen und Bayern verlassen. Er lässt sich in der Schweiz nieder.

Die Person, die in der unmittelbaren Umgebung des Königs dessen Begeisterung für den »Meister« teilt, ist seine Cousine Sophie Charlotte in Possenhofen. Sie ist musikalisch begabt, spielt leidenschaftlich gerne Klavier und wagt sich an Klavierauszüge der Wagner-Opern »Tannhäuser« und »Lohengrin«. Außerdem hat sie eine schöne Sopranstimme und beherrscht sogar manche Arie der weiblichen Hauptgestalten, wie die »Ballade der Senta« aus »Der Fliegende Holländer«. Ihr hatte der König 1864 bereits ausführlich seine erste Begegnung mit Wagner geschildert. Kurz nach dessen Abreise aus Bayern setzt zwischen Ludwig und Sophie ein intensiver Briefwechsel ein. Die Korrespondenz hat nur ein beherrschendes Thema: Richard Wagner, seine Poesie und seine Musik. Oftmals kommt der junge König zu Musikabenden nach Possenhofen, um Sophie spielen und singen zu hören. Ihr vertraut er die »Trennungsqualen« an, unter denen er seit der Abreise Wagners leide: »Wie wohl thut es mir, dass Du Antheil an diesem meinem eigenthümlichen Schicksal nimmst, und die Welt nun, die niedere, gemeine, sie hat keinen Begriff von diesen Beziehungen, dieser tiefen Liebe, die bis in den Tod währt, dieser Seligkeit der höchsten Liebe. – O, liebe Sophie, wie wünschte ich, Du kennst ihn!«

Die vielen Besuche und die ausgedehnte Korrespondenz sorgen schließlich für reichlich Klatsch und Tratsch. Sollte der König tatsächlich ernsthaftes Interesse für eine Frau entwickeln? Herzogin Ludovika beobachtet genau, was vor sich geht. Noch nie war der König so häufig in Possenhofen aufgetaucht. Ihre jüngste Tochter ist mit 19 Jahren bereits überfällig für eine Heirat; höchste Zeit also, sie unter die Haube zu bringen. Der junge bayerische König wäre eine überaus gute Partie. Um herauszufinden, was sich hinter dem Verhalten Ludwigs tatsächlich verbirgt, beschließt sie, der ganzen Sache einmal auf den Grund zu gehen – das können wir jedenfalls aus einem Brief schließen, den Ludwig am 12. August 1866 nach einem Besuch in Possenhofen an Sophie schickt. Aufgebracht schreibt er: »Liebe Cousine! Wie schauderhaft mißlungen war mein gestriger Besuch, wie unangenehm die Unterbrechung. Der Eindruck, den ich erhielt, war für mich so fataler, daß ich wahrscheinlich im ganzen heurigen Sommer nicht wieder hinüberkommen werde – sage das aber niemanden! – Um Eines ersuche ich Dich noch, zweifle nicht an meiner treuen und aufrichtigen Freundschaft für Dich.« Er verweist auf ein gleichzeitig übersandtes Buch und auf das Erscheinen der Oper »Meistersinger« und fährt fort: »Es tut mir wirklich leid, Dich jetzt längere Zeit nicht mehr zu sehen, aber unter den gegebenen Umständen ist mir das Kommen zu sehr verleidet. Dir, liebe Cousine, von ganzem Herzen einen vergnügten Sommer und guten vergnügten Landaufenthalt wünschend, blei-

Der gefragteste Junggeselle seiner Zeit: König Ludwig II. von Bayern.

be ich zeitlebens Dein treuer Vetter Ludwig.« Was war vorgefallen? Herzogin Ludovika hatte den König wohl in der ihr eigenen, sehr direkten Art gefragt, ob seine Absichten gegenüber ihrer jüngsten Tochter ernsthafter Natur wären. Um sicherzugehen, dass die Herzogin seinen abrupten Aufbruch richtig deutet, beauftragt Ludwig den mit ihm befreundeten Vetter Karl Theodor, Sophies älteren Bruder, mit deren Mutter zu reden und ihr zu versichern, dass er keinerlei Heiratsabsichten habe. Für Herzogin Ludovika ist daraufhin jede weitere Erörterung »ganz überflüssig« und die Sache »definitiv bereinigt«. Sie wünscht keinen weiteren innigen Umgang Sophies mit dem König, auch den Briefwechsel untersagt sie.

Welche Gefühle Sophie zu diesem Zeitpunkt für den König hegt, können wir nicht genau sagen – jedenfalls hält sie sich nicht an das Verbot ihrer Mutter. Über zwei Vertraute bleiben sie weiter in Kontakt: zum einen durch Natalie von Sternbach, die Hofdame von Sophie, und zum anderen durch Paul von Thurn und Taxis, den Flügeladjutanten des Königs. Natalie Fortunata Henriette Freiin von Sternbach ist vierzehn Jahre älter als Sophie. Sie stammt aus der Bludenzer Linie der Tiroler Adelsfamilie Sternbach zum Stock und Luttach und befindet sich erst seit Kurzem im Dienste der herzoglichen Familie. In der Korrespondenz zwischen Sophie und Ludwig bekommt sie den Spitznamen »Janthe«, möglicherweise nach einer Figur aus der im 19. Jahrhundert populären Oper »Der Vampyr«.

Da Sophie nach dem Verbot ihrer Mutter unter der Überwachung von Oberhofmeister von Wulffen steht, müssen sich nun also Natalie und Paul treffen, damit die Korrespondenz heimlich weitergeführt werden kann. Sophie vertraut ihrem Cousin an, dass sie eine Heirat wohl nicht mehr lange wird hinausschieben können. Ludwig reagiert darauf sichtlich betroffen: »Du wirst vielleicht bald schon uns verlassen und ernsteren Pflichten nachgehen? O Gott wie soll ich das verstehen! Wenn Du von hier scheidest, so betrübt mich dies viel mehr, als Du es vielleicht glaubst.« Bisher war er immer froh, wenn er hörte, dass Sophie »einen Angriff nach dem anderen« hätte abwehren können. Gerne würde er sie auch wieder besuchen: »Wäre niemand in Possenhofen als Du und Gackel, dann käme ich gerne und recht oft. So muss man immer eines Überfalls gewärtig sein.« Niemand in seiner näheren Umgebung kann Ludwigs Schwärmerei für Wagner in dem Maße nachvollziehen wie Sophie, ein Abbruch des Kontaktes wäre für den König ein großer Verlust. So vertraut Ludwig seiner Cousine auch sein »Geheimnis« an: Der To-

Nicht nur Ludwig II. ist von der schönen Kaiserin Sisi fasziniert.

destag von Richard Wagner werde auch der seinige werden. »Dies ist sicher; denn die Liebe zu ihm, die der Quell meiner Wonnen und Leiden ist, ward mir zum religiösen Cultus, ohne ihn kann ich nicht leben.«

Liest man sich die Briefe Ludwigs an Sophie durch, so ist es offensichtlich, dass es sich hier keinesfalls um Liebesbriefe handelt. Es ist eher die vertraute Korrespondenz zweier junger Menschen, die die gleiche Schwärmerei teilen. Ludwig schätzt Sophie als verständnisvolle Ansprechpartnerin und Freundin in einer ihm ansonsten feindlich und verständnislos scheinenden Welt. Hinzu kommt die räumliche Nähe der beiden sowohl in München als auch im Sommer am Starnberger See – über dessen Wogen der König Ende August 1866 nächtliche Grüße gen Possenhofen schickt: »Ich sende Dir einen innigen Gruss durch die Lüfte, möge er über den Wellen des Sees, dessen Wasser des Mondes Strahlen selig bescheinen, zu Dir gelangen!«

Die beiden sehen sich monatelang nicht. An Wagners Lebensgefährtin Cosima von Bülow, mit der Ludwig eine sehr innige und offene Kommunikation pflegt, schreibt der König am 5. Januar 1867: »Ich habe fast nie Gelegenheit, sie zu sehen, schreibe aber zuweilen (...). – Sophie ist eine treue, teilnehmende Seele voll Geist, ihr Loos hat eine gewisse Aehnlichkeit mit dem meinigen, wir Beide leben in Mitte einer Umgebung die uns nicht begreift und falsch beurtheilt, wir leben wie auf einer Oase im Sandmeer der Wüste.«

Wenig später scheint es zu einer Verstimmung zwischen Sophie Charlotte und dem König gekommen zu sein. Dies können wir aus einem Brief Ludwigs schließen – »willst Du es, so schreibe ich nie wieder«, bietet er ihr an; er bittet sie, ihm nicht zu zürnen und ihm »einige freundliche Zeilen« zu senden, die ihm zeigen, dass sie ihm »gut bleibt«. »Oh, habe keinen Groll im Herzen, liebe Sophie, höre meine Bitte und bewahre mir ein gutes Andenken in Deinem Herzen, entziehe mir Deine Freundschaft nicht, oh, sie tut mir so wohl.« Was genau vorgefallen ist, wissen wir nicht. Vielleicht hatte Sophie dem Druck ihrer Mutter nachgegeben und die Korrespondenz beendet? Es ist auch bestimmt kein Zufall, dass Ludwig diesen Brief ausgerechnet an dem Tag schreibt, als die beiden sich zum ersten Mal nach fünf Monaten wiedersehen. Am Abend des 18. Januars 1867 ist ein Hofball in der Residenz angesetzt, Ludwig weiß, dass er hier auf Sophie treffen wird. Zwei Tage später sehen sich die beiden abermals auf einem Ball im Hotel Bayerischer Hof wieder. Was auch immer an diesem Abend zwischen den beiden passiert sein mag, schlagartig ändert der König seine Meinung. Jetzt kann es ihm nicht schnell

Der Fixstern im Universum von Ludwig II.: Komponist Richard Wagner.

genug gehen. Kaum zurück in der Residenz schreibt Ludwig Sophie zwischen Mitternacht und ein Uhr morgens einen Brief und hält um ihre Hand an: »Meine geliebte Sophie! Die Knospe, die unbewusst (als Freundschaft) in meiner Seele keimte, ist aufgegangen, ist Liebe zu dir, meine theure Sophie, innige, aufrichtige, ungeteilte Liebe. (…) Was ich damals, als ich noch kaum das Knabenalter verlassen hatte, als Kronprinz zu Dir sprach (dir andeutete), wiederhole ich nun klar als Mann und König: Ich liebe dich und schwöre Dir Treue. (…) Willst Du meine Gattin werden? Genossin meines Throns? Königin von Bayern? Ich glaube fest und sicher: Wir werden miteinander glücklich werden (…).« Im Morgengrauen stürzt der König in das Schlafgemach seiner Mutter. Aufgeregt unterrichtet er sie über seine Entscheidung und bittet sie, sich bei den Eltern seiner Auserwählten für ihn zu verwenden. Um 9 Uhr morgens kommt bereits das »Ja« von der herzoglichen Familie und wenige Stunden später bestätigt Ludwig an der Hoftafel seine Verlobung mit Herzogin Sophie Charlotte in Bayern. Für den Abend ist der Besuch einer Vorstellung im Hoftheater angesetzt. Die Königinmutter bittet Sophie aus der herzoglichen Loge herüber in die Königsloge, wo sie unter dem Jubel der Theatergäste neben Ludwig Platz nimmt. Jetzt ist es offiziell und für alle sichtbar: Dort sitzt die zukünftige Königin von Bayern!

Nun werden alle wichtigen Personen in Kenntnis gesetzt. Nach der Theatervorstellung schickt Ludwig Wagner ein Telegramm, in welchem er ihn in kurzen Worten unterrichtet, »dass Siegfried seine Brünhilde fand«. Außerdem wird Großvater Ludwig I. in Rom über die Ereignisse informiert. Dieser schreibt seinem Enkelsohn: »Gottes Segen, lieber Ludwig, ruhe auf Deiner Ehe! Schon lange las ich in den Blicken, welche die schöne Sophie auf Dich heftete, daß du in ihrem Herzen wurzelst. Das häusliche Glück ist des irdischen größtes. Wie hoch erfreut würde ich sein, wenn ich Deinen Erstgeborenen, meinen Urenkel, auf meinen Armen halten kann.« Von seiner Schwiegertochter, Königinmutter Marie, weiß er allerdings auch, dass Ludwig »nur in Engelsehe mit Sophie zu leben vorhabe«. Die Mutter hofft, dass sich dies noch geben werde. In der Antwort des Großvaters an seine Schwiegertochter schwingt aber Skepsis mit: »Ob es denn eine glückliche Ehe geben wird? Sie wird nicht den Eigensinn haben, den Schwestern von ihr besitzen?«

Sophie teilt die Faszination Ludwigs II. für das Werk von Richard Wagner.

Kapitel 9

»Vergib deinem unglücklichen Friedrich«

Was mag es wohl gewesen sein, dass den urplötzlichen Sinneswandel des Königs ausgelöst hat? Ludwig II. hatte ja stets betont, es sei nicht seine Absicht, zu heiraten. »Bei den meisten jungen Leuten mischt sich Sinnlichkeit in ihre Neigung zum anderen Geschlecht, diese verdamme ich«, schrieb Ludwig, nicht ganz 20 Jahre alt. Ob seine Entscheidung um Sophies Hand anzuhalten tatsächlich etwas mit seinen Gefühlen zu tun haben mag oder mit seiner Angst, die gute Freundin (an einen anderen) zu verlieren? Der König ist sich bewusst, dass von ihm erwartet wird, zu heiraten und für einen Thronfolger zu sorgen. Warum sollte er sich dann nicht für Sophie entscheiden, die einzige Frau in seiner Umgebung, die ihn kennt und ihn versteht?

Aber es gibt noch eine Person in Ludwigs Umfeld, die des Königs Vertrauen genießt: Paul Maximilian Lamoral Prinz von Thurn und Taxis ist ein Halbbruder von Nenés Ehemann und somit Sophies Schwager. Paul ist zwei Jahre älter als Ludwig und wird 1863 dessen Ordonnanzoffizier. Die beiden jungen Männer verbringen sehr viel Zeit miteinander und werden beste Freunde. Nach Ludwigs Thronbesteigung 1864 steigt Paul zum persönlichen Adjutanten des Königs auf und wird sein engster Vertrauter. In seinen Briefen bezeichnet ihn Ludwig als den»treuen Friedrich«. Auch dieser Spitzname ist entlehnt, diesmal allerdings nicht aus einer Wagner-Oper, sondern aus der Geschichte der Hohenstaufen. Das historische Vorbild ist Friedrich von Baden, der im 13. Jahrhundert zusammen mit dem letzten Staufer Konradin von Bayern aus nach Italien aufbricht, um dort Besitzansprüche geltend zu machen. Das Unternehmen scheitert kläglich und die beiden blutjungen Prinzen enden auf dem Marktplatz von Neapel auf dem Schafott.

Wie Sophie hat auch Paul eine schöne Singstimme und teilt die Begeisterung des Königs für die Musik von Richard Wagner. Zum 20. Geburtstag des Monarchen im August 1865, der in Hohenschwangau gefeiert wird, hat Wagner mit Paul einen Teil der Oper »Lohengrin« einstudiert. Als Schwanenritter verkleidet wird der Prinz in silberschimmernder Rüstung in einem Kahn, der von einem künstlichen Schwan gezogen und von elektrischem Licht prachtvoll beleuchtet wird, singend über den Alpsee gezogen. Als Ludwig im Mai 1866 inmitten der bevorstehenden militärischen Auseinandersetzung mit Preußen Wagner einen Überraschungsbesuch zu dessen 53. Geburtstag in der Schweiz abstattet und damit beinahe eine Staatskrise auslöst, begleitet ihn nur eine Person: Paul von Thurn und Taxis. Zu dieser Zeit schreibt Paul dem König glühende Liebesbriefe: »Heiß geliebter Ludwig! Wie pocht mein Herz als ich aus der Ferne deinen Wagen kommen sah. Du fragst mich ob ich deiner gedacht, du weißt Du bist mein einziger Gedanke, daß ich einzig dir gehöre, daß dein Bild mir stets vor Augen schwebt.« Und weiter: »O einziger, innigst geliebter Freund! Auch ich werde süß träumen, du wirst mir erscheinen, dein holdes Antlitz, deine schönen, lieben Augen werden mich naschen, ich werde Wonne küßen und denselben o ich werde nunmehr glücklich sein! Lebe wohl, theuerster Freund, schlaf wohl, träume süß, und gedenke deines dich glühend liebenden Paul.« Im August 1866 reist Paul im Auftrag des Königs abermals zu Wagner in die Schweiz, diesmal allerdings alleine. Dem König schreibt er, dass er gerade im Begriff sei, das »traute Stübchen« zu beziehen, »welches wir zusammen bewohnt«. Das Schreiben endet mit den Worten: »Doch nun, gute Nacht, teuerster Engel, es küßt Dich in Gedanken 1000 mal Dein (...) Friedrich.«

Im Juni 1866 spitzt sich die politische Situation mit Preußen zu, doch der bayerische König zieht sich auf die Roseninsel im Starnberger See zurück. Der österreichische Gesandte Gustav von Blome schildert die Situation wie folgt: »Seit Montag befindet sich der König auf der Roseninsel. Er hat dahin drei Betten bringen lassen, eines für sich, eines für den Adjutanten Fürst Taxis, eines für den Reitknecht Völk. Dort wohnt er nun, und drei Tage hindurch haben ihn weder der Minister noch die Kabinettssekretäre sprechen können.« Zur damaligen Zeit sind schon einige Gerüchte über den König im Umlauf. So hatte der bayerische Justizminister Eduard von Bomhard bereits im Dezember 1865 den Kabinettssekretär Franz Seraph von Pfistermeister darüber informiert, dass es in Franken und Schwaben das Gerede gebe, »Seine Majestät sei ein Spinatstecher [zeitgenössischer Ausdruck für Analverkehr] und benütze hierzu den einen dieser beiden Brüder Völk (...). Es werfe ein schiefes Licht auf den König, dass er so viel und so ausschließlich mit dem Reitknecht Völk umgehe; es habe sich auch (...) namentlich in Ober- und Unterfranken das Gerücht verbreitet, der König stehe in unerlaubtem Umgang mit Männern, ja man höre dieses Gerücht schon im Marstalle.«

Ob nun Ludwig II. und Paul von Thurn und Taxis ein Liebespaar waren oder nur sehr gute Freunde, darüber gehen die Meinungen auseinander; jedenfalls steht Paul dem jungen König zu Beginn seiner Regierung sehr nah und genießt sein absolutes Vertrauen. Seine hohe Wertschätzung für Paul drückt Ludwig auch gegenüber Sophie aus: »Ausser Richard Wagner bist Du, liebe Sophie, und mein Friedrich die Einzigen auf Erden, die mich wahrhaft kennen und verstehen.« Auch in der Korrespondenz zwischen Ludwig II. und Cosima von Bülow taucht sein Name häufig auf. Paul dient nicht nur als Bote und Mittelsmann, sondern ist auch mit Wagner und seiner Lebensgefährtin befreundet. Und als der König mit Sophie nur noch in brieflichem Kontakt steht, ist es – wie bereits erwähnt – ebenfalls Paul, der als Überbringer der Schreiben fungiert. Der König lobt ihn als »zuverlässig und schweigsam wie ein Grab« und fordert Sophie auf: »Sprich recht aufrichtig mit ihm wie mit mir selbst!«

Das alles ändert sich wenig später im Herbst 1866. Es existiert ein Brief von Paul an Ludwig vom 23. September 1866, der mit der überschwänglichen Formel endet: »Mit 100 000 000 Küssen Dein Friedrich.« Und auch Anfang Oktober scheint noch alles in Ordnung zu sein, nach Beobachtungen verbringen der König und sein persönlicher Adjutant jeden Abend miteinander. Doch schon wenig später verbreitet sich am Hof das Gerücht, dass der König »ohne Rückhalt« über seinen Adjutanten schimpfen würde. Auch gegenüber Sophie lässt Ludwig Mitte Oktober 1866 zum ersten Mal Unzufriedenheit über Paul anklingen, der gerade bei seinen Eltern in Regensburg ist. Auch Richard Wagner und dessen Lebensgefährtin bekommen Wind davon und fragen vorsichtig beim König nach. Doch der reagiert nicht und lässt dafür Taten sprechen.

Am 7. November 1866 wird Paul von Thurn und Taxis seiner Position als Flügeladjutant enthoben und zu einem Artillerie-Regiment versetzt. Am 20. November 1866 setzt Ludwig Cosima von Bülow schließlich über die Entwicklung in Kenntnis: »Dass Friedrich nicht mehr bei mir ist, werden sie vernommen haben; ich mußte so handeln, denn er benahm sich in der That nicht gut, (gelinde gesagt,) stiess alle Welt vor den Kopf, überhob sich auf unverantwortliche Art, suchte sogar seine früheren Freunde durch Anschwärzen in ungünstiges Licht zu stellen ect. so dass ich mich veranlasst fühlen musste, ihn in das Regiment zurück zu versetzen; nun kann er sich bessern.« Sophie wird erst wesentlich später, gegen Ende des Jahres, informiert: »Friedrich hat sich zu sehr überhoben. Ich musste ihn entfernen. Ein Besserer hat ihn ersetzt. Künsberg ist treu, verlässig, wahr und offen.«

Was der tatsächliche Grund für das Zerwürfnis zwischen den beiden ist, bleibt unklar. Es gibt zwei verschiedene Versionen: Die eine besagt, dass Paul sich mit einer jungen Sopranistin eingelassen hatte, der König Wind davon bekam und aus Enttäuschung mit ihm brach. Die andere besagt, dass Paul nach der Trennung in eine tiefe seelische Krise stürzte, diese in Mengen von Alkohol ertränkte und sich in den Armen der Sopranistin wiederfand, die dem jungen Mann relativ zügig eröffnete, dass sie von ihm schwanger sei. Paul lässt seine Entlassung und der Bruch mit dem von ihm geliebten Freund offensichtlich völlig ratlos zurück. Folgenden Brief dürfte er wohl Mitte Dezember 1866 an den bayerischen König geschrieben haben: »Mein geliebter Ludwig! Was im Namen aller Heiligen hat Ihr Friedrich euch getan? Was hat er gesagt, dass ihr ihm keine Hand gebt, keine gute Nacht wünscht, ihm kein Auf Wiedersehen vergönnt? Wie ich mich dabei fühle, kann ich nicht sagen, nur meine zitternde Hand kann Ihnen meine innere Unruhe zeigen. Ich habe nicht die Absicht Sie zu verletzen. Vergebt mir, seid wieder gut zu mir, ich befürchte das Schlimmste – ich halte das nicht länger aus. Mögen meine Notizen Sie erreichen. Amen! Vergib deinem unglücklichen Friedrich.« Eine Antwort auf diesen Brief erhält er nicht.

Es gibt noch eine weitere Version der Geschichte, die jedoch sehr spekulativ ist. Die Witwe des preußischen Gesandten wird später erzählen, dass Ludwig II. erpressbar gewesen sei. Und zwar durch »eine sehr kompromittierende Korrespondenz zwischen dem jungen König und dem jungen Prinzen Taxis«, die dem damaligen Oberstallmeister Maximilian von Holnstein in die Hände gefallen sein soll. Vielleicht verbirgt sich dahinter der Grund für das Zerwürfnis? Wenn diese Geschichte wahr sein sollte, dann wurde Ludwig damit erstmals klar, dass er durch seine Liebe zu einem anderen Mann erpressbar ist. Und vielleicht gab er Paul die Schuld daran, dass diese kompromittierenden Briefe einem Dritten in die Hände fallen konnten.

Was auch immer passiert sein mag, am Ende bleibt, dass der bayerische König Ende 1866 seine engste Bezugsperson, vielleicht seine erste große Liebe, verliert. Anfang Januar 1867 schimpft der König über seinen ehemaligen Freund bei seiner Brieffreundin Cosima von Bülow: »Von Friedrich höre ich nur, dass er oft im paterre des Aktientheaters sitzen soll und nicht in bester Gesellschaft. Sonderbarer Mensch, er hatte sich in eine anscheinend tief ge-

In den ersten Regierungsjahren Ludwigs II. die engste Bezugsperson des Königs: sein Flügeladjutant Paul von Thurn und Taxis, genannt der »treue Friedrich«.

hende Begeisterung für den Freund [Richard Wagner] und seine Kunst hineingeschwindelt, keine Spur scheint davon übrig geblieben zu sein – Wir brauchen diese Menschen nicht, stets sehe ich dies klarer, Gyps bleibt Gyps, kann nie weisser, leuchtender Marmor werden.« Es ist im Übrigen derselbe Brief, in dem Ludwig Sophie als »teilnehmende Seele voll Geist« lobt. Cosima erkennt den Meinungsumschwung des Königs und beeilt sich, ihm beizupflichten: »Ach! Diese unfertigen halbwegs gut angelegten und doch eigentlich niederen Naturen sind die allerpeinlichsten, weil man es versucht sich mit ihnen abzugeben und es doch zu nichts führt.«

Mag dies den emotional aufgewühlten Zustand des Königs und seinen plötzlichen Meinungsumschwung in punkto Heirat erklären? Wir können es nicht sagen. Aber wie sehr der König auch seinen ehemaligen Freund verdrängt haben mag – die beiden sprechen nie wieder miteinander – der Verlust dürfte für ihn schmerzlich gewesen sein. Jedenfalls beschäftigt ihn der Lebenswandel seines ehemals besten Freundes. Die neue Dame an dessen Seite bezeichnet er Cosima gegenüber als »leichtsinnige, hässliche Jüdin«. War die Verlobung mit Sophie letztlich nur ein Ersatz für den verlorenen Freund? Die Art und Weise, wie Ludwig Sophie nach der Verlobung behandelt, lässt darauf schließen, dass es jedenfalls weder tiefe körperliche noch seelische Sehnsucht ist, die Ludwig II. zu seiner schönen Cousine zieht.

Kapitel 10

Unzählige Verletzungen

So schnell, wie Ludwig sich zur Heirat mit Sophie entschlossen hat, so schnell verliert er auch wieder das Interesse an ihr. Er brüskiert seine zukünftige Ehefrau in den nächsten Monaten bei fast allen sich bietenden Gelegenheiten. In seinen Briefen nennt der König Sophie von nun an »Elsa«, in Anlehnung an die Figur der »Elsa von Brabant« in Wagners Oper »Lohengrin«. Er selbst unterzeichnet die Briefe allerdings nicht wie zu erwarten als »Lohengrin«, der fremde Ritter in heller Rüstung, der um Elsas Hand anhält, sondern als »Heinrich«, nach der Figur des deutschen Königs Heinrich der Vogler, der in der Oper den neutralen Part als gerechter Richter einnimmt. Bald wird auch Sophie klar werden, was es damit auf sich hat – Ludwig verhält sich nicht wie ein liebender, leidenschaftlicher Bräutigam, der um sie wirbt.

Zunächst setzt geschäftiges Treiben ein, denn die Hochzeit soll noch im selben Jahr stattfinden. Drei Tage nach ihrer Verlobung ist Sophie zu Besuch in Franz Hanfstaengls »photographischem Atelier« in der Münchner Maximilianstraße. Ihr Konterfei ist jetzt gefragt, wird es doch Münzen, Medaillen, Vasen und vieles mehr zieren. Sophie trägt ein mächtiges weißes Seidenkleid, in der Hand hält sie einen Fächer, ihr langes Haar ist zu Zöpfen hochgesteckt, ganz im Stil ihrer Schwester Sisi. Die junge Frau sieht an diesem Tag selbstbewusst und blendend schön aus.

In den nächsten Wochen wird Sophie ihren Verlobten von ganz unterschiedlichen Seiten kennenlernen. Da ist zum einen der humorvolle Ludwig, der Grüße an das »Ungetüm des Meeres« bestellt, »welches Dir die Sangeskunst lehrt«. Um dies zu verstehen, muss man wissen, dass Sophie einen Gesangslehrer mit Namen Hay hat. Und da ist zum anderen der charmante Ludwig, der seiner Verlobten versichert, dass sie als Königin »wie ein Engel, eine Blume, geistreich und schön« sein werde. Aber da ist auch der aggressive Ludwig, der sich in Aversionen gegen seine Verwandtschaft hineinsteigert. Als sein Onkel Otto und seine Tante Amalie, das ehemalige Königspaar von Griechenland, Ende Januar 1867 zu Besuch nach München kommen, lässt er Sophie wissen, dass »das Entsetzliche« nahe: »der harthörige, ganz vernagelte König und seine plumpe, sich in Alles mischende dicke Nudel, die Königin. (...) Ein solches vierschrötiges, tratschendes Wesen wie jene bausbackige, unförmige griechische Majestät« gebe es kein zweites Mal. Und ein paar Wochen später legt er gegenüber seiner Tante Amalie nach: »Das verfluchte Lumpenvieh, das Griechenweib, o welch eine Lust, sie abzustechen wie ein Huhn!« Doch warum hegt Ludwig solch eine Abneigung gegen seine Tante? Die Antwort findet sich in einem undatierten Brief des Königs an seine Verlobte. Amalie von Griechenland hat wohl bei ihrem Besuch in München keinen Hehl daraus gemacht, dass sie von Ludwigs Heiratsabsichten nicht überzeugt ist: »Soweit hat es jene, wie ich sicher glaube durch ihr Getratsch gebracht, dass man in der Stadt erzählt, ich liebte Dich nicht. – O. Welt, O. Menschen!«

Und auch zwischen den frisch Verlobten kommt es schon in den ersten Tagen zu Missstimmungen. Denn das »Griechenweib« ist nicht die Einzige, die Zweifel hegt – Sophie selbst tut das auch. Allerdings spricht sie diese nicht gegenüber Ludwig an. Der erfährt von den Bedenken seiner Auserwählten nur über Umwege. Nach einem Theaterbesuch berichtet Königinmutter Marie ihrem Sohn, dass sie von Ludovika gehört habe, Sophie habe gegenüber einer Dame geäußert, dass Ludwig sie nicht wahrhaft liebe. Der König beeilt sich, seiner Verlobten zu schreiben: »Aber liebe Sophie, zweifelst Du an meiner innigen Liebe zu Dir, das thut mir leid, wirklich von Herzen leid. Ich hoffe, die Sache beruht nur auf einem Mißverständnis von Seiten Deiner Mutter.« Einen Tag später drängt es Ludwig nochmals zu bestätigen, dass dies nur auf »dieses ewige Einmischen und Schwätzen unserer Mütter« zurückzuführen sei. »Wie lästig und unangenehm; doch weg damit; die Hauptsache ist, Wir lieben uns wahrhaft und innig und diese Liebe ist in unsern Herzen gewurzelt. Nun gute Nacht. Hoffentlich schläfst Du besser, als Du vermuthest.«

Anfang Februar 1867 treffen sich Ludwig und Sophie beim »königlich Bayerischen Hof-Photograph« Joseph Albert in der Münchner Brienner Straße, um das offizielle Verlobungsbild aufzunehmen. Das berühmte Foto spricht für sich: Die beiden stehen Arm in Arm, Sophie bei Ludwig untergehakt, die Körper berühren sich kaum. Sophie blickt mit einem melancholischen Lächeln direkt in die Kamera, der König wirkt abwesend, sein Blick in die Ferne schweifend, als wäre er fehl am Platz. Die Haltung seiner Füße wirkt ganz so, als sei er gerade auf dem Sprung.

Das offizielle Verlobungsbild von Ludwig II. und Sophie Charlotte, aufgenommen vom »königlich Bayerischen Hof-Photographen« Joseph Albert.

Das Verlobungsbild findet schnell große Verbreitung, in München ziert es die Auslagen der Geschäfte und Hausierer bieten es als Kupferstich in ganz Bayern zum Kauf an. Einen Eindruck davon, wie schnell sich die Aufnahme verbreitet, gibt uns eine Quelle aus den Akten des bayerischen Obersthofmarschalls im Geheimen Hausarchiv: Anfang März 1867 erscheint in München die »Bauerstochter« Anna Popp aus Kleinhartpenning, einem Dorf im Bezirksamt Miesbach südlich von München, mit folgendem Anliegen: Sie möchte eine Butterskulptur anfertigen, die den König und seine Braut in der Form darstellt, »wie Allerhöchstselbe in den jüngsten Photographien erscheinen«. Ob der König wohl so freundlich wäre, dies als Geschenk anzunehmen? Das Ansuchen wird Anna Popp positiv beschieden – ob die Skulptur auch jemals entstanden ist, entzieht sich leider unserer Kenntnis. Ludwig II. beschenkt auch seine Minister mit dem Verlobungsbild. Unter den Empfängern befindet sich auch Justizminister Eduard von Bomhard, der notiert: »Als er mir kurz nach der Verlobung in einer Audienz sein Bild mit der Braut am Arm schenkte, fühlte ich an der ganzen Art und Weise, daß diese nicht die eines in Liebe glühenden Bräutigams ist.«

Am 22. Februar 1867 feiert Sophie ihren 20. Geburtstag. Aus diesem Anlass richtet der König ihr zu Ehren ein Familiendiner aus. Da Ludwig keine Einzelglückwünsche zu seiner Verlobung entgegennehmen will, lässt er stattdessen einen Hofball veranstalten, der fünf Tage nach Sophies Geburtstag stattfindet. 750 Gäste werden geladen, darunter das gesamte diplomatische Korps. Der erst vor Kurzem durch den Einfluss Wagners ins Amt berufene Ministerpräsident und Außenminister Bayerns, Fürst Chlodwig zu Hohenlohe-Schillingsfürst, übernimmt die Aufgabe, den Ball auszurichten. Für diesen Anlass wählt Sophie ein Kleid in den Landesfarben Weiß und Blau. »Der König erschien gegen neun Uhr und führte die Frau des Hauses zu einer Quadrille; neben ihm tanzte seine Braut an der Hand des österreichischen Gesandten«, berichten die »Münchner Neuesten Nachrichten« am nächsten Tag. Der badische Gesandte in Bayern, Robert von Mohl, der ebenfalls anwesend ist, hält in seinen Erinnerungen folgendes Bild fest: »Es war ein schönes Brautpaar: der König, ein sehr großer, schlanker junger Mann mit schwärmerischen dunklen Augen, nahm sich in der Uniform seines Chevaulegerregiments sehr gut aus; die Braut, ebenfalls eine hohe schlanke Gestalt, war in ihrem weißen und blauen Ballkleid reizend anzuschauen. Doch lag auf dem Feste eine unbehagliche Atmosphäre; es war kein bräutliches und fröhliches.

Bei genauer Beobachtung konnte man sich der Bemerkung nicht entziehen, daß die Prinzessin keinen liebenswürdigen und hingebenden Charakter zu haben scheine. Das schöne Gesicht hatte einen Zug von Härte und Kälte, der sich selbst dann nicht verlor, wenn der König freundlich auf sie zutrat und anredete.« Sophie wird sich an diesem Abend nicht wohlgefühlt haben, denn Ludwig hat sie schon im Vorfeld wissen lassen, dass der Ball für ihn ein »schauderhaftes Vergnügen« wäre, von dem er wünschte, es möge möglichst schnell vorbei sein. Dementsprechend verhält sich der König auch an diesem Abend. Artig stößt er mit den Brauteltern Ludovika und Max an, dann tritt er gegen 22 Uhr auf seinen Justizminister Eduard von Bomhard zu, fragt ihn nach der Uhrzeit, und erkundigt sich, ob er wohl noch das Ende von Schillers »Maria Stuart« im Theater sehen könne? Der entgeisterte Justizminister macht Ludwig darauf aufmerksam, dass aller Augen auf sie gerichtet seien und dass es merkwürdig wirken würde, wenn er vor seinem König stehend auf die Uhr blicken würde. Ludwig stellt sich so nah vor den Minister, dass dieser einen unbemerkten Blick auf die Uhr werfen und den König darüber informieren kann, dass das Stück noch nicht vorbei ist. Trotz des mahnenden Hinweises des Ministers, welchen Eindruck dies bei der Braut hinterlassen würde, verschwindet der Bräutigam wenig später Richtung Hoftheater.

Der Ruf »Der König ist fort!« verbreitet sich wie ein Lauffeuer unter den anwesenden Gästen, es wird getuschelt. Kann es sein, dass sich der König nicht einmal von seiner Braut verabschiedet hat? Nach einem kurzen Besuch bei »Maria Stuart« lässt Ludwig seine Kutsche nach Schloss Berg lenken. Nur sein Hofsekretär ist Zeuge, als er während der Fahrt murmelt: »Lieber spring' ich in den Alpsee (...) lieber in den Alpsee!« Wir wissen nicht, wie Sophie sich nach diesem Abend gefühlt hat – ihr Verlobter hatte sie zum Gespött der Stadt gemacht. Es sollen noch weitere Tiefschläge folgen. Denn in den nächsten Tagen lernt sie eine bisher unbekannte Seite ihres Verlobten kennen – seinen ausgeprägten Narzissmus, der sich mit fast schon autistischen Zügen mischt.

Bei dem Familiendiner an Sophies Geburtstag hat sich ihre Schwägerin, die junge Frau ihres Bruders Karl Theodor, eine Erkältung geholt, die sich zu einer starken Grippe auswächst. Die sächsische Prinzessin kränkelte schon seit der Geburt ihrer Tochter. Aus der Grippe wird eine Kehlkopfentzündung und zum Entsetzen der ganzen Familie stirbt Herzogin Sophie am 9. März 1867 kurz vor ihrem 22. Geburtstag. Sie lässt einen tief trauernden Ehemann

Sophie Charlotte als Verlobte des bayerischen Königs; Portrait des berühmten Fotografen Franz Hanfstaengl, 1867.

und eine einjährige Tochter zurück. Auch für Sophie Charlotte muss der Schock groß gewesen sein, stand sie doch der zwei Jahre älteren Schwägerin sehr nahe. Es gibt mehrere Fotografien, die die beiden Sophien zusammen zeigen und die alle eine große Vertrautheit und Zuneigung der beiden Frauen zueinander bezeugen. Auf einem der Bilder stehen die beiden Namensvetterinnen eng nebeneinander, Sophie Charlotte bei ihrer Schwägerin untergehakt. Umso verstörender dürfte der Brief gewirkt haben, den sie einen Tag nach dem Tod ihrer Schwägerin von ihrem Verlobten erhält: »Grause Dich nur recht inmitten der gräßlichen Leichendüfte, umgeben von einer weinenden Familie, ich fühle mich recht behaglich in meiner Wohnung.« Auf den Briefbogen malt der König einen Grabhügel, gekrönt von einem Totenkopf und einem Kreuz über Knochen, daneben zeichnet er noch einen Totenschädel. Und nach dem Begräbnis der jungen Frau legt Ludwig noch einmal nach: »Die Seele Sophiens darf uns recht dankbar dafür sein, dass Wir so entsetzlich lange Zeit ihr zu Liebe in einer wahren Kellerluft gebetet haben. Herrlich war Mozarts berühmtes Requiem, das ich eigens bestellt habe.« Ludwigs gefühlskalter Umgang mit dem Tod der jungen Verwandten hat weitreichende Folgen. Darüber zerbricht seine Freundschaft mit dem Witwer Karl Theodor, für den der König eigentlich eine tiefe Sympathie hegt. Karl Theodor scheint Ludwig spüren haben lassen, wie verletzt er von seinem Verhalten ist, denn noch am selben Tag sucht der König Rat bei seiner Verlobten, diesmal »namenlos unglücklich«. Er kann sich das Verhalten ihres Bruders, »der mir so tief in das Herz gewachsen ist«, nicht verstehen: »Er ist so verändert, wie nagt mir das am Herzen.« Der König hat wohl mittlerweile erfahren, wie tief der Schmerz von Karl Theodor über den Verlust seiner Frau ist. In der Familie ist man sogar in Sorge, er könne sich in seinem Kummer etwas antun. Von diesem Gedanken ist Ludwig sichtlich entsetzt: »An seinen Tod zu denken ist mir unerträglich, Wahnsinn würde mich erfassen.« Wie tief der Riss ist, der zwischen Karl Theodor und Ludwig entstanden ist, zeigt sich daran, dass sich ihr Verhältnis nie wieder normalisiert.

Um das Verhalten von Ludwig in diesen Tagen einigermaßen verstehen zu können, müssen wir wissen, dass ausgerechnet an dem Tag, an dem Sophie von Sachsen stirbt, Richard Wagner nach langer Abwesenheit wieder in München eintrifft und im Hotel Bayerischer Hof Quartier bezieht. Ludwig ist darüber außer sich vor Glück – und kann in diesem Zustand die Trauer in der Familie seiner Verlobten in keiner Weise nachvollziehen. Welch unter-

Innige Freundinnen: Sophie Charlotte und ihre Schwägerin Sophie von Sachsen.

schiedliche Stellungen Sophie und Wagner zu dieser Zeit in der Gefühlswelt des Königs einnehmen, sieht man besonders deutlich, wenn man Ludwigs Briefe an Sophie mit den an Wagner adressierten vergleicht. So schreibt der König beispielsweise an seine Verlobte: »Meine liebe Elsa! Meinen wärmsten Dank für Dein gestriges liebes Briefchen. Vollkommen kann ich Dich beruhigen über Deinen am Schluß Deines Billets ausgesprochenen Zweifel. Von allen Frauen, welche leben, bist Du mir die teuerste, von den Verwandten Wilhelm[2], von meinen Untertanen ist mir Künzberg einer der liebsten, der Gott meines Lebens aber ist, wie Du weißt, R. Wagner.« Das lässt an Deutlichkeit nichts zu wünschen übrig. Wenige Tage später schreibt Ludwig hingegen folgenden Brief an den »Gott seines Lebens«, als er erfährt, dass Wagner in München angekommen ist: »Einzig geliebter Freund! mein Erlöser! mein Gott! Ich juble vor himmlischem Entzücken, ich rase vor Wonne; als ich heute meiner Sophie Ihren göttlichen Brief mitteilte, der mir Ihr Kommen meldet, erglühten ihre Wangen in Purpurröte, so innig fühlte sie meine Freude mit. – O, nun bin ich glücklich, nicht mehr verlassen in trostloser Öde, da ich den einzigen in meiner Nähe weiß; o, bleiben sie nun da, Angebeteter, für den einzig ich lebe, mit dem ich sterbe. O Tag des Heiles! Wonnezeit. In ewiger Liebe, in unerschütterlicher Treue Ihr Eigen Ludwig.«

Ob sich Sophies Wangen tatsächlich vor Freude röteten? Wurde ihr doch deutlich vor Augen geführt, welche Liebe und Zuneigung der König doch zum Ausdruck bringen kann – aber nicht ihr gegenüber. Auf Drängen ihres Verlobten trifft sich Sophie mit Richard Wagner, als dieser in München weilt. Allerdings muss das Treffen im Geheimen stattfinden, denn in der herzoglichen Familie ist der Komponist eine *persona non grata*. Die Zusammenkunft wird im Haus von Sophies ältestem Bruder Louis in der Münchner Kanalstraße organisiert, eingeweiht sind nur der Hausherr, dessen Frau Henriette und eine Hofdame von Sophie, höchstwahrscheinlich ihre Vertraute Natalie von Sternbach. Es dürfte wohl kein einfaches Gespräch gewesen sein, das Sophie und Richard Wagner geführt haben. Nach seiner Rückkehr in den Bayerischen Hof schreibt Wagner an den König: »Ich komme daher, wo ich tiefe Blicke in Ihr Schicksal tun konnte. Von Ihrer theuren Erwählten bin ich tief ergriffen. – Mein holder König! Zum ersten Male – seit nun Ihr Schicksal zu dem Meinigen geworden ist – blickte ich in ein Menschenauge, aus dem die

2 *Prinz Wilhelm von Hessen und bei Rhein (1845–1900), ein Cousin von König Ludwig II.*

Ohne den königlichen Verlobten an ihrer Seite schaut Sophie Charlotte gleich viel glücklicher in die Kamera. Aufnahme von Joseph Albert.

selige, aber sorgenvolle Liebe um den Herrscher in tief beredeten Zügen zu meiner Seele sprach.« Nach ein paar Komplimenten über Sophie – »schön und huldvoll, wonnig, jugendlich, wie ein Hauch des Frühlings« – betont Wagner nochmals, wie »tief ergriffen« er sei und äußert den Wunsch: »O könnten Sie sich Ihr bald, ganz bald vereinigen!« Wäre Wagner einer glücklichen Braut begegnet, hätte er wohl euphorischere Worte zu Papier gebracht. Richard Wagner und Cosima von Bülow, fördern nach Kräften die Ehe des Königs – ist es doch geplant, die Oper »Meistersinger« anlässlich der Hochzeit uraufzuführen. Was Wagner aber im Gespräch mit Sophie über den Stand der Dinge erfahren hat, dürfte ernsterer Natur gewesen sein. Denn mit der weiteren Arbeit an seiner nächsten Oper lässt er sich erst einmal Zeit.

Im Frühjahr 1867 sehen sich die Verlobten sporadisch, nur selten treten sie zusammen in der Öffentlichkeit auf. Einer dieser raren Anlässe ist ein Ball im Max-Josef-Stift. Eine ehemalige Schülerin des adeligen Erziehungsinstituts erinnert sich schwärmerisch an den Auftritt des Paares: »Der König, herrlich schön, eine Märchengestalt, die Prinzessin engelhaft anzusehen, in einem blaßblauen Kleide ganz mit silbernen Sternen übersät, die aschblonden Haare, die wie eine Krone gebildet waren, gleichfalls mit Diamantsternen übersät. Ein Paar wie man es wohl niemals in der Welt gesehen hat, einfach himmlisch schön und vornehm; beide von der Natur aus besonders ausgezeichnet. Sie können sich vorstellen, wie wir Mädels vor Begeisterung fast verrückt wurden.« Und wir können uns vorstellen, wie diese Begeisterung auf den menschenscheuen Ludwig gewirkt haben muss. Wann immer er kann, flieht der König aus München. Dort laufen die Hochzeitsvorbereitungen bereits auf Hochtouren. In der Residenz gehen die Handwerker ein und aus, um die Hofgartenzimmer als Wohn- und Repräsentationsräume für die künftige bayerische Königin herzurichten. Bezeichnenderweise sind diese weit von Ludwigs eigenen Zimmerfluchten entfernt, die der König auch nach der Hochzeit weiterhin bewohnen möchte. Medaillen mit dem Doppelportrait von Ludwig und Sophie werden geprägt, Gedenkblätter an die Hochzeit gedruckt. Ein Festspiel namens »Kranz und Krone« wird in Auftrag gegeben, das man auch vertonen lässt. Und zu guter Letzt wird extra für die Hochzeit eine Kutsche im Wert von einer Million Gulden angefertigt und die dazugehörigen sechs Rappen eingefahren. Als Termin für die Hochzeit wählt man den 25. August 1867, zugleich Geburts- und Namenstag des Königs und seines Großvaters.

Am 11. Mai 1867 übersiedelt König Ludwig II. wie jedes Jahr für den Sommer nach Schloss Berg an den Starnberger See. Sophie und ihre Familie sind zu dieser Zeit bereits in Possenhofen, hierhin hatte man sich schon seit dem Tod von Karl Theodors Gemahlin Ende März zurückgezogen. Wenige Tage später stattet der König seiner Verlobten in Possenhofen, für das er nach seinen eigenen Worten »keine Sympathie fassen« kann, einen Besuch ab und bringt Geschenke vorbei. Herzogin Ludovika berichtet darüber an ihre Tochter Sisi nach Wien: »Im Laufe des Vormittags kam der König, mit Geschenken, einem Pianino, höchst elegant (…) einem Bracelet, einer kleinen Uhr, Vasen und verschiedenen Photographien nach Kaulbach.«

Die Verlobten stehen in engem Briefkontakt, manchmal verkehren die Boten mehrmals täglich zwischen Berg und Possenhofen. Und etwa alle 14 Tage stattet der König Sophie auch einen Besuch ab. Dabei kommt er meist unangemeldet und spät am Abend. Das liegt daran, dass Ludwig den gewöhnlichen Tagesrhythmus immer mehr nach hinten verschiebt – er schläft am Tag und steht erst am späten Nachmittag auf. Ludwig verlangt, bei diesen Treffen mit Sophie alleine zu sein. Trotz Ludwigs Wunsch nach ungestörter Zweisamkeit soll aus Gründen des Anstands eine Hofdame in Hörweite bleiben, verborgen hinter einer großen Efeupflanze. Diese undankbare Aufgabe bekommt die inoffizielle Bezeichnung »die Königswache« und es dürfte meist Natalie von Sternbach als Sophies einzige Hofdame getroffen haben, diesen Posten einzunehmen. Was die »Königswache« zu hören bekommt, ist allerdings nicht besonders viel. Lange bleibt der König in Sophies Blick versunken, küsst seine Verlobte auf die Stirn und sagt ihr immer wieder: »Du hast so schöne Augen.« Die »Königswache« bekommt auch folgende Episode mit: Eines Abends kommt der König in Begleitung eines Mannes, der die Krone der Königinnen von Bayern bei sich trägt, die aus der Schatzkammer der Residenz angefordert worden war. Sophie soll die Krone einmal Probe tragen, damit Ludwig sehen kann, wie sie damit aussieht. Nachdem der König wieder weg ist, liegen die Nerven bei Sophie blank. Weinend fällt sie Natalie von Sternbach um den Hals und schluchzt: »Er liebt mich nicht, er spielt nur mit mir.«

Kapitel 11

Amors Pfeile – die Erste

Das Schicksal nimmt manchmal seltsame Wendungen, und im Fall von Ludwig und Sophie schlägt es ganz besondere Kapriolen. Wäre das Ganze ein Film, würden wir denken: So ein Kitsch! Aber es passierte wirklich. Im Leben der beiden treten zwei Männer auf den Plan, mit denen niemand gerechnet hat. Beide Verlobte verlieben sich, zweimal treffen Amors Pfeile. Zuerst den König.

Es ist der 6. Mai 1867, wenige Tage vor der Übersiedlung des Königs nach Schloss Berg. Ludwig bricht am Abend auf, um Sophie in Possenhofen zu besuchen. An der Freitreppe wird ihm sein Pferd von einem Unbekannten vorgeführt, der den abwesenden Stallmeister vertritt. Der Fremde hilft dem König beim Aufsitzen und schwingt sich anschließend auf sein eigenes Pferd. Beide verschwinden im Wald – und kommen am selben Abend nicht mehr in Possenhofen an.

Wer ist der Unbekannte, der so plötzlich auftaucht? Sein Name ist Richard Hornig, ein großer blonder Mann aus Mecklenburg mit einem prächtigen Bart und blauen Augen, vier Jahre älter als der König. Er steht schon einige Monate in seinen Diensten, als es zwischen Ludwig und ihm an diesem Tag im Mai funkt. Fünf Jahre später notiert der bayerische König in sein Tagebuch: »Gerade zwei Monate, bevor es fünf Jahre sind, daß wir uns an jenem seligen 6ten Maitag kennen lernten, um uns nie mehr zu trennen und nie von einander zu lassen bis zum Tode. Geschrieben in der Indischen Hütte.« Die Indische Hütte ist Teil des Wintergartens, einer exotischen Märchenwelt mit See und Palmen, die der König sich auf dem Dach der Residenz als Zufluchtsort hatte einrichten lassen. Der 6. Mai wird für Ludwig ein ganz besonderes Datum, »jenem für mein ganzes Leben bedeutsamen Tag«. Als Zeichen ihrer innigen Verbundenheit schreiben beide ihre Vornamen in Ludwigs geheimes Tagebuch, die Initialen ineinander verschlungen. Obwohl Richard Hornig ursprünglich als Bereiter – eine Art Ausbilder für Pferde – eingestellt worden war, avanciert er erst zum Stallmeister, später sogar zum Privatsekretär des Königs. Er wird sein ständiger Begleiter und kümmert sich auch um die private Korrespondenz des Königs. Wie innig das Verhältnis schon während seiner Verlobung mit Sophie ist, zeigt die Tatsache, dass Ludwig im Juli 1867 inkognito als »Graf von Berg« die Weltausstellung in Paris in Begleitung seines neuen Stallmeisters besucht. Der König plant, länger in Paris zu bleiben. Aber nach einer Woche zwingt ihn ein Todesfall in der Familie zur vorzeitigen Rückreise nach München.

Mit Richard Hornig hat Ludwig einen loyalen, verständnisvollen Freund fürs Leben gefunden. Er ist einer der wenigen Menschen, mit denen der König nicht brechen wird. Die Beziehung zu Sophie, vor Kurzem noch seine »Oase im Sandmeer der Wüste«, verliert mit der Liebe Ludwigs zu Richard Hornig an Bedeutung. Sophie wird dies bald merken.

Kapitel 12

Amors Pfeile – die Zweite

Allerdings sind auch Sophies Gedanken und Gefühle bald bei jemand ganz anderem. Wieder ist das Schicksal erbarmungslos – am dritten Tag nach ihrer Verlobung mit dem bayerischen König trifft Sophie auf ihre große Liebe.

Wie bereits erwähnt, besucht sie am 25. Januar 1867 das »photographische Atelier« von Franz Hanfstaengl in der Münchner Maximilianstraße, um Portraitaufnahmen von sich anfertigen zu lassen. Den hohen Besuch betreut neben dessen Vater auch der Juniorchef, Edgar Hanfstaengl. Er ist fünf Jahre älter als Sophie, weltgewandt und hat eine Ausbildung als Handelskaufmann in Stettin sowie in einem Großhandel in London absolviert. Für das Teehandelsunternehmen Clark war er als Kontorist bereits in Asien unterwegs, bevor er in seiner Heimatstadt München in den Familienbetrieb einsteigt. Eine Portraitaufnahme, die sein Vater 1867 von ihm anfertigt, zeigt einen selbstbewussten, sehr gutaussehenden Mann, der um seine Wirkung weiß. Mit seinem Humor, seinem Charme und seiner unkomplizierten Art ist er das komplette Gegenstück zu König Ludwig II. Und er macht Sophie schöne Augen.

Aber erst als sich die Verlobung mit dem bayerischen König als so kompliziert herausstellt, kommt es zu einer Annäherung zwischen den beiden. Förderlich dabei ist, dass die Mitglieder der Familie Hanfstaengl keine Unbekannten für die herzogliche Familie sind. Herzog Max und Franz Hanfstaengl sind befreundet und beide gehören der Gesellschaft »Alt-England« an, deren Mitglieder sich regelmäßig im Herzog-Max-Palais zu abendlichen Festessen treffen. Zudem scheint Edgar Hanfstaengl ein Nachbar von Sophies Bruder Louis gewesen zu sein – beide wohnen in der Münchner Kanalstraße, nur zehn Hausnummern voneinander entfernt.

Eine Person aus Sophies nächster Umgebung merkt, wie unglücklich die junge Frau ist, und protegiert von Anfang an die Beziehung zu Edgar Hanfstaengl. Es wundert uns nicht, dass dies Natalie von Sternbach ist, die wir bereits als engste Vertraute von Sophie kennengelernt haben. Als sie noch vor der Verlobung den Austausch der Briefe zwischen Sophie und Ludwig organisierte, fiel ihre diskrete und geschickte Art auch dem König auf: »Wie klug weiss sie alles einzurichten«, lobt der König die Hofdame. Neben Natalie von Sternbach gibt es eine weitere Hofdame, die die frisch Verliebten deckt: Antonie von Kaan, deren Bruder mit einer Tante von Edgar Hanfstaengl verheiratet ist. Die beiden Damen fädeln es überaus geschickt ein, dass Sophie und Edgar sich wiedersehen können. Vielleicht möchten sie die junge Frau von ihrem Kummer ablenken, indem sie ein Wiedersehen mit dem attraktiven Mann befördern? Es ist jedenfalls ein Spiel mit dem Feuer – Sophie soll immerhin demnächst Königin von Bayern werden. Daher ist höchste Vorsicht und Diskretion geboten.

Für den 27. Juni 1867 organisieren die Hofdamen ein Zusammentreffen von Edgar und Sophie auf Hochschloss Pähl, das zwischen dem Starnberger See und dem Ammersee liegt. Franz Hanfstaengl, Edgars überaus erfolgreicher Vater, hatte das Hochschloss mit dem traumhaft weiten Blick gen Süden 1844 erworben. Und da die Hanfstaengls sehr großzügige und herzliche Gastgeber sind, entwickelt sich ihr Landsitz schnell zum beliebten Ausflugsziel.

Sophie besucht Pähl in Begleitung von Natalie von Sternbach, ihrem Bruder Karl Theodor und der Hofdame Gräfin Marogna – der offizielle Rahmen bleibt also gewahrt. Wie durch einen Zufall ist Franz Hanfstaengl an diesem Tag verhindert, die Gesellschaft trifft in Pähl so nur auf dessen Sohn Edgar, der sich in Begleitung seiner Verwandten Antonie von Kaan dort aufhält. Alles ist ganz unverdächtig. Die Gesellschaft trägt sich sogar in das offizielle Gästebuch ein. Natalie von Sternbach hatte einige Mühen, dieses Treffen zu arrangieren. Einen Tag vor dem Ausflug schreibt sie an Antonie von Kaan: »Ich sage Dir nur, daß es sehr schwer ging diese Partie zu arrangiren, u. daß, wenn es Morgen nicht dazu kommt, ich nicht weiß, ob es je wieder geht.« Trotz aller Schwierigkeiten gibt es ein zweites Treffen am selben Ort und in selber Zusammensetzung. Bei diesem Treffen scheint der Funke endgültig überzuspringen. Zu diesem Zeitpunkt lässt König Ludwig II. gerade die Koffer für seine Reise mit Richard Hornig zur Weltausstellung nach Paris packen.

Neben ihrer komplizierten Beziehung zum bayerischen König belasten Sophie aber noch ganz andere Sorgen: Nach ihrem Bruder Karl Theodor wird ein weiteres Mitglied der herzoglichen Familie von einem Schicksalsschlag getroffen. Am 26. Juni 1867 stirbt Nenés Ehemann, Erbprinz Maximilian Anton von Thurn und Taxis, im Alter von nur 35 Jahren an den Folgen eines Nierenleidens. Die junge Witwe flüchtet zu ihrer Mutter nach Possenhofen.

Selbstbewusst, gutaussehend und weitgereist: Edgar Hanfstaengl, porträtiert von seinem Vater Franz Hanfstaengl.

Dort ist mittlerweile auch Erzherzogin Sophie eingetroffen, die Schwester Ludovikas und Mutter von Kaiser Franz Joseph. Auch sie sucht Trost nach einem schweren Verlust. Ihr Lieblingssohn Maximilian hatte sich auf das Abenteuer eingelassen, im fernen Mexiko ein Kaiserreich zu gründen. Nach nur drei Jahren setzt ein Umsturz den hochfliegenden Plänen ein tragisches Ende. Am 19. Juni 1867 wird der erste Kaiser von Mexiko aus dem Hause Habsburg zusammen mit zweien seiner Generäle standrechtlich erschossen. Seine ehrgeizige Mutter bleibt als gebrochene Frau zurück. Possenhofen hat sich so innerhalb von kurzer Zeit in ein Haus der Trauernden verwandelt – eventuell ein weiterer Grund, weshalb die Hofdamen die Treffen zwischen Sophie und Edgar decken und fördern.

Wir kommen nun an einen heiklen Punkt unserer Geschichte. Von der Beziehung zwischen der Verlobten des bayerischen Königs und dem Fotografen wissen wir heute nur, da fünf Liebesbriefe Sophies an ihren Geliebten erhalten geblieben sind. Edgar Hanfstaengl bewahrte diese auf und trotz seiner Anordnung, diese nach seinem Tod zu verbrennen, übergibt die Tochter Hanfstaengls die Briefe 1980 an den Münchner Fotografen Heinz Gebhardt mit der Bitte, »die Sache einmal richtig zu stellen«. Erst nach längerem Zögern und einem grafologischen Gutachten entscheidet sich Heinz Gebhardt dazu, die Liebesbriefe doch zu veröffentlichen. Denn dies war sicherlich nicht Sophies Wunsch; in ihrem letzten Brief an Edgar Hanfstaengl schreibt sie: »Wenn ein Mensch meine Briefe fände – schauerlicher Gedanke.« Obwohl wir also gegen Sophies Willen mit einem Blick in die Briefe in ihre Privatsphäre eindringen, sind diese doch ein sehr wichtiges Puzzlestück, um sie zu verstehen und auch spätere Verhaltensweisen erklären zu können. Und obwohl alle Beteiligten versuchen, höchstmögliche Vorsicht walten zu lassen, dringen Gerüchte über eine Affäre zwischen den beiden an die Öffentlichkeit. So ist beispielsweise auch der immer bestens informierte Philipp zu Eulenburg, langjähriger preußischer Diplomat in Bayern, über dieses Verhältnis im Bilde, wie aus seiner Korrespondenz hervorgeht.

Sophie ist es von Anfang an völlig klar, dass eine Beziehung mit einem bürgerlichen Fotografen völlig ohne Zukunftsaussichten ist. Andere Aufgaben warten auf sie und sie ist gebunden. Doch die junge Frau ist schwer verliebt. Als ihr Verlobter in Paris weilt, schreibt sie an Edgar gleich in ihrem ersten Brief: »Hoffnung gibt es keine für uns. Was bleibt uns – Entsagen. Mit Schauder blicke ich in die Zukunft, der Tag meiner Trauung steht wie ein schwarzer Schatten vor meiner Seele, ich möchte entfliehen dem unbarmherzigen Schicksal! Warum mußte ich Dich kennen lernen, jetzt da meine Freiheit in Feßeln geschlagen ist? – Ich liebe Dich so innigst, mein Edgar, wenn Du bei mir bist, da kann ich es Dir nicht so sagen, wie tief Dein liebes Bild in meinem Herzen ruht, so tief, daß ich so schmählich alle Pflichten gegen meinen König vergaß!« Trotz aller Aussichtslosigkeit und obwohl es höchst unvorsichtig ist, schlägt Sophie ein kurzes Treffen am nächsten Tag im herzoglichen Palais in der Münchner Ludwigstraße vor, das auch stattfindet. Doch schnell wird die Situation kompliziert – Antonie von Kaan, die das Treffen in Pähl mit eingefädelt hat und offensichtlich im Gegensatz zu Natalie von Sternbach nicht über die konkreten Folgen informiert wurde, zeigt sich auf einmal sehr zurückhaltend. Sophie nimmt sich vor, mit ihr zu sprechen, um sie zu beruhigen.

Und auch das Verhältnis zwischen den beiden Liebenden ist nicht einfach. Schon beim nächsten Treffen scheint es zu Missverständnissen gekommen zu sein. Edgar Hanfstaengl reist daraufhin geschäftlich nach Coburg, wo ihn Sophies nächster Brief erreicht: »Warum liebster Edgar haben Sie mein Benehmen so verkannt? Ist es nicht Liebe, daß ich meinen leidenschaftlichen Gefühlen Zwang anthat? O Edgar, vor Allem bitte ich Sie inständig, kommen Sie bald wieder zurück, jede Stunde bin ich bereit Sie zu sehen – gewiß wenn wir wieder beisammen sind wird es beßer werden.« Wie aufgewühlt Sophie ist, sieht man daran, dass sie später im Brief vom förmlichen »Sie« zum »Du« wechselt. Sie habe »in diesen Tagen unsagbar gelitten«, nicht einmal ihre beiden Vertrauten hätten die leiseste Ahnung. »Schriftlich kann ich Ihnen nicht alles sagen – ich habe das Herz so voll, als müßte es zerspringen. Ich kann nicht weiter!« Mitte August 1867 schaffen es die beiden, sich abermals im Herzog-Max-Palais in München zu treffen. Trotz der schwierigen Situation – das Liebespaar wird wohl bei dem Treffen überrascht – hat Sophie ihren Humor nicht gänzlich verloren: »Bitte lasse mich umgehend wissen, ob Du es glücklich und unbemerkt zum Palais hinauskamst unsere Leute schienen Nichts zu bemerken ich stellte mich möglichst leidend u. mußte noch einen schauerlichen Kamillen-Thee hinunterwürgen, wobei sich Natalie zu Tode lachte.« Sophie befürchtet, dass sie Edgar in den nächsten vier Wochen nicht sehen kann und bittet den Geliebten: »O bitte schreibe mir, so oft es möglich ist – das ist das Einzige, was mich bei Vernunft hält.« Sie ahnt, dass es ein Abschied für immer sein könnte: »Mir ist alles was um mich herum geschieht ganz gleichgültig, mir fehlt das innere Glück, was kann da die Außenwelt geben? Leb wohl Du mein Alles! O könnten meine heissen Thränen das harte Schicksal erweichen, kann ich nie nie mehr die deine werden! Ich möchte in Deinen Armen sterben u. mein Name sollte verklingen – die Welt vergessen, daß eine bayerische Königsbraut gelebt.«

Einen Monat später schreibt Sophie in Possenhofen den letzten Brief an Edgar Hanfstaengl, datiert auf den 10. September 1867. Diesem Brief entnehmen wir, dass Sophie die Gelegenheit gehabt hätte, Edgar zu sehen – allerdings wäre dies nur in großer Gesellschaft möglich gewesen, was sie laut eigener Aussage nicht wollte. Abermals befürchtet sie, dass es ihr erst wieder in 14 Tagen möglich sei, nach München zu kommen – »doch alle Hoffnung will ich nicht aufgeben«. Das letzte Schreiben endet: »Herzliches Lebewohl – so Vieles hätte ich noch zu sagen – doch besser nicht. – Wenn ein Mensch meine Briefe fände – schauerlicher Gedanke. Tausend Grüße Theurer Edgar, aus innig liebendem Herzen.«

Wir wissen nicht, ob dies der letzte Kontakt zwischen Sophie und Edgar gewesen ist und ob die beiden sich noch einmal gesehen haben. Es gibt keinerlei Dokumente mehr, die darüber Aufschluss geben können. Die Aussichtslosigkeit der Beziehung, die beiden von Anfang an bewusst ist, dürfte wohl zu belastend geworden sein. Sophie ist die Verlobte des Königs und soll Königin von Bayern werden. Das Wagnis ist zu groß. Ob nun Sophie von sich aus die Beziehung beendet oder ob Edgar das Versteckspiel auf Dauer zu anstrengend oder zu gefährlich geworden ist – wir müssen alle diese Fragen offen lassen. Sicher ist nur, dass Sophie ausgerechnet als Verlobte des Königs erfährt, was es wirklich heißt, verliebt zu sein. Sie wird dies nie mehr vergessen. Und wir haben noch etwas aus den erhaltenen Briefen gelernt: Sophie ist eine sehr leidenschaftliche und wagemutige junge Frau, die für ihr Gefühlsleben viel aufs Spiel setzt. Vielleicht war ihre kurze Liebesbeziehung zu Edgar Hanfstaengl auch eine Möglichkeit, der komplizierten Beziehung zu Ludwig II. emotional zu entfliehen. Vielleicht wurde die Intensität ihrer Gefühle auch durch das äußere Unglück überhöht. Und man stelle sich nur einmal vor, welch einen Skandal es gegeben hätte, hätte man die beiden ertappt, wären Briefe abgefangen worden. Es gibt zwar Gerüchte über die Affäre, aber diese bleiben vage und werden schon bald von den weiteren Ereignissen in den Schatten gestellt. Denn es wartet noch eine große Überraschung auf die junge Herzogstochter. Allerdings keine angenehme.

Kapitel 13

»Gottlob, dass ich sie loswurde!«

Als König Ludwig II. Anfang August 1867 von der Weltausstellung in Paris nach München zurückkehrt, verschiebt er erst einmal den Hochzeitstermin um gute sechs Wochen – vom 25. August auf den 12. Oktober, den Hochzeitstag seiner Großeltern und Eltern. Während der König die Trauung vor sich her schiebt, arbeitet der Hofapparat auf Hochtouren an den Vorbereitungen. Mitte August 1867 legt Obersthofmeister Gustav Graf zu Castell Ludwig II. einen ausführlichen Plan zur »Etablierung des Hofstaates für Ihre Majestät die künftige Königin betreffend« vor. Der zukünftige Hofstaat von Sophie als Königin von Bayern soll eine Oberhofmeisterin, einen Oberhofmeister, zwei Hofdamen, zwei Kammerfrauen, zwei »Garderoberinnen« und eine »Kammerkehrerin« umfassen, dazu kommen noch Kammerjungfrauen und Stubenmädchen für die Oberhofmeisterin und die beiden Hofdamen. Das Amt für die Oberhofmeisterin soll mit Therese Freifrau von Gasser besetzt werden, einer mütterlichen Freundin des Königs, als Oberhofmeister ist ihr Ehemann, Rudolph Freiherr von Gasser, zurzeit Legationsrat in Berlin, eingeplant, der die Stelle unter dem Vorbehalt annehmen möchte, dass er wieder in den diplomatischen Dienst zurückkehren kann. Auch Natalie von Sternbach ist als eine der Hofdamen im Hofstaat von Sophie vorgesehen, die Stelle der zweiten Hofdame soll mit Irene Freifrau von Reichlin-Meldegg besetzt werden. Für alle Stellen, selbst für die der »Kammerkehrerin« sind bereits passende Personen gefunden worden, die zum Teil Kinder von Angestellten im herzoglichen Dienst sind. Doch der König legt den Plan des Oberhofmeisters erst einmal beiseite.

Mitte August 1867 sieht Sophie ihren Verlobten erstmals nach dessen Reise zur Weltausstellung bei einem offiziellen Termin wieder. Der König möchte sie Napoleon III., Kaiser der Franzosen, und dessen Gemahlin Eugénie vorstellen, die sich auf Durchreise zu einem Treffen mit dem Kaiser von Österreich in Salzburg befinden. Der König fährt dem Kaiserpaar alleine bis Augsburg entgegen. In München hält der Sonderzug am Münchner Hauptbahnhof, wo Sophie, ihre Mutter Ludovika, ihr Bruder Karl Theodor und andere Familienmitglieder am Bahnsteig warten. Der König stellt dem hohen Besuch seine Braut vor und gegen jede Vorschrift des Protokolls umarmt Kaiserin Eugénie die junge Herzogstochter. Danach besteigen die Majestäten wieder den Zug, ebenso der bayerische König – Sophie und die Ihren bleiben am Bahnhof zurück. Keine sehr nette Geste gegenüber seiner Verlobten. Ludwig II. begleitet das Kaiserpaar alleine weiter bis nach Rosenheim und begibt sich von dort aus weiter über Schloss Berg in die Einsamkeit von Hohenschwangau, um dort mit der Königinmutter kurze Zeit später seinen 22. Geburtstag zu feiern. Von dort aus bedankt sich Ludwig bei Sophie für ihren »liebevollen Brief« zu seinem Geburtstag und für die Geschenke, die sie ihm habe schicken lassen. Und er freut sich auf zukünftige, gemeinsame Tage auf diesem Schloss seiner Kindheit, in der Hoffnung, dass Sophie dies auch so lieb gewinnen werde wie er.

Ludwig II. träumt davon, die Hochzeit in aller Stille abhalten zu können, so lässt er es jedenfalls Richard Wagner wissen: »(…) viel schöner wäre es, könnte die Trauung hier in der ernst-ehrwürdigen Ritterhalle oder in irgend einer Kapelle am Gestade meines lieben Starnberger Sees vollzogen werden, als dort in der liebensleeren Hauptstadt mit allem Prunk des Königthums.« Doch was unternimmt der König als nächsten Schritt? Er verschiebt die Heirat abermals um sechs Wochen, jetzt auf den 28. November 1867. Das Verhältnis zwischen den Verlobten ist im Laufe des Septembers recht frostig geworden. Bei einer Aufführung der Wagner-Oper »Tannhäuser« in der zweiten Hälfte des Septembers wird Cosimas Vater Franz Liszt, der die Aufführung dirigiert, Zeuge eines Zusammentreffens der Verlobten. Der König sitzt alleine in seiner Loge, nach dem zweiten Akt besucht er für fünf Minuten seine Braut in ihrer Loge: »Die Hochzeit ist bis zum November verschoben. Les ardeurs matrimoniales de Sa Majesté semblent fort tempérées.[3] Einige vermuten, daß die Hochzeit für immer vertagt wird.« Diese Gerüchte kommen auch Richard Wagner zu Ohren, der sich beeilt, besorgt an seinen königlichen Freund zu schreiben: »Sagen Sie, mein geliebtester Holder, mein trautester Freund, mein angebeteter Hort und Herr, – sagen Sie mir, was sie beklemmt!« Es sagt schon viel, dass Wagner keine Antwort auf seinen Brief bekommt – der König schickt erst nach gut zwei Wochen eine Antwort, allerdings an Cosima.

3 *»Die eheliche Glut Seiner Majestät wirkt sehr gemäßigt.«*

Mittlerweile ist die Krise offensichtlich; die herzogliche Familie macht sich Gedanken, was mit der Hochzeit werden soll und wie lange man Sophie weiterhin diesen Demütigungen aussetzen kann. Herzogin Ludovika schreibt an die Königinmutter Ende September, dass ihr zu Ohren gekommen sei, der König fühle sich zu jung zum Heiraten und möchte lieber noch seine Freiheit genießen. Sophie habe vor einigen Tagen dem König schriftlich sein Wort zurückgegeben, doch hätte dieser abgelehnt.

Eventuell ist es dieser erste Schritt von Sophie, die Verlobung zu lösen, der Ludwig zum Handeln veranlasst. Bereits Ende September zieht er sich abermals nach Hohenschwangau zurück – räumlich möglichst weit entfernt von München und von Possenhofen. Am 7. Oktober 1867 schickt er von dort aus einen ausführlichen Brief an Sophie. Er habe ihr »einige Mitteilungen zu machen«, da »wie damals die Verlobung so auch der Vermählungstag durchaus wie eine Treibhauspflanze gewaltsam gezeitigt werden sollte«. Gemessen am schwärmerischen Stil des Königs ist der Brief ernst, durchdacht und überraschend ehrlich, auch wenn er nicht kleiner Spitzen entbehrt: »Stets warst Du mir von Herzen werth und theuer, ich hänge an Dir mit inniger und wahrer und aufrichtiger Zuneigung, ich liebe Dich wie eine theure Schwester. Als wir im vorjährigen Sommer uns öfters schrieben, als ich Dir theilweise meine Freundschaft, mein Vertrauen gab, drängte Deine Mutter zu einer Entscheidung; sie glaubte, ich hätte Dich betört, denn an ein Bestehen von Freundschaft ohne die eigentliche Liebe glaubte sie nicht. Du erinnerst Dich der Antwort, die ich Dir damals gab und Deiner Mutter durch Gackel ertheilen ließ – Als ich zu meinem tiefen Kummer erfahren mußte, wie unglücklich Dich dieselbe gemacht hat, daß Du fort müßtest, wir niemals mehr uns sehen könnten, wurde ich auf das tiefste ergriffen, gerührt durch diesen Beweis wahrer Liebe, den Du mir gabst; meine Zuneigung zu Dir steigerte sich, so daß ich mich hinreißen ließ, um Deine Hand zu werben. Wenn ich nun alle Vorbereitungen zur Hochzeit treffen ließ, mit Dir darüber sprach und schrieb, sie hinausschob, sie doch nicht aufgeben wollte, so geschah dies durchaus nicht, um Dich anzuführen (…) O nein, hintergehen wollte ich Dich nicht, ich handelte im festen Glauben, es würde alles zu einem befriedigenden Ende führen. Ich hatte nun Zeit, mich zu prüfen, mit mir zu Rathe zu gehen, und sehe, daß nach wie vor meine treue, innige Bruderliebe zu Dir tief in meiner Seele wurzelt, nicht aber die Liebe, die zur Vereinigung in der Ehe erforderlich ist.« Der letzte Satz ist wohl der wichtigste: Ludwig liebt Sophie

Die Lithografien, die Sophie bereits als Königin von Bayern zeigen, werden später wieder eingesammelt und vernichtet.

wie eine Schwester, aber nicht wie eine Frau, die er heiraten möchte. Er bittet sie um »Fortdauer Deiner Freundschaft« und um eine Trennung »ohne Groll und Bitterkeit«. Sollte Sophie binnen Jahresfrist niemanden anderen finden, könnten sie ja immer noch heiraten – »vorausgesetzt, daß Du dann noch Lust hast«. Der Brief endet mit einem innigen Wunsch: »Möge (…) ein gütiger Gott Dich zu Milde stimmen, damit Du in diesem meinem aufrichtigen Bekenntnisse, den Beweis der reinsten, treusten Freundschaft erblickst, dies ist mein innigster Wunsch, der Vater, der über Uns alle wacht, Dich, meine treu geliebte Elsa, das Glück finden lassen, dass Du mit so reichem Maße verdienst.« Um gleich mit dem Postskriptum Sophie die Aufgabe zu übertragen, die Lösung der Verlobung doch bitte ihren Eltern zu kommunizieren: »Willst Du so gut sein, Deinen Eltern den Hauptinhalt dieses Briefes mitzutheilen?!«

Dieser Brief scheint sich mit einem Schreiben von Herzog Max überschnitten zu haben. Anfang Oktober 1867 meldet sich erstmals das Familienoberhaupt zu Wort und stellt dem König mehr oder weniger ein Ultimatum. Dieser Brief ist nicht erhalten geblieben, lässt sich aber aus einem Schreiben Ludovikas an die Königinmutter rekonstruieren. Herzog Max teilt in seinem Brief dem König mit, dass ihm und seiner Familie besonders im Hinblick auf die Ehre seiner Tochter Sophie ein weiterer Aufschub der Hochzeit nicht möglich sei. Er bittet den König daher um Einhaltung des Novembertermins oder aber Sophie freizugeben und die Verlobung als ungeschehen zu betrachten. Es sei nie und nimmer Absicht seiner Familie gewesen, dem König seine Tochter aufzudrängen. Das Schreiben versetzt den König in große Wut, der Herzog sei sein Untertan und es stehe ihm nicht zu, ein solches Schreiben an seinen Landesherrn zu richten. Gleichzeitig bietet das Ultimatum dem König den perfekten Vorwand, dem Herzog das Scheitern der Verlobung in die Schuhe zu schieben. Mit der Mitteilung vom offiziellen Ende der Verlobung schickt Ludwig Fürst Hohenlohe nach Possenhofen. Am selben Tag erhält Sophie einen letzten, kurzen Brief des Königs. Die Familie sitzt gerade beim Tee zusammen, als der Brief eintrifft. Sophie liest ihn und legt ihn unkommentiert beiseite. Wenig später findet Natalie von Sternbach sie ohnmächtig in ihrem Zimmer. Die Mitteilung soll angeblich gelautet haben: »Geliebte Elsa! Dein grausamer Vater reißt uns auseinander. Ewig Dein Heinrich.«

Ob Sophie wohl die wahren Beweggründe Ludwigs richtig entschlüsselt hat? Es lag ja schließlich nicht an ihrer Person, vielmehr an ihrem Geschlecht. Für den König wurde mit Fortdauer der Verlobung die Vorstellung, tatsächlich die Ehe einzugehen, immer drückender. Am Tage der Entlobung notiert er in sein Tagebuch: »Sophie abgeschrieben, das düstere Bild verweht, nach Freiheit verlange ich, nach Freiheit dürstet mich, nach Aufleben von qualvoller Alp.«

Die Öffentlichkeit erfährt am 11. Oktober 1867 von der Auflösung der Verlobung. Der königliche Hofsekretär Lorenz von Düfflipp macht lediglich eine mündliche Mitteilung an die Presse. Der König wünscht, dass »der Hauptspektakel vermieden werde«. Die Entlobung löst im gesamten Land eine ungewöhnliche Aufregung aus. Und womit Ludwig nicht gerechnet hatte: Die Sympathien neigen sich dabei ausschließlich der verschmähten Verlobten zu. Das herzogliche Haus empfindet die Entlobung als Schmach. Selbst Kaiserin Sisi, die sonst immer ihren Cousin in Schutz nimmt, schreibt an ihre Mutter Ludovika: »Wie sehr ich über den König empört bin und der Kaiser auch, kannst Du Dir vorstellen. Es gibt keinen Ausdruck für ein solches Benehmen. Ich begreife nur nicht, wie er sich wieder sehen lassen kann in München, nach allem, was vorgefallen ist. Ich bin nur froh, dass Sophie es so nimmt, glücklich hätte sie weiß Gott mit so einem Mann nicht werden können.« Die Entlobung des bayerischen Königs erregt auch auf dem internationalen Parkett großes Aufsehen. Zarin Maria Alexandrowna von Russland, eine geborene Prinzessin von Hessen-Darmstadt, die Ludwig II. im Jahr zuvor kennengelernt hat und die er sehr schätzt, spekuliert nach dem Eintreffen der Neuigkeit in einem Brief an ihren Bruder über die möglichen Gründe: »A propos von Hochzeit fällt mir der König von Bayern ein, den gebe ich auf, er muß wahrhaftig nicht ganz bei Sinnen sein! Ich möchte wissen, was seine Mutter dazu sagt? Die einen sagen, daß er unvermögend ist, aber welcher Grund besteht denn, um das zu glauben? Sein Großvater sagte Mary [Hamilton] in Paris, daß er [Ludwig II.] glaubte, es genüge, mit einer Frau im selben Bett zu liegen, um Kinder zu haben. Ich erhielt diesen Sommer von ihm einen Brief, der ganz traurig von seiner Herzenseinsamkeit sprach, worauf ich ihm mit einer sehr warm gehaltenen Abhandlung über eheliche Liebe antwortete. Nun und jetzt, da haben wir das Resultat.« Und auch unter den internationalen Diplomaten im Königreich Bayern schlägt das Ereignis hohe Wellen. So berichtet der englische Gesandte in München, Sir Henry Francis Howard, am 13. Oktober 1867 nach London: »The extraordinary conduct of His Majesty, who appears to have received a very faulty education, may, I think rather be attributed to his disinclination to give up his seclusion in which he was hitherto indulged and descend from his ideal world into the practical and useful paths of married life. (…) Seldom, in my recollection, has any event in the Royal Family caused a greater or more deplorable public scandal.«

Den öffentlichen Druck, unter den der König durch seine Entlobung gerät, kann man gut in seinen Briefen an Cosima von Bülow ablesen. Abermals tragen andere die Schuld für das Scheitern, diesmal ist es Herzogin Ludovika, die in »ihrer plumpen, ungeschickten Art« gedacht hätte, es handle sich um eine Liebesbeziehung zwischen ihm und ihrer Tochter. Dass »es sich um rein geistige Beziehungen handelte, konnte sich dieser Drache nicht denken, denn so sind nun einmal diese beschränkten Menschen, an alles Erhabene legen sie ihren eigenen kurzen Maasstab«. In diesem Brief an Cosima vom 8. Oktober 1867 erklärt der König auch, wie es überhaupt zu der Verlobung habe kommen können. Sophie sei in ihn verliebt gewesen und wäre »namenlos unglücklich« geworden, als sie erfuhr, dass dies nicht auf Gegenseitigkeit beruht: »Aus Rührung und wirklich aufrichtigem Mitleiden für ihre unglückliche Lage liess ich mich zu dem unüberlegten Schritt der Verlobung hinreissen.« Nun habe er sich losgerissen – »warum mich fesseln, selbst in Bande schmieden, ein Wesen heirathen, das ich als nahe Verwandte stets liebte, aber nicht als so, dass ich sie zu Königin und zu meiner Gattin erheben will, schwarz und düster verhüllte sich mir die Zukunft, warum soll ich mir für immer die Möglichkeit abschneiden, glücklich zu werden?« Und wie reagiert die »theure Freundin« des Königs? Sie, die wenige Wochen zuvor sich noch glücklich geschätzt hätte, der hohen Braut vorgestellt zu werden, gratuliert. Cosima, deren wichtigstes Ziel es ist, den königlichen Freund bei Laune zu halten, bringt es auf eine einfache Formel: »Prinzessin Sophie thut mir einzig dabei leid; liebt sie aber so wird sie sich schön ergeben, liebt sie nicht – nun dann muss ja auch sie wie befreit sein.«

Je weiter Ludwig sich von dem Tag seiner Entlobung entfernt, desto mehr steigert er sich in eine Aversion gegen Sophie hinein. In seinem ersten Brief an Richard Wagner nach der Auflösung der Verlobung jubelt der König: »Nun ist mir so wohl zu Muthe, ich athme wieder frei auf, erwache wie aus düsterem Traum (…) o nun ist alles wieder gut! Wie erstanden, genesen nach lebensgefährlicher Krankheit fühle ich mich, und selig wie früher juble ich dem Freunde entgegen, der Trauerflor, der über mir hing während der letzten Zeit ist zerrissen.« Die Schuld an der Trennung schiebt er nun

Sophie zu, die sein Wesen nur »oberflächlich« beurteilen hätte können, die nicht die nötige Tiefe besitze, die er von seiner zukünftigen Gattin erwarte, nur momentan hätte ihn »ihr Liebreiz, ihre Anmuth, die mehr äußerlich bei ihr sind« geblendet. Mit einem »doch nun fort mit diesem Thema« wendet der König sich anderen Dingen zu. Und Cosima erfährt Ende Oktober 1867, dass die Verbindung mit Sophie Ludwigs »geistiger Tod« gewesen wäre. Anfang November ist der König froh, »mit Possenhofen und seiner Einwohnerschaft nichts mehr zu schaffen zu haben«. Sophie und er »taugen nie und nimmermehr zusammen; Gottlob, dass ich sie loswurde!« Das Ganze gipfelt Ende November in der Aussage, dass er am Tage seiner geplanten Hochzeit »mit einem ungeliebten Wesen« sein »Auferstehungsfest im Herzen« gefeiert habe. Hätte er die Verlobung nicht rückgängig machen können, »so war ich fest entschlossen, mittels Blausäure meinem Leben ein Ende zu machen.«

Ludwig scheint sogar seine Geschenke an Sophie zurückgefordert zu haben. Wir finden eine Notiz vom 17. November 1867, in der der König anordnet, dass das Klavier, das er einst Sophie geschenkt habe, der österreichischen Opernsängerin Mathilde Mallinger zuzustellen sei. Verwundert es uns, dass Mallinger auch die »Elsa« in Wagners »Lohengrin« gesungen hat?

Zu einer persönlichen Aussprache zwischen Ludwig und Sophie kommt es nicht mehr. Die beiden ehemaligen Verlobten sehen sich erst acht Monate nach der schriftlichen Entlobung wieder – und das durch puren Zufall. Der König hat einen Reitunfall und lässt sich mit einem Einspännerkarren nach Schloss Berg zurückbringen, als Sophie und ihre Familie seinen Weg passieren. Mehr als einen kurzen Blickkontakt dürfte es nicht gegeben haben. Und zwei Monate später, im August 1868, begegnet man sich anlässlich eines Besuchs von Sisi und Franz Joseph in Bayern im Familienkreis, aber nie wieder unter vier Augen.

Leider wissen wir nicht, wie es Sophie nach Auflösung der Verlobung geht. Allen Berichten zufolge nimmt die junge Frau die Geschehnisse äußerlich gelassen auf. Wir dürfen allerdings daran zweifeln, dass es in ihrem Inneren auch so aussieht. Das Jahr 1867 ist für die Herzogstochter eine einzige nervliche Belastungsprobe. Größere Extreme kann man sich kaum vorstellen: Im Januar steigt sie über Nacht zur zukünftigen Königin von Bayern auf und gerät in den Fokus der Öffentlichkeit. Von Anfang an hat Sophie Zweifel an der Ernsthaftigkeit der Absichten des Königs. Und dann verliebt sie sich noch in einen Mann, an den sie sich nie wird binden können – jetzt erst recht nicht, da eine große öffentliche Rolle auf sie wartet. Wir wissen nicht im Detail, wie die Beziehung zu Edgar Hanfstaengl endet. Fest steht, dass Sophie ihre große Liebe aufgibt, um eine Ehe einzugehen, die sich wenig später in Schall und Rauch auflösen wird. Ende 1867 ist gar nichts mehr übrig – keine Hochzeit, keine Krone, kein Geliebter. Es ist nicht schwer, sich vorzustellen, wie die Ereignisse auf die emotionale junge Frau gewirkt haben. Es war ein Desaster.

Bleibt für den Moment noch eine offene Frage, die Sophie bis zu ihrem Lebensende gequält haben dürfte: Wusste der König von ihrem Verhältnis zu Edgar Hanfstaengl? War vielleicht das unrühmliche Ende der Verlobung eine Folge ihres Fehltritts, ihrer Liebe zu einem Bürgerlichen? Wir werden diese Frage nicht mit aller Sicherheit beantworten können, doch gibt es keinen einzigen Beleg, der beweisen könnte, dass der König von der Affäre gewusst hat. Dabei hätte ihm diese doch bestens in die Karten gespielt – es wäre der perfekte Grund gewesen, seine Verlobung aufzulösen. Dass der König selbst in seiner Korrespondenz mit Cosima von Bülow, in der er kein Blatt vor den Mund nimmt, eine Affäre seiner Verlobten mit keinem Wort erwähnt, macht es wohl unwahrscheinlich, dass er etwas ahnte. Sophie hingegen dürfte sich mit dem Gedanken gequält haben, dass es eventuell an ihrem Verhalten lag, das den König gekränkt und für das Ende ihrer Verlobung gesorgt hatte. Reden konnte sie natürlich mit niemandem darüber, außer vielleicht mit Natalie von Sternbach. Was Sophie wohl durch den Kopf gegangen wäre, hätte ihr jemand von der Affäre ihres Verlobten mit seinem Stallmeister erzählt? Die homosexuelle Orientierung Ludwigs dürfte Sophie wohl intuitiv erahnt haben, ob sie auch über mehr im Bilde war, entzieht sich aber heute unserer Kenntnis.

Das Schlusswort für dieses Kapitel in Sophies und Ludwigs Leben erteilen wir dem preußischen Gesandten in München. Georg von Werthern fasst vier Wochen nach Auflösung der Verlobung die Situation zusammen. Der König habe sich nach Hohenschwangau zurückgezogen: »Dort sitzt er nun wieder wochenlang ganz allein, den halben Tag verschlafend, die Nächte Verse machend oder laut declamirend, bis ihm vor Aufregung die Glieder zittern, ein Verkehr nur mit zwei Reitknechten, denen er aber auch seine Gunst launenhaft entzieht und wieder zuwendet. Stoßweise kommt ein cavaleristischer Paroxysmus. Dann setzt er sich aufs Pferd und reitet, bis es über den Haufen fällt.«

Kapitel 14

Herzog Ferdinand von Alençon

Um Sophies unglückselige Verlobung mit dem bayerischen König möglichst schnell vergessen zu machen, beginnt Herzogin Ludovika umgehend mit der Suche nach einem neuen Heiratskandidaten für ihre Tochter. Für dieses Unternehmen spannt sie ihre weitläufige Verwandtschaft ein. Als ersten Kandidaten schlägt Amalie von Griechenland, Ludwigs verhasstes »Griechenweib«, einen rumänischen Prinzen vor, der allerdings bei Ludovika durchfällt. Dann erinnert sich die taktierende Mutter wieder an den jungen Herzog von Alençon, der im Sommer 1867 zusammen mit seinem Vater und seiner Schwester in Possenhofen zu Besuch war. Nehmen wir den jungen Herren, den Ludovika für ihre Tochter ausgesucht hat, doch einmal genauer unter die Lupe.

Ferdinand Philippe Marie d'Orléans, Herzog von Alençon, stammt aus einer der ältesten Dynastien Europas, aus dem Haus Bourbon, genauer gesagt aus der Seitenlinie Orléans. Seit 1589 regierten die Bourbonen Frankreich, bevor die Französische Revolution ihrer Herrschaft ein Ende setzte. Der Fall Napoleons und der Wiener Kongress brachte die Bourbonen allerdings nur wieder zurück an die Macht, um 1830 in der Julirevolution abermals gestürzt zu werden. Damals ging die Herrschaft an Herzog Louis Philippe d'Orléans über, der als »Bürgerkönig« 18 Jahre über Frankreich herrschte.

Ferdinand ist ein Enkelsohn von Louis Philippe und kommt am 12. Juli 1844 in Neuilly-sur-Seine zu Welt. Vier Jahre später setzt die Februarrevolution der Herrschaft der Bourbonen ein endgültiges Ende, Louis Philippe verliert seinen Thron, er und seine Familie müssen das Land verlassen. Die Familie Orléans flüchtet nach England und bittet dort Queen Victoria um ihre Gastfreundschaft, die den entfernten Verwandten Claremont House, einen Landsitz in der Grafschaft Surrey, als Wohnort überlässt. Als der letzte König der Franzosen zwei Jahre später auf Claremont House stirbt, hinterlässt er eine zahlreiche Nachkommenschaft. Sein ältester Sohn war schon früh bei einem Kutschunglück in Frankreich gestorben, die vier weiteren Söhne überleben ihren Vater. Der älteste von ihnen ist Herzog Louis von Nemours. Wie alle Söhne des Bürgerkönigs hatte er während der Herrschaft seines Vaters Karriere in der Armee gemacht und es bis zum Generalleutnant gebracht. 1840 hatte er in das deutsche Haus Sachsen-Coburg-Gotha eingeheiratet, im 19. Jahrhundert die aufstrebende Dynastie in Europa. Seine Frau, Viktoria von Sachsen-Coburg-Gotha, stammt aus der reichen, katholischen Seitenlinie Koháry des Hauses Coburg und ist eine Cousine und Jugendfreundin von Queen Victoria von Großbritannien. In Frankreich bringt die Herzogin von Nemours drei Kinder zur Welt, die nach dem Sturz ihres Großvaters in England aufwachsen: die Söhne Gaston und Ferdinand sowie die Tochter Marguerite.

Die Erziehung der Kinder auf Claremont House ist streng und umfassend. Der Stundenplan schreibt acht Stunden Unterricht pro Tag vor, der um 7 Uhr morgens beginnt und erst um 18:45 Uhr endet. Neben Französisch, Latein, Rechtschreiben, Geschichte, den Naturwissenschaften, Geografie und Religion steht auch Deutsch auf dem Lehrplan. Daneben gibt es Unterricht im Zeichnen, Malen und Reiten. Schwimmen lernen die Kinder in der Themse. Elf Jahre nach der Geburt von Marguerite wird die Herzogin von Nemours wieder schwanger. Wenige Tage nach der Geburt ihrer zweiten Tochter, die auf den Namen Blanche getauft wird, stirbt Viktoria von Nemours, gerade einmal 35 Jahre alt, völlig überraschend. Einen Tag nach der Tragödie eilt Queen Victoria zur Familie der Verstorbenen, die sie völlig aufgelöst vorfindet. Aufgewühlt schreibt sie anschließend über ihren Besuch: »The dear Duchess's death must have been caused by some affliction of the heart, for she was perfectly well, having her hair combed, suddenly exclaimed to the Nurse, ›Oh! Mon Dieu, Madame‹ – her head fell on one side – and before the Duke could run upstairs her hand was cold.« So werden Ferdinand und seine Geschwister 1857 zu Halbwaisen. Der kleine Herzog von Alençon ist damals gerade 13 Jahre alt. Der Tod der Mutter infolge der Geburt eines weiteren Geschwisterchens hinterlässt tiefe Spuren bei dem Jungen – wir werden später noch darauf zurückkommen.

Ferdinand besucht die Royal High School in Edinburgh und absolviert anschließend eine Artillerieausbildung in der spanischen Armee. Die Verbindung nach Spanien kommt durch die Ehe seines Onkels Antoine d'Orléans, Herzog von Montpensier, mit einer Schwester der spanischen Königin zustande. Anfang 1866, Ferdinand ist damals 21 Jahre alt, bekommt er im Rahmen seiner Militärausbildung einen besonderen Auftrag: Er soll als Anführer einer Kompanie auf der Philippinen-Insel Mindanao, die damals noch zum spanischen Kolonialreich gehört, einen Aufstand niederschlagen. In Manila angekommen erfährt Ferdinand, dass zu Hause in Claremont House seine Großmutter, Ex-Königin Marie Amélie von Frankreich, gestorben ist. Nachdem er seinen Auftrag erfolgreich erledigt hat, nutzt Ferdinand die Gelegenheit und reist durch mehrere Länder Asiens. Sein Weg führt ihn nach China, Japan und Indien, bevor er im April 1868 nach über einem Jahr Abwesenheit wieder England erreicht. Hier hat sich seit seiner Abreise einiges verändert. Durch den Tod der ehemaligen französischen Königin hat die Familie Orléans nach fast 20 Jahren im Exil in England Probleme bekommen. Ein Parlamentsbeschluss entzieht ihnen Claremont House als Wohnsitz, die verschiedenen Mitglieder der Familie werden auf kleinere Landsitze aufgeteilt. Dem Herzog von Nemours und seinen Kindern wird das nahe dem berühmten Hampton Court liegende Bushy House zugewiesen. Es ist für Ferdinand ein herber Verlust, dass er bei seiner Rückkehr nach England nicht mehr sein vertrautes Elternhaus vorfindet.

Kurze Zeit später unternimmt der Herzog von Nemours mit seinen Kindern Ferdinand und Marguerite eine Reise durch Europa. Sein ältester Sohn Gaston lebt zu dieser Zeit bereits nicht mehr bei der Familie, er hatte 1864 die Kronprinzessin von Brasilien geheiratet und war nach Südamerika gezogen. Erste Station der Europareise der Familie ist Wien, wo Clémentine, die jüngere Schwester des Herzogs von Nemours, lebt. Clémentine ist mit ihrem Schwager verheiratet, einem Herzog von Sachsen-Coburg-Gotha. Von Wien aus reist man weiter nach Budapest, um an der Krönung von Kaiser Franz Joseph und Kaiserin Sisi zum König und zur Königin von Ungarn teilzunehmen. Von Ungarn führt der Weg über Sachsen weiter nach Bayern. Neben einem privaten Diner in Schloss Nymphenburg gibt es auch eine Einladung nach Possenhofen, wo Herzogin Ludovika eine Jagd arrangiert. Der Herzog von Nemours stellt seine Tochter Marguerite dem verwitweten Herzog Karl Theodor in der Hoffnung vor, eine Ehe zwischen den beiden einfädeln zu können. Doch der Herzog trauert noch viel zu sehr um seine verstorbene Frau, um Augen für eine andere zu haben.

Bei diesem Besuch begegnen sich auch Ferdinand und Sophie zum ersten Mal. Diese wird den Gästen dabei als zukünftige Königin von Bayern vorgestellt. Aus Possenhofen nimmt die Familie Nemours ein Bild von Sophie Charlotte mit, das der kleinen Tochter Blanche bei ihrer Rückkehr als

Wird im Alter von 13 Jahren zum Halbwaisen: Ferdinand d'Orléans, Herzog von Alençon.

Geschenk überreicht wird. In kindlicher Schrift schreibt das junge Mädchen auf die Rückseite des Bildes: »Future Reine de Baviere. Blanche d'Orléans. 1867.«[4] Ob Sophie der französische Herzog wohl aufgefallen ist? Der Besuch fällt zeitlich mit ihren ersten Rendezvous mit Edgar Hanfstaengl auf Schloss Pähl zusammen. Als Sophie ihrem zukünftigen Ehemann zum ersten Mal gegenübersitzt, ist sie gerade bis über beide Ohren in einen anderen verliebt.

4 *»Zukünftige Königin von Bayern. Blanche d'Orléans. 1867.«*

Ein Geschenk für Töchterchen Blanche: ein Bildnis von Sophie Charlotte als zukünftige Königin von Bayern.

Kapitel 15

Rendezvous in Sachsen

Als Sophies Mutter Ludovika den Herzog von Alençon für ihre Tochter ins Auge fasst, ist diese also keine Unbekannte für die Familie Orléans. Die Fäden für die Kontaktaufnahme laufen in Wien zusammen – hier treffen sich die Kaiserinwitwe Karoline Auguste, Ludovikas ältere Halbschwester, und Herzogin Clémentine von Sachsen-Coburg-Gotha, die Tante des anvisierten Bräutigams. Eigentlich möchte der Herzog von Nemours seine Tochter Marguerite mit Sophies Bruder Gackel verheiraten, aber aus dem Treffen entwickelt sich ein anderer Plan: Man könnte ja auch Sophie Charlotte mit Ferdinand von Alençon verheiraten. Zur ersten konkreten Sondierung schreibt Ludovika an Ferdinands Vater und schickt zur Erinnerung auch gleich noch ein Portrait ihrer Tochter mit. Sie planen ein Treffen der beiden Ehekandidaten an einem neutralen Ort – und wählen dafür den sächsischen Königshof aus. Nach Sachsen hatten bereits zwei Tanten von Sophie Charlotte geheiratet: Die Schwestern Amalie und Marie heirateten zwei Brüder aus dem sächsischen Königshaus. 1868 ist Marie bereits verwitwet und Amalie an der Seite von Johann I. Königin von Sachsen. Das familiäre Umfeld bietet für ihre Nichte Sophie einen idealen Ort, den von ihrer Mutter Auserwählten etwas näher kennenzulernen.

Das Treffen findet im Juni 1868 statt. Herzog Ferdinand von Alençon, damals 23 Jahre alt, möchte noch nicht heiraten, dies vertraut er seinem ehemaligen Lehrer Jules Gauthier an. Kurz bevor Ferdinand nach Sachsen aufbricht, gesteht er seinem Vater, dass er Angst vor dem Treffen habe: »Je pars cet aprés-midi à 1h30. Mon anxiété augmente à mesure que le moment approche.«[5] Doch seine Sorge verfliegt schnell, die Aufnahme am sächsischen Königshof fällt überaus herzlich aus. Alle Familienmitglieder sind in die Pläne eingeweiht, man hat ein Programm für die beiden entwickelt, das Ferdinand und Sophie die Möglichkeit bieten soll, sich in romantischer Atmosphäre näherzukommen. Nach dem ersten Treffen schreibt Ferdinand po-

5 *»Ich fahre heute Nachmittag um 1:30 Uhr ab. Meine Angst steigert sich in dem Maße, wie der Augenblick näher kommt.«*

sitiv überrascht an seinen Vater. Sophie hätte sich, so Ferdinand, verändert, sie habe abgenommen und sei schlanker als noch im Jahr zuvor, und sie habe einen ernsthafteren Ausdruck. Ansonsten sei sie unverändert. Das Jahr 1867 mit seinen Höhen und Tiefen hat also auch äußerlich seine Spuren bei Sophie hinterlassen.

Mit dem Programm hat sich der sächsische Hof alle Mühe gegeben: Am Nachmittag bringt eine Kutsche Sophie, Ferdinand und die sächsische Königsfamilie bis zu einem schönen Aussichtspunkt über die Stadt Dresden und ihre Umgebung. Der Rückweg erfolgt zu Fuß, unterbrochen von einer Teepause. Es wird schon dunkel, als die Gruppe mit dem Abstieg nach Pillnitz beginnt. Die fröhliche Gesellschaft teilt sich in Zweiergrüppchen auf, die jeweils von einem Diener mit Fackel begleitet werden. Der zwanglose Rahmen erlaubt es Ferdinand und Sophie, sich in aller Ruhe auszutauschen. Ferdinand fällt besonders positiv auf, dass Sophie sehr gesprächig ist und mit ihrer herzlichen Art viele Türen öffnet, wie er später seinem Vater erfreut berichtet.

Am vierten Tag am sächsischen Königshof ist es schließlich so weit: Nach einem langen Gespräch unter vier Augen im Schlossgarten von Pillnitz hält Ferdinand offiziell bei der Königinwitwe Marie von Sachsen um die Hand ihrer Nichte Sophie Charlotte an. Und er bekommt eine Zusage. Umgehend wird an Herzog Max und Herzogin Ludovika telegrafiert, auch König Ludwig II. von Bayern als Oberhaupt des Hauses Wittelsbach wird informiert. Acht Monate nach ihrer Entlobung ist Sophie wieder verlobt. Um diesen neuen Abschnitt in ihrem Leben deutlich zu machen, bittet sie ihren Verlobten, sie nicht Sophie sondern Charlotte zu nennen.

Wie können wir uns das frisch verlobte Paar vorstellen? Ferdinand von Alençon beschreibt seine zukünftige Frau in einem Brief an Jules Gauthier wie folgt: »Elle est pieuse, simple, duce at affectueuse, intelligente; elle a le qoût d'une vie occupée et tranquille, et cependant une certain gaieté naturelle; elle cera une fille tendere et respectueuse pour mon père, pour moi une femme telle que je la souhaite.« Und weiter: »Elle n'est pas une beauté régulière, mais elle a de beaux yeux bleus pleins d'expression, beaucoup de cheveux d'un blond chaud, un beau teint, une jolie taille, un air de vie et de santé qui fait plaisier; elle n'est ni grande ni petite, à peu près de la taille de ma tante

Herzog Ferdinand von Alençon war vor seinem Rendezvous mit Sophie Charlotte schrecklich nervös.

Clémentine.«[6] Wenn wir uns die Bilder ansehen, die den Herzog von Alençon zeigen, so sehen wir einen ernsthaften, gutaussehenden jungen Mann mit Bart und gelocktem Haar. 20 Jahre später wird die bayerische Hofdame Marie von Redwitz folgendes Bild des Herzogs zeichnen: »Eine ritterlich vornehme Erscheinung war der Herzog von Alençon selbst mit dem famos geschnittenen Rassekopf. Gewinnend verbindlich von Art lauschte man gerne seinem eleganten Französisch. Man sagte von ihm, er besitze mehr die Eigenschaften eines Heiligen als die eines Ehemanns.« Und die französische Historikerin Dominique Paoli charakterisiert Ferdinand wie folgt: »Ein Ehrenmann von mittlerer Intelligenz, völlig unromantisch und von methodischem Geist. Er leidet darunter, zu einer entthronten Familie zu gehören.« Das Haus Orléans ist zwar keine regierende Dynastie mehr, dafür aber sehr vermögend. Auch wenn der neue Mann an Sophies Seite kein König ist, so ist er immerhin der Enkel eines Königs.

6 *»Sie ist fromm, einfach, sanft und liebevoll, intelligent; sie strebt nach einem ausgefüllten und ruhigen Leben; und dennoch hat sie eine gewisse natürliche Fröhlichkeit; sie wird eine zärtliche und respektvolle Tochter für meinen Vater sein; und für mich eine Frau, so wie ich sie mir wünsche.« Und weiter: »Sie ist keine klassische Schönheit, aber sie hat schöne blaue Augen voller Ausdruck, eine Fülle an Haar in einem warmen Blondton, einen schönen Teint, eine hübsche Figur, einen lebendigen und gesunden Ausdruck, der einem Freude macht; sie ist weder groß noch klein, ungefähr die Größe meiner Tante Clémentine.«*

Kapitel 16

»Von mir aus, ja«

Mit einem Brief seiner Verlobten an seinen Vater im Gepäck reist Ferdinand von Alençon zurück zu seiner Familie. Gemeinsam statten der Herzog von Nemours und sein Sohn Ende Juni 1868 der Familie von Sophie Charlotte einen Besuch in Possenhofen ab. Die junge Frau erobert das Herz ihres zukünftigen Schwiegervaters im Sturm.

Den Ehevertrag handeln die beiden Väter aus. Fünf Artikel im Geiste des französischen Code Civil sollen das zukünftige Leben der Verlobten regeln. So wird festgelegt, dass Ferdinand alleine die Verwaltung der Besitztümer seiner zukünftigen Frau zufällt. Auch ihre Kapitaleinkünfte werden an ihren zukünftigen Ehemann gehen. Dafür verpflichtet er sich, seiner Frau jährlich eine Summe von 12.000 Francs für persönliche Bedürfnisse zu geben. Der Herzog von Nemours stattet seinen Sohn mit einem Vorschuss auf sein Erbe in Höhe von 1 Million Francs aus; Sophie Charlotte erhält von ihrem Vater ebenfalls eine Geldsumme, dazu Kunst- und Wertgegenstände, Kleidung und Juwelen. Die Hochzeit soll Mitte September 1868 in Bayern stattfinden. Zwischen Verlobung und Hochzeit liegen also gerade einmal drei Monate. Schnell werden Einladungen an die weitverzweigten Familien verschickt – allerdings nicht an alle Mitglieder. Wegen der Ereignisse aus dem Vorjahr beschließen Herzog Max und Herzogin Ludovika, den König von Bayern, dessen Mutter und seinen Bruder Otto nicht zur Hochzeit einzuladen.

Die Zeit zwischen Verlobung und Hochzeit nutzt Sophie, um sich von ihrer großen Verwandtschaft zu verabschieden. So richtet sie beispielsweise Anfang Juli 1868 an die Habsburgerin Marie Therese, die erst wenige Monate zuvor durch die Hochzeit mit einem bayerischen Prinzen zur Familie hinzugekommen war, folgenden Brief: »Wie leid ist auch mir Dich jetzt nicht sehen zu können, es würde mich so freuen mit dir über so Vieles zu sprechen. Ich kann dir gar nicht sagen, wie leid mir es ist dich so wenig gesehen zu haben und nun so weit fort zu müßen, wir kennen uns gar so wenig und doch von dem ersten Augenblick wo ich dich gesehen fühlte ich mich so sehr zu dir hingezogen und in unserm wenigem und kurzem Beisammensein habe ich dich ganz schrecklich lieb gewonnen. Das ist eine schöne Liebeserklärung, nicht wahr?« Sophie fährt überaus herzlich fort: »Lebe wohl, gute, liebe Therese, und behalte mich auch ferner so lieb. Dich innig küssend, deine dich herzlich liebende Kousine Sophie Charlotte.« Dieser Brief ist typisch für ihre Herzenswärme, ein Charakterzug, der ihr bis zum Ende erhalten bleibt.

Der Bräutigam weilt bereits in Possenhofen, als dort wenige Tage vor dem geplanten Hochzeitstermin die alarmierende Nachricht eintrifft, dass der Herzog von Nemours schwer erkrankt ist. Die Lage ist so ernst, dass Ferdinand zu seinem Vater reist, der sich gerade im Schwarzwald aufhält. Beinahe wäre der Herzog von Alençon zu spät gekommen. In der Nacht vor seiner Ankunft hat sein Vater, der einen Fieberanfall erlitt und über Atemnot klagte, bereits die Sterbesakramente empfangen. Doch der Herzog von Nemours erholt sich von dieser Krise. Schweren Herzens entschließt man sich, die auf den 14. September angesetzte Hochzeit um 14 Tage zu verschieben, damit der Schwiegervater in spe daran teilnehmen kann. In Sophie dürften unangenehme Erinnerungen wach geworden sein: Es ist das dritte Mal innerhalb eines knappen Jahres, dass ihre geplante Hochzeit verschoben wird. Der Herzog von Nemours erholt sich schnell und die Trauung wird nun für den 28. September in Possenhofen geplant. Wegen der Verschiebung können allerdings zwei von Sophies Schwestern aus Termingründen nicht mehr an der Hochzeit teilnehmen – Kaiserin Sisi von Österreich und Marie, die Ex-Königin von Neapel, die beide schon vorher aus Possenhofen abreisen müssen. Dafür erscheint die Familie Orléans fast vollständig am Starnberger See.

Die Legende will es, dass die Gesellschaft gerade zum Polterabend versammelt ist, als ein Überraschungsgast eintrifft: Sophies Ex-Verlobter König Ludwig II. Allerdings hat schon Gottfried von Böhm, einer von Ludwigs ersten Biografen, herausgefunden, dass diese Geschichte so nicht stimmt. Ludwig besucht zwar tatsächlich Possenhofen, allerdings einige Tage vor dem Polterabend. Und es ist auch nicht seine Idee, sondern der Wunsch der Zarin Maria Alexandrowna, die auf Durchreise beim bayerischen König zu Besuch weilt. Die Zarin ist eine Cousine Herzogin Ludovikas mütterlicherseits, der sie einen Verwandtschaftsbesuch abstattet, bei dem sie der König begleitet. Leider wissen wir keine Einzelheiten über diesen Besuch. Immerhin ist es das erste direkte Zusammentreffen mit der herzoglichen Familie nach der Entlobung. Zu Ehren der Zarin veranstaltet Ludwig ein aufwändiges Fest am Starnberger See, das ausgerechnet am Vorabend der Hochzeit seiner Ex-Ver-

Schlechtgelaunter Hochzeitsgast: Der bayerische Ministerpräsident Fürst Chlodwig von Hohenlohe-Schillingsfürst.

lobten alle Aufmerksamkeit auf sich zieht. Eine magische Beleuchtung verwandelt Schloss Berg in ein Feenschloss, über den ebenfalls beleuchteten See trägt der Wind zahllose Ballons in verschiedenen Farben. Das Abendessen auf der duftenden Roseninsel erklärt die 44-jährige Zarin zum poetischsten ihres Lebens. Den Abschluss des rauschenden Fests bildet ein Brillantfeuerwerk, das auch von Possenhofen aus zu sehen ist. Was mag in Sophie vorgegangen sein, als sie an ihrem Polterabend Zeugin wird, wie ihr ehemaliger Verlobter zu den Klängen der russischen Kaiserhymne den Namen der Zarin in den Nachthimmel zaubert? Ein merkwürdiger Abschiedsgruß, so mag man denken. Möchte Ludwig Sophie beeindrucken, ihr nochmal zeigen, was er alles zustande bringen kann – wenn er nur will? Und in der Tat hat Ludwig II. das prunkvolle Fest wohl mit Absicht in Sichtweite von Schloss Possenhofen inszeniert – denn eigentlich sollte die russische Zarin in München empfangen werden. Erst wenige Tage vorher entscheidet sich der König um und verlegt den Empfang von Maria Alexandrowna nach Schloss Berg. Dies belegt ein Telegramm vom 23. September 1867 aus Hohenschwangau, in dem dem Obersthofmeister in München mitgeteilt wird, dass sich der König kurzfristig zu dieser Planänderung entschlossen hat und die Zarin nicht in München, sondern in Schloss Berg empfangen wird.

Die Hochzeit von Sophie und Ferdinand findet einen Tag nach dem Fest, am 28. September 1868, auf Schloss Possenhofen statt. Wie distanziert das Alltagsleben von Sophies Eltern zu diesem Zeitpunkt schon ist, zeigt die Tatsache, dass Herzog Max als letzter Hochzeitsgast erst am Abend vor der Trauung seiner Tochter am Starnberger See eintrifft. Ludwig II., der ja nicht eingeladen ist, begleitet an diesem Tag die russische Zarin zurück nach München. Als Vertreter des königlichen Hauses schickt er den bayerischen Ministerpräsidenten Fürst Chlodwig zu Hohenlohe-Schillingsfürst auf die Hochzeit seiner ehemaligen Verlobten. Fürst Hohenlohe hatte im Vorjahr den Verlobungsball ausgerichtet und ist aufgrund seiner pro-preußischen Haltung in der Familie des Königs sehr unbeliebt. Dementsprechend übellaunig nimmt er auch diese Aufgabe wahr, wie wir seinem ausführlichen Bericht entnehmen können, aus dem alle nun folgenden Zitate stammen.

In Begleitung des bayerischen Finanzministers Adolph Pfretzschner trifft Hohenlohe auf Schloss Possenhofen ein – zu früh, wie beide feststellen müssen. So werden die Herren erst einmal auf ihre Zimmer gebracht. »In dem meinigen roch es sehr schlecht«, notiert Hohenlohe. Um 11 Uhr versammeln sich alle Gäste in einem Salon, »wo ein Klavier den engen Raum noch mehr beschränkte«. Die bayerische Königsfamilie wird vertreten durch die Prinzen Adalbert und Karl, dem ältesten noch lebenden Wittelsbacher und ehemaligen Oberbefehlshaber des bayerischen Heeres. »Letzterer begrüßte mich nur von weitem mit einem Gesicht, wie man einen Skorpion anzusehen pflegt.« Von Sophies Familie sind neben ihren Eltern ihre drei Brüder und ihre Schwestern Nené und Mathilde, letztere in Begleitung ihres Ehemanns Graf Trani, anwesend. Die Familie Orléans ist sehr zahlreich vertreten. Da sind zuallererst Sophies zukünftiger Ehemann und ihr Schwiegervater in spe: »Der Duc de Nemours sieht aus wie ein eleganter Franzose du cercle de l'Union. Er trug den Hubertusorden, ebenso sein Sohn, der Bräutigam. Der Duc de Nemours erinnerte an die Bilder Heinrichs IV., doch hat er einen eigentümlichen Ausdruck, der auf Pedanterie schließen läßt. Der junge Duc d'Alençon ist ein hübscher junger Mensch von frischem Aussehen.« Auch die Schwestern des Herzogs von Alençon, Marguerite und Blanche, sind anwesend, ebenso seine Cousins, der Graf von Paris und der Herzog von Chartres: »zwei junge wohlgebildete Prinzen, die aber eher den Eindruck preußischer

Bei der Trauung mit dem Herzog von Alençon soll sich Sophies Jawort eher angehört haben wie »von mir aus, ja«.

als französischer Prinzen machen.« Außerdem sind einige der Geschwister des Herzogs von Nemours gekommen, so der Prince de Joinville – »etwas alt und gebeugt, zu alt für sein Alter« – und dessen Frau Francesca, »eine brasilianische Prinzeß, (…) etwas mumienhaft, mit großen rollenden Augen in einem langen blassen faltigen Gesicht«, sowie Clémentine d'Orléans, »eine gescheite, lebhafte Dame« mit ihrem Gemahl, Herzog August von Coburg, »langweilig wie immer«.

Die Trauung findet in einem Saal des Schlosses statt, der zur Kapelle umfunktioniert worden ist. »Alles war en robe montante. Die Braut in weißer Seide mit Orangenblüten garniert, mit Coiffüren von Orangenblüten und

Tüllschleier. Auf den Aermeln Atlaslitzen. (…) Niemand weinte, nur der Herzog Max hatte einige Male ein sehr weinerliches Aussehen. Die Braut sah sehr gleichmütig aus. (…) Das ›Ja‹ der Herzogin klang, als wollte sie sagen ›von mir aus, ja‹ oder ›meinetwegen‹. Doch will ich damit nichts Böses sagen, mir klang es so. Nach der Trauung küßte ich der Herzogin die Hand und beglückwünschte sie. Sie schien recht zufrieden und vergnügt.« Begleitet wird die Messe von einer Militärkapelle, die im Freien Verdi spielt. Nach einer Pause findet ein Diner in zwei Sälen im Erdgeschoß des Schlosses statt. »Das Diner war nicht besonders lang und auch nicht besonders gut«, bemerkt Hohenlohe süffisant. »Bei Tisch wurde (von einer Militärmusik im Freien), der Brautchor aus Lohengrin gespielt. Es muß dabei der Exbraut des Königs sonderbar zu Mute gewesen sein. Eigentümlich war auch das Zusammentreffen, daß gerade am Vorabend der See und Berg (für die Kaiserin von Rußland) beleuchtet waren und daß auf diese Weise der König seiner ehemaligen Braut den ›Polterabend‹ verherrlichen wußte.«

Der größte Teil der Familie Orléans reist noch am selben Tag ab, nur der Herzog von Nemours und seine Töchter bleiben bis zum nächsten Tag. Damit die Neuvermählten etwas Zeit für sich haben, begeben sich Sophies Brüder Gackel und Mapperl auf die Jagd nach Bayrischzell. Mapperl, mit 18 Jahren der Kleinste in der großen Kinderschar, ist gerade frisch verliebt. Es ist ein Hochzeitsgast, der es ihm ganz besonders angetan hat: Amalie von Sachsen-Coburg-Gotha, eine Cousine des Bräutigams.

Sophie bleiben nur noch wenige Tage am Lieblingsort ihrer Kindheit. Bei ihrer Abreise am 4. Oktober 1868 ist der Hofstaat in Tränen aufgelöst, Natalie von Sternbach darf sie noch bis nach München begleiten. Doch hier muss sich Sophie im Herzog-Max-Palais auch von ihrer engsten Vertrauten verabschieden, ihr Vater und ihre Brüder geleiten sie zum Bahnhof. Es wird ein schwerer Abschied.

Kapitel 17

»*Tausend Küsse von deiner kleinen Frau*«

Wie bereits erwähnt, lebt die Familie Orléans in England im Exil. Seit der Revolution von 1848 ist es den Mitgliedern des ehemaligen französischen Königshauses verboten, Frankreich zu betreten. Daher entscheidet sich das frisch vermählte Paar für eine Route, die den französischen Boden nicht berührt. Erste Stationen bilden Brüssel und der Hof des belgischen Königs. Sophie ist noch nie so weit gereist und bei der folgenden Überfahrt von Ostende nach London sieht sie zum allerersten Mal in ihrem Leben das Meer.

Wie bereits erwähnt, lebt die Familie ihres Mannes auf Schloss Bushy House im Süden von London. Diesen Aufenthaltsort hatten der Herzog von Nemours und seine Kinder erst zwei Jahre zuvor bezogen. Für die kleine Familie war das Haus eigentlich zu groß und weil es lange leer gestanden hatte, waren zahlreiche Reparaturen notwendig. Da sich in der Nähe von Bushy House keine katholische Kirche befand, ließ sich der Herzog von Nemours kurzerhand eine eigene kleine Kapelle in seinem neuen Zuhause einrichten. Hier hört Sophie kurz nach ihrer Ankunft zur Begrüßung die Messe.

Von ihrer neuen Familie wird Sophie sehr herzlich aufgenommen. Besonders gut versteht sie sich mit ihrer Schwägerin Marguerite, die fast auf den Tag genau ein Jahr jünger ist als Sophie. Aber auch ihr Schwiegervater ist angetan von der neuen Gesellschaft in dem großen Wohnhaus. Und die zahlreichen Mitglieder der großen Familie Orléans wohnen alle nicht weit entfernt, die meisten davon in Twickenham, einem heutigen Stadtteil von London: der Graf von Paris, der Herzog von Chartres und der Prinz von Joinville, die alle auch auf Sophies Hochzeit anwesend waren. Zu einem der Onkel ihres Mannes, den Sophie erst in England kennenlernt, entwickelt sie eine besonders herzliche Beziehung: Henri d'Orléans, Herzog von Aumale. Er ist mit einer Prinzessin aus dem Hause Neapel-Sizilien verheiratet, in das auch Sophies Schwestern Marie und Mathilde eingeheiratet hatten. Der Herzog und die Herzogin von Aumale hatten erst zwei Jahre zuvor ihren ältesten Sohn verloren, der auf einer Reise nach Australien im fernen Sydney an Typhus gestorben war. Der überraschende Tod ihres Erstgeborenen stürzte die Herzogin

Sophie Charlotte mit Töchterchen Louise auf dem Schoß.

von Aumale in eine schwere Krise, von der sie sich nie wieder richtig erholen sollte. Vielleicht ist dies auch der Grund, wieso das Ehepaar Aumale nicht an der Hochzeit von Ferdinand und Sophie in Possenhofen teilgenommen hatte. Der Herzog von Aumale, ein sehr vermögender und kunstsinniger Mann, nimmt Sophie fast wie eine Tochter an.

Auch die englische Königin Victoria lädt das junge Paar des Öfteren zu sich nach Windsor ein. Daneben fahren Ferdinand und Sophie nach London, gehen in die Oper und ins Theater, in die National Gallery und in das British Museum. Und schon wenige Wochen nach ihrer Ankunft in England stellt Sophie Mitte Oktober 1868 fest, dass sie schwanger ist.

Es scheint also alles bestens zu sein. Trotz arrangierter Ehe kann man wohl sagen, dass sich Sophie in den ersten Monaten nach ihrer Heirat in ihren Mann verliebt. Zeit ihres Lebens ist sie keine große Briefeschreiberin, aber wenn ihr Gatte in den ersten Monaten ihrer Ehe abwesend ist, schreibt Sophie leidenschaftliche Liebesbriefe. Als der Herzog von Alençon Ende Januar 1869 an einer großen Reitjagd teilnimmt, schreibt Sophie einen Brief an ihren »bon petit mari«, an ihren guten kleinen Ehemann, den sie an mehreren Tagen fortsetzt. So lässt sie ihn wissen: »Je suis toute triste et je voudrais pleurer à chaudres larmes. C'est l'heure (5h30) où nous sommes tous le jours si bien ensemble dans mons petit salon à lire ton journal. Aujourd'hui ton rat est tout seul!!«[7] Dieser Brief wird heute im Fonds Nemours in Brüssel verwahrt und weist eine Besonderheit auf: Einige Zeilen sind im Nachhinein unleserlich gemacht, geschwärzt worden. Den Grund dafür können wir erahnen, denn Sophie schreibt einen Teil ihres Briefes kurz vor dem zu Bett gehen, und die geschwärzten Passagen beziehen sich wohl auf das Ehebett. Wer auch immer wollte, dass wir nicht wissen, was die Herzogin von Alençon an ihren Ehemann geschrieben hat, ob es der Herzog selber war oder ein Archivar, er verrät uns doch eines: Sophie war eine leidenschaftliche Frau, die in ihren Briefen völlig unverblümt das zum Ausdruck brachte, was sie fühlte. So unverblümt, dass andere es für opportun hielten, dass es lieber keiner zu lesen bekommen sollte. Dieser Charakterzug von Sophie wird uns später wieder begegnen und noch eine wesentliche Rolle in ihrem weiteren Leben spielen: Für ihre Gefühle bricht sie mit den gesellschaftlichen Regeln ihrer Zeit. Die

7 *»Ich bin ganz traurig und ich möchte heiße Tränen weinen. Es ist die Zeit (5:30 Uhr), wo wir jeden Tag so schön beisammen sind in meinem kleinen Salon, wo wir Deine Zeitung lesen. Heute ist deine Ratte ganz allein!!«*

In der Familienkorrespondenz liebevoll »Onkel König« genannt: Sophies Schwager, Ex-König Francesco II. von Neapel-Sizilien.

Abschiedsworte ihres Briefes wurden nicht geschwärzt: »Mille baisers de ta petite femme« – »tausend Küsse von deiner kleinen Frau«.

Am 9. Juli 1868, gut neun Monate nach ihrer Hochzeit, bringt Sophie in Bushy House eine Tochter zur Welt, die auf den Namen Louise Victoire Marie Amélie Sophie getauft wird. Nur sehr langsam kommt die junge Mutter wieder auf die Beine. Drei Wochen nach der Geburt darf sie zum ersten Mal aufstehen, zwei Wochen später kommt sie wieder an die frische Luft. Zur Erholung reist die kleine Familie zusammen mit Ferdinands Schwestern Marguerite und Blanche in das Seebad Worthing nach West Sussex. Während die Damen viel lesen, schreibt der Herzog von Alençon an einer Artikelserie über seine Abenteuer auf den Philippinen. Allerdings wird Sophie von einem stetigen Husten gequält, der erstmals kurz nach ihrer Hochzeit aufgetreten war. Der Schwiegervater, der zwei seiner Schwestern durch Lungenentzündungen verloren hat, beginnt sich ernsthaft Sorgen zu machen. Atemwegserkrankungen seien bei den Wittelsbachern sehr häufig, gibt er zu bedenken und rät dazu, den Winter im Süden Europas zu verbringen.

Als Sophies Gesundheitszustand sich Ende November 1869 nicht wesentlich gebessert hat, raten auch die Ärzte dazu, die kalte Jahreszeit außerhalb von England zu verbringen. Es ist der Herzog von Aumale, der das geeignete Domizil präsentiert: das Palais d'Orléans in Palermo auf Sizilien. Auf der Insel hatte Louis Philippe d'Orléans als Schwiegersohn des neapolitanischen Königs einst Zuflucht gesucht vor der Herrschaft Napoleon Bonapartes in Frankreich. Zwei Tage vor der geplanten Abfahrt muss die Reise jedoch verschoben werden. Am 6. Dezember 1869 stirbt im Alter von 47 Jahren die Herzogin von Aumale an einer Lungenembolie. So ist am geplanten Abreisetag die gesamte Familie in Orléans House in Twickenham versammelt, um den Kondolenzbesuch von Königin Victoria zu empfangen. Der Tod der Herzogin von Aumale nimmt Sophie sehr mit. Kurze Zeit nach der Beerdigung bricht das Ehepaar Alençon mit der gerade einmal fünf Monate alten Tochter gen Süden auf.

Auf derselben Route wie im Jahr zuvor geht es über Brüssel zurück nach München. Kurz vor Weihnachten, am 21. Dezember 1869, verzeichnet der »Münchner Tages-Anzeiger« die Familie Alençon unter der Rubrik »In München anwesende Fremde«. Die Familie bezieht Quartier im Hotel Bayerischer Hof. Hier sucht Sophie den bayerischen Hofarzt auf, der eine chronische Bronchitis diagnostiziert. Trotzdem wird die Reise Richtung Italien fortgesetzt. In Rom trifft das Ehepaar Alençon mit Sophies »italienischen« Schwestern zusammen und Ferdinand bekommt die Gelegenheit, weitere Familienmitglieder seiner Frau kennenzulernen. Das ehemalige Königspaar von Neapel hatte die Hochzeit im Vorjahr aus Termingründen versäumt. Von seinem Schwager ist Ferdinand sehr angetan und berichtet seinem Vater, der Ex-König von Neapel sei zwar hässlich, aber freundlich und voller Herzenswärme. Das ehemalige neapolitanische Königspaar hat nach seinem Sturz im Vatikanstaat Zuflucht gefunden und zieht von hier aus nun die Strippen, um auf den Thron von Neapel zurückzukehren.

Kurz vor der Ankunft der Alençons hat Ex-Königin Marie von Neapel am Weihnachtsabend 1869 in Rom eine Tochter zur Welt gebracht und der stolze Vater möchte, dass Sophie und Ferdinand an der Taufe ihrer Nichte teilnehmen. Wie wir wissen, war Marie nach der Geburt ihres unehelichen Kindes wieder zu ihrem Ehemann zurückgekehrt. Wider alle Erwartungen hatte das Paar zueinander gefunden, der König unterzog sich einer Operation und blühte im Exil zu einem allseits geschätzten Mann auf. Auch Mathilde Gräfin Trani und ihr Ehemann weilen in Rom, zusammen mit dem Ehepaar Alençon erhalten sie eine Audienz beim katholischen Kirchenoberhaupt Papst Pius IX.

Über Neapel reisen die Alençons schließlich weiter nach Sizilien. In Palermo angekommen beziehen Ferdinand, Sophie und Louise Quartier im Palais d'Orléans. Der Herzog schirmt seine Frau vehement von der Umwelt ab, denn trotz der Wärme der südlichen Sonne kränkelt Sophie weiterhin. Zu der Bronchitis gesellt sich eine Dysenterie, eine bakterielle Darminfektion. Doch kaum hat sich die Familie im Palais eingerichtet, müssen auch schon wieder die Koffer gepackt werden. Der Militärgouverneur in Palermo befürchtet einen Aufstand und kann nicht länger für die Sicherheit des Paares garantieren. Sizilien gehört seit einigen Jahren zum neu entstandenen Königreich Italien; Verwandte der gestürzten Königsfamilie von Neapel werden dort nicht gerne gesehen. So findet sich die Familie Alençon schon Anfang April 1870 wieder in Rom ein. Unter den Decknamen eines Monsieur und einer Madame de Guerville reisen sie zurück nach Bayern und mieten sich die Villa des Maurermeisters Biersack in Feldafing, ganz in der Nähe von Schloss Possenhofen.

Der Sommer 1870 vereinigt einen Großteil der Geschwister wieder am Starnberger See. Neben Sophie und Ferdinand finden sich dort auch Marie und Mathilde mit ihren Ehemännern ein, und auch Sisi bezieht ihr Quartier ganz in der Nähe: im Hotel Strauch in Feldafing. Kaum scheint Ruhe eingekehrt, zerstreut die internationale Politik die Geschwister wieder in alle Himmelsrichtungen. Es bricht Krieg in Europa aus.

Das Palais d'Orléans in Siziliens Hauptstadt Palermo, Reiseziel der Familie Alençon im Jahre 1870.

Kapitel 18

Krieg zwischen Deutschland und Frankreich

Im Jahre 1870 gärt es zwischen Deutschland und Frankreich. Vordergründig geht es um die Frage der spanischen Thronkandidatur. In Spanien war 1868 Königin Isabella II. abgesetzt worden, nun sucht man nach einem neuen König. Die spanische Krone war unter anderem auch schon Ferdinand von Alençon angeboten worden, der aber abgelehnt hatte. Nun ist ein deutscher Prinz der aussichtsreichste Kandidat. Dieser stammt allerdings aus dem Hause Hohenzollern, das auch in Preußen regiert. Frankreich fürchtet aus diesem Grund eine Umklammerung durch das Haus Hohenzollern und erklärt Preußen am 19. Juli 1870 den Krieg. Da Preußen Teil des Norddeutschen Bundes ist und dieser geheime Verteidigungsbündnisse mit den süddeutschen Staaten Bayern, Baden, Württemberg und Hessen-Darmstadt abgeschlossen hat, findet sich Frankreich in einem Krieg mit allen deutschen Staaten wieder.

Der Krieg belastet auch die Ehe des jungen Paares: Plötzlich stehen sich die Heimatländer von Sophie und Ferdinand als Feinde gegenüber. Frankreich weist zu Beginn des Krieges 80.000 Deutsche aus, auf der anderen Seite rüsten sich Sophies Brüder, die alle eine militärische Laufbahn eingeschlagen haben, für den Krieg. Damit hätte es gut sein können, dass sich Sophies Brüder und ihr Ehemann auf dem Schlachtfeld als Gegner wiederfinden. Denn der Herzog von Alençon wünscht sich nichts sehnlicher, als in die kriegerischen Auseinandersetzungen einzugreifen und sein Vaterland zu verteidigen. Aber noch dürfen die Mitglieder des Hauses Orléans keinen französischen Boden betreten. Als Franzosen und plötzliche Kriegsgegner können die Alençons momentan jedenfalls nicht mehr länger in Bayern bleiben. Auf der Suche nach einem geeigneten Aufenthaltsort erreicht sie eine Einladung des österreichischen Kaiserpaars nach Wien, die sie dankend annehmen.

Die kriegerischen Auseinandersetzungen in Europa im Jahre 1870 beherrschen alle Schlagzeilen und verändern nachhaltig die politische Landkarte. Im Spätsommer erleidet die französische Armee eine empfindliche Niederlage. In der Schlacht von Sedan am 2. September 1870 gerät Kaiser Napoleon III. in preußische Gefangenschaft. Damit ist das Schicksal des zweiten französischen Kaiserreichs entschieden: Zwei Tage später erhebt sich die Pariser Bevölkerung, der Kaiser wird für abgesetzt erklärt und die »Dritte Republik« wird ausgerufen. Diese Umwälzungen versetzen die Mitglieder des Hauses Orléans in Alarmbereitschaft. Die Hoffnung, in Frankreich wieder an die Macht zu kommen, hat man schließlich nie ganz aufgegeben. Die in alle Himmelsrichtungen zerstreuten Mitglieder des Hauses werden zu einem großen Familienrat nach England berufen. Auch der Herzog von Nemours bestellt seine beiden Söhne ein. Während sich Gaston auf den weiten Weg aus Brasilien nach Europa macht, muss Ferdinand seine Reise von Wien aus planen. Da er weiß, dass seine Frau das Klima in England nicht verträgt, läuft alles auf eine kurzfristige Trennung des Paares hinaus.

Kapitel 19

Sisi & Sophie

Als sich die politische Situation in Frankreich zuspitzt, hat sich Kaiserin Sisi gerade eine Auszeit vom Wiener Hof ausgehandelt. Ihre konsternierte Umgebung lässt die österreichische Kaiserin wissen, dass sie plane, den Winter nicht in der Hauptstadt, sondern irgendwo im Süden zu verbringen. Die Wahl fällt schließlich auf Meran, eine beschauliche Kleinstadt, die aber trotz ihrer südlichen Lage noch im österreichischen Kernland liegt. Hier bezieht Sisi zusammen mit ihren beiden Töchtern Gisela und Marie Valérie sowie ihrem Hofstaat Quartier auf Schloss Trautmannsdorf. Um ihr ganzes Gefolge unterzubringen, mietet der kaiserliche Hof zwei weitere Schlösser, eine Villa und einen Ansitz an. Sisi genießt es sichtlich, in Südtirol – meist nur begleitet von ihrer ungarischen Vorleserin und ihrem Lieblingshund Shadow – durch die Gegend zu streifen. In der Provinz wird die Kaiserin noch nicht so schnell erkannt wie in der Residenzstadt und so kostet Sisi ihre Anonymität in vollen Zügen aus.

Nach dem Abschied von ihrem Mann reist Sophie ihrer älteren Schwester nach Meran hinterher und bezieht zusammen mit ihrer Tochter eine Villa in Obermais, ganz in der Nähe der Kaiserin. Auch Natalie von Sternbach, Sophies alte Vertraute, kommt aus Bayern nach Meran, um der Herzogin von Alençon während der Abwesenheit ihres Mannes Gesellschaft zu leisten. Ende November 1870 stoßen noch weitere Familienmitglieder hinzu: Marie und ihr Ehemann, das ehemalige Königspaar von Neapel. Denn der Krieg zwischen Deutschland und Frankreich hat auch Auswirkungen in Italien. Als Frankreich 1870 seine Schutztruppen aus Rom abzieht, nutzt die italienische Armee die Gelegenheit, um im bis dahin noch unabhängigen Vatikanstaat einzufallen. Damit muss das neapolitanische Königspaar sein Exil in Rom verlassen, denn als Mitglieder der ehemals regierenden Familie sind sie nun dort nicht mehr geduldet. In Meran verbringen die drei Schwestern nun viel Zeit miteinander. Die Kaiserin verzichtet jetzt ab und an darauf, unerkannt durch die Gegend zu streifen. Mit größerem Gefolge unternimmt das Trio Spazierfahrten nach Lana und nach Schloss Tirol. Sophie und Sisi reiten zusammen nach Schenna, einer kleinen Gemeinde nordöstlich von Meran. Die Verehrung der schönen österreichischen Kaiserin erreicht ihren Höhepunkt: Ein Glas, aus dem Sisi eine Erfrischung zu sich nimmt, wird anschließend wie eine Reliquie behandelt.

Während Sophie mit ihren Schwestern in Meran ist, hält sich ihr Mann Ferdinand seit Ende 1870 in Belgien nahe der französischen Grenze auf. Er hofft weiterhin, für Frankreich in den Krieg ziehen zu dürfen. Doch als ehemaliges Mitglied des französischen Königshauses bekommt er dazu keine Chance. Während sich Ferdinand vergeblich um einen militärischen Einsatz bemüht, verschlechtert sich Sophies Gesundheitszustand in Meran abermals. Erst hat die Herzogin keinen Appetit mehr, dann wächst sich das Ganze zu einer starken chronischen Grippe aus. Darüber hinaus treten Zeichen einer depressiven Erkrankung auf.

Währenddessen entscheidet sich der Krieg zwischen Deutschland und Frankreich mit dem Fall von Paris im Februar 1871. Einen formellen Endpunkt setzt allerdings erst Monate später der Friede von Frankfurt (10. Mai 1871). Hier manifestiert sich Frankreichs vollständige Niederlage, es werden hohe Reparationszahlungen festgelegt, außerdem die Abtretung von Elsass-Lothringen. Es ist ein blutiges Kapitel in der europäischen Geschichte: Die französische Armee hat mit 138.000 Gefallenen enorme Verluste zu beklagen. Auf deutscher Seite sind es 45.000 Tote, davon 3.000 aus Bayern. Herzog Karl Theodor berichtet nach der ersten großen Schlacht des Krieges von der Front nach Hause: »So sind die Verluste leider ganz furchtbar, das Schlachtfeld überfüllt von Toten und Verwundeten beider Armeen und das Wimmern und Jammern der Unglücklichen wirklich erschütternd.« Der Deutsch-Französische Krieg führt zudem zur Gründung des Deutschen Reiches unter Führung der preußischen Hohenzollern-Dynastie, das am 18. Januar 1871 im Spiegelsaal von Versailles proklamiert wird. Bedingt durch diese Ereignisse kehrt Ferdinand nach viermonatiger Trennung im Februar 1871 wieder an die Seite seiner kleinen Familie in Meran zurück. Doch auch seine Rückkehr ändert an Sophies angeschlagener Gesundheit nichts. Heutzutage würde man wohl mutmaßen, ob Sophies ständig wiederkehrende Krankheiten einen psychosomatischen Ursprung haben. Es ist auffällig, dass ihre Krankheitsgeschichte mit Beginn ihrer Ehe einsetzt. Noch auffälliger ist, dass auch ihre ältere Schwester Sisi mit Beginn ihrer Ehe anfängt, fortlaufend verschiedene Krankheitssymptome zu zeigen.

Erweist sich für Sophie Charlotte als Hilfe in allen Lebenslagen: Natalie von Sternbach.

Als Ferdinand seine Frau nach der Trennung in Meran wiedertrifft, macht er sich große Sorgen um ihren Gesundheitszustand. Er befürchtet, dass Sophie durch die vielen Krankheiten nicht genügend Kraft habe, um eine weitere Schwangerschaft durchzustehen. Um ein Mittel in puncto Verhütung zu finden, kontaktiert er sogar seine Schwiegermutter, Herzogin Ludovika. Diese schickt ihm eine Rezeptur ihres umtriebigen Halbbruders Ludwig I. von Bayern. Doch Ferdinand findet das Rezept zu kompliziert in der Anwendung. Mit seiner Frau hat er eine mögliche Verhütung nicht besprochen, dies entnehmen wir dem Briefwechsel des Herzogs mit seinem Vater, zu dem er eine sehr enge Bindung pflegt. Der Herzog von Nemours wird nahezu über jeden Atemzug im Leben seines Sohnes und seiner Schwiegertochter umgehend informiert. So fragt Ferdinand auch seinen Vater um Rat und teilt ihm mit, dass er über eine Phase sexueller Enthaltsamkeit in seiner Ehe nachdenke. Diese könnte von ihm aus auch mehrere Jahre dauern, um Sophie keinen weiteren Belastungen durch eine Schwangerschaft auszusetzen. Um die sehr emotionale Reaktion des Herzogs von Alençon in diesem Punkt zu verstehen, müssen wir uns kurz daran erinnern, dass Ferdinands Mutter nach der Geburt eines Kindes starb, als dieser gerade einmal zwölf Jahre alt war.

Abermals stellt sich für das Ehepaar Alençon die Frage des Wohnorts. Zwar ändert sich die politische Situation in Frankreich gerade grundlegend, aber noch können die Mitglieder der Familie Orléans nicht dorthin zurück. Da kommt es durch eine Erkrankung von Töchterchen Louise zu einer willkommenen Zwischenlösung: Der kaiserliche Arzt rät zu einem Aufenthalt in Schönbrunn und so nehmen Ferdinand und Sophie abermals eine Einladung des Kaiserpaars nach Wien an. Die Appartements, die die Familie bezieht, liegen direkt neben denen der Kaiserin und ihrem privaten Garten. Sophie und Sisi genießen ihre gemeinsame Zeit umso mehr, da die beiden fast gleichaltrigen Töchter Louise und Marie Valérie sich sehr gut verstehen. Zahlreiche Familiendiners und große Abendeinladungen prägen das höfische Leben und an Ostern wird für die Kinder ein großes Eiersuchen im Schlosspark von Schönbrunn veranstaltet.

Da trifft Mitte Juni 1871 ein Telegramm aus Bushy House ein: Der Herzog von Nemours teilt seinem Sohn mit, dass die Verbannungsdekrete in Frankreich gegen die Familie Orléans aufgehoben worden sind. Ein großer Traum erfüllt sich – endlich kann es zurück in die Heimat gehen! Ferdinand macht sich umgehend an die Planung der neuen Zukunft – trotz persönlicher Bedenken. Seinem ehemaligen Lehrer Jules Gauthier teilt er mit, dass er fürchte, er und seine Familie würden als Mitglieder des ehemaligen Königshauses in der französischen Republik wie Verdächtige behandelt werden. Aber seine persönlichen Bedenken zählen nicht – der Herzog von Alençon bereitet seine Abreise nach England vor, um von dort aus die Rückkehr nach Frankreich zu planen. Dies fällt ihm umso schwerer, als seit Kurzem feststeht, dass Sophie zum zweiten Mal schwanger ist. Dies war, wie wir wissen, nicht in seinem Sinne, aber der kaiserliche Arzt gibt Entwarnung: Der werdenden Mutter gehe es gut, es gebe keinen Grund zur Sorge. Damit Sophie bestens umsorgt ist, schickt der Herzog abermals nach Natalie von Sternbach, die sich um die Schwangere kümmern soll. Und so bleibt Sophie in Schönbrunn bei ihrer Schwester zurück, während sich Ferdinand auf den Weg nach England zu seinem Vater macht.

Sophie hat wohl nie in ihrem Leben so viel Zeit gemeinsam mit Sisi verbracht wie in diesen Monaten. Zusammen mit der kaiserlichen Familie übersiedelt sie im Sommer 1871 nach Ischl, einem kleinen Kurort im Salzkammergut. Hier besitzen Franz Joseph und Sisi eine Villa, die ihnen einst die Mutter des Kaisers zur Hochzeit geschenkt hatte. Ischl hatte sich daraufhin im Laufe der Jahre zur privaten Lieblingsresidenz des Kaiserpaars und zum sommerlichen Rückzugsort entwickelt. Das Grundstück reicht bis zum Jainzen, einem bewaldeten, wildreichen Berg nördlich von Ischl, den Sisi als ihren »Zauberberg« bezeichnet und dessen Ausläufer mit sanften Wiesen vor der Kaiservilla enden. Hier kann jeder seiner Leidenschaft nachgehen: Dem Kaiser bietet sich die Möglichkeit zur Jagd, die Kaiserin kann ihre geliebten ausgedehnten Spaziergänge unternehmen. Auch mit Sophie unternimmt Sisi lange Wanderungen, die Leidenschaft dazu haben wohl beide Schwestern ihrem Vater Max zu verdanken: »Mein Vater war ein großer Jäger vor dem Herrn, und er wollte, daß wir wie die Gemsen springen«, wird sich die Kaiserin später erinnern. Im Juli 1871 reisen die beiden auch für ein paar Tage zusammen in die alte Heimat und mieten sich im »Maffeihaus« in Feldafing ein. Anlass für diesen Besuch ist die Rückkehr der siegreichen bayerischen Truppen. Am 16. Juli 1871 findet in München eine große Parade zwischen Siegestor und Feldherrnhalle statt. Sisi und Sophie nehmen daran allerdings nicht teil, ihnen geht es um ein persönliches Wiedersehen. Mit den bayerischen Truppen kehrt auch der jüngste Bruder Mapperl aus dem Krieg nach Hause zurück und wird nach der Siegesfeier von seinen Schwestern in Possenhofen empfan-

Nahm im Deutsch-Französischen Krieg von 1870/71 an mehreren Schlachten und an der Belagerung von Paris teil: Sophies jüngster Bruder Max Emanuel (»Mapperl«).

gen. Karl Theodor war krankheitsbedingt schon wesentlich früher zur Familie zurückgekehrt. Die Familie ist glücklich, den blutigen Krieg ohne Verluste in ihren eigenen Reihen überstanden zu haben.

Nach dem Ausflug in die bayerische Heimat treffen die Schwestern in Ischl wieder mit Ferdinand zusammen. Töchterchen Louise erkennt ihren Vater nicht gleich wieder, so häufig war er in ihren ersten Lebensjahren abwesend. Während der Herzog in Ischl mit seiner kaiserlichen Schwägerin ausreitet, geht Franz Joseph auf die Jagd und Sophie badet auf ärztlichen Rat im kühlen Gebirgswasser. Es ist die perfekte Sommeridylle. Mitte August nutzt Sisi die Gelegenheit und versucht ihren Schwager dazu zu überreden, Sophie noch längere Zeit in ihrer Nähe zu lassen. Eine weite Reise sei zu gefährlich,

Von Jugend an ist Kaiserin Sisi eine ausgezeichnete und waghalsige Reiterin, die sämtliche Disziplinen im Damensattel beherrscht. Nach einem Gemälde von Wilhelm Richter.

Sophie solle Sisi über den Winter wieder mit nach Meran begleiten. Anfangs ist Ferdinand nicht gerade begeistert von der Idee, da das Kind nach seinen Vorstellungen in Frankreich auf die Welt kommen soll. Schließlich beugt er sich den gesundheitlichen Argumenten, engagiert ein Kindermädchen und mietet für seine Frau die Villa Atzwang im Meraner Ortsteil Obermais an. Während seiner Abwesenheit soll abermals Natalie von Sternbach ein Auge auf Sophie haben. Aus Bushy House werden einige von Sophies persönlichen Dingen nach Meran gebracht. Vier Monate vor dem angesetzten Geburtstermin kümmert sich Sophie noch von Ischl aus um die Patenschaft für ihr ungeborenes Kind. An ihren Vater Max schreibt sie am 24. September 1871: »Lieber Papa, Ich komme mit einer Bitte an dich, die du mir gewiß nicht abschlagen wirst. Es würde mich so wahrhaft freuen, wolltest du bei meinem nächsten Kinde ob Mädchen oder Knabe Pathe sein. Denn wie du wohl wissen wirst ist es französische Sitte Pathe und Pathin zu bitten. Ich erwarte meine Niederkunft Mitte Januar in Meran, wie würde es mich freuen dich bei dieser Gelegenheit zu sehen! – Alencon empfiehlt sich herzlich und ich küsse dir die Hand als deine gehorsame Tochter Sophie Charlotte.«

Bei ihrem zweiten längeren Aufenthalt in Meran mietet Sisi diesmal Schloss Rottenstein als Quartier an. Die Villa Atzwang, die Sophie bewohnt, liegt ganz in der Nähe. Der Kontakt zwischen den beiden Schwestern ist zu dieser Zeit sehr intensiv, beinahe täglich besuchen sie sich gegenseitig. Diese enge Bindung spiegelt sich auch darin wider, dass Sophie Sisi darum bittet, die Patenschaft ihres Kindes zu übernehmen. Bei ihrem Aufenthalt in Meran legt die Kaiserin dieses Mal besonderen Wert auf vollste Zurückgezogenheit. Ein Brief an ihren Ehemann Franz Joseph von Ende Oktober 1871 macht uns klar, was die Kaiserin an ihrem Aufenthalt in Südtirol so genießt. Nachdem sie ihre kleine Tochter mittags zu Bett gebracht hat, schwingt sie sich auf ihr Pferd: »Gestern war es sehr schön, so bin ich um 12 fortgeritten über Schenna nach Verdins. Da gar niemand dort war, stieg ich ab, liess die Pferde aufgurten und setzte mich auf eine Bank in die Sonne, wo ich mit Shadow alles Fleisch und Brot verzerte, das ich an meinem Sattel aufgeschnallt hatte. Später kam die Wirtin, die erfahren hatte wer ich bin und brachte mir Eierspeis und sehr guten Wein.« Weit weg vom Wiener Hof blüht die Kaiserin sichtlich auf. Als Franz Joseph schriftlich anfragt, was sie sich zum Namenstag wünsche, der immer besonders gefeiert wird, erhält er folgende Antwort: »Nachdem Du mich fragst, was mich freuen würde, so bitte ich Dich entweder um einen jungen Königstiger (zoologischer Garten in Berlin, drei Junge) oder ein Medaillon. Am allerliebsten wäre mir ein vollständig eingerichtetes Narrenhaus. Nun hast du Auswahl genug.«

Die Kaiserin kann in diesem Jahr nicht den ganzen Winter in Meran bleiben. Obwohl Sophies Geburtstermin immer näher rückt, muss sie Ende Dezember 1871 nach Wien reisen. Sophie bleibt mit den beiden Mädchen in Meran zurück. Ferdinand von Alençon wird derweil in Frankreich aufgehalten, sodass Sophie ohne Mann und Schwester auskommen muss, als sie am Vormittag des 19. Januars 1872 in der Villa Atzwang einen Sohn zur Welt bringt. Als Arzt steht ihr die Meraner Lokalgröße Dr. Franz Tappeiner zur Seite, der ganz in der Nähe auf Schloss Reichenbach wohnt. Trotz der Sorge um die Gesundheit seiner Frau trifft Ferdinand erst kurz nach der Geburt in Meran ein. Die Taufe findet Ende Januar 1872 in der Hauskapelle der Villa Atzwang statt. Der Junge bekommt den Namen Philippe Emmanuel Maximilien Marie Eudes. Neben Sisi übernimmt Großvater Max, wie von Sophie erbeten, die Patenschaft für den Jungen. Allerdings sind beide Paten bei der Taufe nicht anwesend – Herzog Max glänzt mal wieder mit Abwesenheit und lässt sich von seinem jüngsten Sohn, dem von allen Geschwistern geschätzten Mapperl, vertreten. Sisi ist zwar vor Ort, aber erkrankt. So übernimmt Mrs. Throckmorton, die Erzieherin von Marie Valérie, den Part der Kaiserin bei der Taufe. Bei der Geburt ihres Sohnes ist Sophie 24 Jahre alt. Es wird ihr letztes Kind sein.

Sophie und Sisi bleiben noch bis Anfang Mai 1872 in Meran. Der gesamte Hof reist am 14. Mai 1872 ab. In Wien liegt die Mutter des Kaisers, Erzherzogin Sophie, Schwester von Herzogin Ludovika und Tante von Sisi und Sophie, im Sterben. Die Erzherzogin hat sich von dem Schock über den gewaltsamen Tod ihres Sohnes Maximilian in Mexiko vor fünf Jahren gesundheitlich nie erholt. Während Sisi zur Beerdigung ihrer ungeliebten Schwiegermutter nach Wien reist, begibt sich Sophie mit ihren Kindern für einen Kurzaufenthalt nach Possenhofen. Über München reist sie wenig später weiter nach Frankeich – ihre neue Heimat.

Ganz im Gegensatz zu ihrer Schwester Sisi, von der es keine einzige Fotografie zusammen mit ihren Kindern gibt, lässt sich Sophie gerne mit ihren Kindern porträtieren, hier mit Baby Emmanuel.

Kapitel 20

Die neue Heimat: Frankreich

Mit dem Umzug nach Frankreich ändert sich Sophies Leben: Zum ersten Mal seit der Eheschließung ist es ihr möglich, sich dauerhaft mit ihrer Familie an einem Ort niederzulassen. Für die kommenden Jahre wird die kleine Garnisonsstadt Vincennes vor den Toren von Paris zum Lebensmittelpunkt. Vincennes ist ein geschichtsträchtiger Ort; vor allem im Mittelalter spielte das Château de Vincennes eine wichtige Rolle: hier residierten einige französische Könige. Erst nach dem Tod von König Ludwig XV. wurde Vincennes als Residenz aufgegeben. Im 19. Jahrhundert steigt die Stadt durch den Neubau des Fort Neuf (1841–1844) zur Garnisonsstadt auf. Ungefähr 6.000 Menschen leben hier, als sich das Ehepaar Alençon 1872 in einem kleinen Haus in der Avenue Marigny niederlässt. Das Haus liegt ganz in der Nähe der Garnison, in der das 12. Artillerie-Regiment des französischen Heeres stationiert ist. Als Hauptmann dieses Regiments hat der Herzog von Alençon endlich die Aufgabe gefunden, nach der er sich lange gesehnt hat. Obwohl er sehr glücklich über die Rückkehr nach Frankreich ist, mischt sich Skepsis in seine Gefühle. Aufgrund der unsicheren politischen Situation für die Mitglieder der ehemals regierenden Familien in der Dritten Republik empfindet er die Situation wie einen Strudel, in den man sich wirft, ohne den Grund sehen zu können.

In Paris lebt ein Großteil der Verwandtschaft des Ehepaars. Da sind zum einen Sophies ältere Schwestern Marie und Mathilde mit ihren Ehemännern und Mathildes Tochter Maria Theresia, in der Familie »Mädi« genannt. Und zum anderen leben hier die zahlreichen Mitglieder der Familie Orléans, wie der Graf von Paris und der Herzog von Chartres, die aus dem englischen Exil nach Frankreich zurückgekehrt sind. Eine besondere Rolle spielt das Hôtel Lambert, ein prächtiger Stadtpalast auf der Île Saint-Louis im Zentrum von Paris. Dieser gehört Władysław Czartoryski, Spross einer einflussreichen polnischen Magnatenfamilie, die nach dem Scheitern des polnischen Aufstands (1830) nach Paris ausgewandert war. Fürst Czartoryski heiratet 1872 in zweiter Ehe Ferdinands Schwester Marguerite und wird damit zu Sophies Schwa-

Die Villa des Ehepaars Alençon in Vincennes vor den Toren von Paris, wo das Regiment des Herzogs stationiert ist.

ger. Die Bande zwischen den Familien sind eng, besonders da Marguerites Sohn Adam und Sophies Sohn Emmanuel fast gleich alt sind. Eine besonders herzliche Freundschaft verbindet Sophie mit dem verwitweten, kunstsinnigen Herzog von Aumale, einem Onkel ihres Mannes, den sie bereits in England kennengelernt hatte. Er wohnt im prachtvollen Schloss Chantilly bei Paris.

Das Leben in Paris bringt Sophie aber auch in die Nähe ihres nicht ganz unkomplizierten Schwiegervaters, des Herzogs von Nemours, der in der mondänen Avenue du Bois de Boulogne residiert. Sophie muss sich daran gewöhnen, dass ihr Leben recht fremdbestimmt abläuft. Der Herzog von Nemours mischt sich fleißig in alle Belange seines Sohnes und seiner Schwiegertochter ein. Das fängt damit an, dass er die Einrichtung des Hauses in Vincennes aussucht. Aber auch die Entourage der Familie bestimmt ab jetzt der Schwiegervater und wählt mit den Hofdamen, Gouvernanten und Zimmermädchen die Personen in Sophies nächster Umgebung aus. Eine besondere Rolle kommt dabei Lucile Roverolis de Rigault de Saint-Aubin zu, die Sophie zur Seite gestellt wird und ohne die sie nicht das Haus verlassen soll. Mademoiselle de Saint-Aubin dient dem Herzog von Nemours sozusagen als verlängerter Kontrollarm. Eine kleine Episode verdeutlicht dies und zeigt, wie Sophie auf diese Einschränkung reagiert und wie es ihr trotz der Überwachung gelingt, sich ihre Freiräume zu schaffen. So beschwert sich der Herzog von Nemours bei seinem Sohn, dass er Sophie angeboten habe, sie bei einem Ausritt zu begleiten. Doch diese hättte abgelehnt. Später habe er über Mademoiselle de Saint-Aubin erfahren, dass die Herzogin von Alençon doch ausgeritten sei – alleine!

Eine weitere neue Person in Sophies Umgebung ist Mademoiselle Claire André. Auch sie begleitet oft die Herzogin, ihre Hauptaufgabe ist aber die Betreuung von Töchterchen Louise. Das herzliche, stille und fromme Kind scheint der ruhende Pol der Familie zu sein, sie macht den Eltern keinerlei Kummer und betet sogar ihren strengen französischen Großvater an. Ganz anders als Sohn Emmanuel, der den Eltern viel mehr Probleme in der Erziehung bereitet. Es bedarf Ferdinands ganzer Energie, um seinem Sohn etwas Disziplin beizubringen. Der Vater bemängelt vor allem den fehlenden Ehrgeiz seines Sohnes, um dessen Förderung er sich intensiv bemüht. So unternehmen Vater und Sohn jedes Jahr in der Ferienzeit eine oder zwei kleine Reisen zusammen, manchmal in eine andere Stadt, manchmal in die Berge.

Ihre Ausritte nutzt Sophie für kleine Fluchten aus dem Alltag, die ihrem Schwiegervater gar nicht gefallen.

Der Jahresablauf der Familie ist klar geregelt. Die Zeit von November bis Juni wohnt man in Paris, die vier Monate zwischen Juli und Oktober sind Ferien, die entweder in Frankreich im Gebirge oder bei Familientreffen verbacht werden. Louise besucht in den Ferien meist ihre Cousine Marie Valérie, mit der sie weiterhin eine enge Freundschaft verbindet. Einige erfreuliche Ereignisse in der herzoglichen Familie führen Sophie immer wieder in ihre Heimat zurück. So geht Herzog Karl Theodor sieben Jahre nach dem Tod seiner ersten Ehefrau 1874 zum zweiten Mal den Bund der Ehe ein. Seine Wahl fällt auf Marie José von Bragança. Die Auserwählte ist die Tochter von Miguel von Bragança, dem wir schon kurz als Jugendliebe von Ludovika begegnet sind. Wie erwähnt steigt er 1828 zum König von Portugal auf, muss allerdings schon sechs Jahre später den Thron wieder räumen und geht nach Deutschland ins Exil, wo er eine deutsche Prinzessin heiratet. Aus dieser Verbindung stammt Marie José. So schließt sich hier ein Kreis auf merkwürdige Weise: Karl Theodor heiratet die Tochter der Jugendliebe seiner Mutter. Ein Jahr nach Karl Theodor schließt auch das jüngste der Herzogskinder, der kleine Mapperl, den Bund fürs Leben. Nach einigen Schwierigkeiten darf er Amalie von Sachen-Coburg-Gotha, die er auf Sophies Hochzeit kennengelernt hatte, zum Traualtar führen. Diese Ehe ist eine große Ausnahme im europäischen Hochadel, denn es handelt sich um eine Liebesheirat. Beinahe wäre sie nicht zustande gekommen, denn als das Paar sich kennenlernt, ist Amalie schon Prinz Leopold von Bayern versprochen. Sisi greift jedoch rettend ein, indem sie eine Ehe zwischen ihrer Tochter Gisela und Prinz Leopold einfädelt und damit den Weg für ihren kleinsten Bruder frei macht. Ein großes Wiedersehen der ganzen Familie gibt es im September 1878 in Possenhofen. Mit einem großen Fest wird die Goldene Hochzeit von Herzog Max und Herzogin Ludovika gefeiert.

Eine Reise, die das Ehepaar Alençon in Frankreich unternimmt, hinterlässt bei allen Beteiligten bleibenden Eindruck. Zusammen mit Tochter Louise erkunden sie im Mai 1875 den Süden Frankreichs. Auf dem Reiseplan steht auch das am Nordrand der Pyrenäen gelegene Städtchen Lourdes. Hier hatte einige Jahre zuvor die 14-jährige aus sehr einfachen Verhältnissen stammende Bernadette Soubirous mehrere Marienerscheinungen nahe einer Grotte gehabt. Damit begann der Aufstieg von Lourdes zum Pilgermagneten. Sophie und Ferdinand verbringen viele Stunden in der Basilika und in der Grotte, sie sind tief beeindruckt von diesem Erlebnis. Auch für die gerade einmal sechs

Eine Seltenheit in der Hocharistokratie: 1875 heiratet Max Emanuel in Bayern seine Jugendliebe Amalie von Sachsen-Coburg und Gotha.

Jahre alte Louise wird der Aufenthalt in Lourdes zu einem prägenden Ereignis. Wenige Wochen nach dem Besuch wird der Herzog von seinem Vorgesetzen für vier Monate in die Garnisonsstadt Tarbes geschickt, das ganz in der Nähe von Lourdes liegt. Seine Familie begleitet ihn dorthin. Hier lernt Sophie zum ersten Mal in ihrem Leben einen Angehörigen des Ordens der Dominikaner kennen: Père Reynal. Abermals ist sie tief bewegt und beschließt, ihrem Leben eine neue Richtung zu geben.

In den nächsten Jahren nähert sich Sophie immer mehr dem Dominikanerorden an. 1880, im Alter von 33 Jahren, fasst sie den Entschluss, dem sogenannten Dritten Orden der Dominikaner beizutreten. Der Dritte Orden ist für weltliche Personen aller Art offen, die ihr Leben ganz bewusst im Geiste des heiligen Dominikus gestalten wollen. Die Hauptaufgabe dieses Laienordens besteht in erster Linie in karitativen Werken. Am 20. April empfängt sie aus den Händen von Père Chocarne das Ordenskleid der Dominikaner. Ein Jahr später, nach Ablauf der Probezeit, legt sie bei ihm auch das Ordensgelübde, den sogenannten »Profess«, ab. Gleichzeitig nimmt sie einen Ordensnamen an und entscheidet sich für »Schwester Marie Madleine«. Von nun an engagiert sich Sophie Charlotte karitativ und sammelt bei den frommen Damen der Aristokratie Geld für den guten Zweck. Aber dabei bleibt es nicht. 1879 verändert sich das politische Klima in Frankreich. Der neue Staatspräsident Jules Grévy steht für die Stärkung des Parlaments und für die Durchsetzung des Laizismus. Über 250 Klöster im ganzen Land werden aufgelöst, 5.600 Nonnen und Mönche verlieren ihre Heimat. Besonders hart trifft es die Orden der Jesuiten und der Dominikaner. In dieser Situation wendet sich Sophie an ihren Schwager, den Kaiser von Österreich. Durch seine Hilfe finden Angehörige des Ordens Zuflucht im Kloster Volders bei Innsbruck.

Eine weitere, eher kleinere Episode im Leben der Familie verdient noch unsere Aufmerksamkeit, denn sie wirft ein Licht auf das Wertesystem des Herzogs von Alençon und ist ein wichtiger Puzzlestein für unser Verständnis der weiteren Geschichte. Im Herbst 1878 bestellt der Herzog von Nemours seine beiden Söhne zu sich. Sein Anliegen ist ihm so wichtig, dass er es den beiden Söhnen Gaston und Ferdinand schriftlich in einem Brief vorlegt, den beide in seiner Anwesenheit lesen. 20 Jahre nach dem Tod seiner ersten Ehefrau möchte der 64-jährige Herzog erneut eine Ehe eingehen. Und er hat auch schon eine Kandidatin im Auge: Die 42-jährige polnische Prinzessin Helena Sanguszko. Die mondäne Dame stammt zwar aus der Hocharistokratie, aber aus keiner regierenden oder ehemals regierenden Familie. Nach einer peinlichen Stille lässt Ferdinand seinen Vater wissen, wie erstaunt und niedergeschmettert er über dessen Pläne ist. Der Herzog von Alençon ist der Meinung, dass die Familie nur noch den Namen und den Abglanz vergangener Zeiten habe und eine Ehe seines Vaters unter seinem Stand dem Ansehen der Familie schaden würde. Der Herzog von Nemours ist erbost; seine Kinder hätten kein Recht, ihn zur Witwerschaft zu verdammen und ihn vor die Wahl zwischen einer Heirat und seiner Familie zu stellen. Es wird heftig diskutiert, Briefe werden ausgetauscht – und am Ende gibt der Herzog von Nemours klein bei und rückt von seinem Vorhaben ab. Diese Episode ist deshalb für uns von Interesse, da sie ganz deutlich macht, wie der Herzog von Alençon tickt: Selbst wenn der Vater seine Einsamkeit nicht mehr erträgt und sich nach einer neuen Partnerin sehnt, steht für ihn das Ansehen der Familie über allem. Da genügt nicht einmal eine polnische Prinzessin seinen Ansprüchen.

Mit seinen schon früher geäußerten Befürchtungen um die politische Situation der Mitglieder der ehemals regierenden Häuser in Frankreich sollte der Herzog von Alençon recht behalten. Im Januar 1883 provoziert Napoléon Bonaparte, ein Neffe des großen Napoleon, einen Eklat, als er eine Volksabstimmung zugunsten seiner Thronansprüche fordert. Der Prinz wird verhaftet und um die Situation zu beruhigen, wird ein Gesetz verabschiedet, das sowohl die Mitglieder der Familien Bonaparte als auch die der Familie Orléans aus der Armee ausschließt. Damit verliert neben den Herzögen von Aumale und Chartres auch Ferdinand von Alençon seinen Posten in der Armee. Der Rauswurf ist für den Herzog ein moralischer Tiefschlag und löst eine Lebenskrise aus – im Februar 1883 macht der Herzog sogar sein Testament, in dem er regelt, wie Sophie die Kinder erziehen soll. Er hält dieses Testament allerdings geheim, seine Kinder finden es erst nach seinem Tod in seinen Papieren. Seinem Vater schreibt der Herzog, dass die Situation so schlimm sei, dass er sich nur noch eine Kugel in den Kopf schießen könne. Allerdings überwindet er diese Tiefphase und orientiert sich an der Entwicklung seiner Frau: Er tritt in den Dritten Orden der Franziskaner ein.

Der Rauswurf des Herzogs von Alençon hat zur Folge, dass die Familie Vincennes verlassen muss. Unterschlupf finden sie vorübergehend beim Herzog von Nemours. In Wien und in München macht man sich große Sorgen um die Alençons. Sisi beginnt, sich wieder verstärkt um ihre kleine Schwester zu kümmern. In den Sommermonaten treffen sich die Geschwister vermehrt

Der unterschiedliche Charakter von Sophies Kindern ist auf diesem Bild gut erkennbar: die herzliche und fromme Louise und der komplizierte und eigensinnige Emmanuel.

zu gemeinsamen Urlauben und Ausflügen. Um ihrer Schwester einen Gefallen zu tun, begleitet Sisi Sophie auch bei einem Besuch bei den Dominikanern im Kloster von Volders. Tirol hat es dem Ehepaar Alençon besonders angetan. Häufig macht es Urlaub im kleinen Ort Igls in der Nähe von Innsbruck. So pendelt die Familie in den kommenden Jahren meist zwischen Paris im Winter und Österreich im Sommer.

Kapitel 21

Die Tagebücher der Nichten

Für die nun kommenden Ereignisse liegen zwei wichtige Quellen vor, die uns einen sehr privaten Einblick ermöglichen. Die Kinder der Possenhofener Geschwister sind einander sehr zugetan, insbesondere die beiden Cousinen Amélie, die älteste Tochter von Herzog Karl Theodor, und Marie Valérie, die jüngste Tochter von Kaiserin Sisi. Altersmäßig sind die beiden etwa zweieinhalb Jahre auseinander, Amélie kommt wie erwähnt im Dezember 1865 zur Welt, Marie Valérie im April 1868. Sie teilen viele Interessen, bezeichnen sich gegenseitig als »Leibcousinen« – und beide führen Tagebuch.

Während das Tagebuch von Marie Valérie editiert vorliegt und von Historikern und Historikerinnen häufig als Quelle herangezogen wird, ist das Tagebuch von Amélie nahezu unbekannt. Der Schriftsteller Richard Sexau hat Anfang des 20. Jahrhunderts eine Abschrift davon angefertigt, als er an einer Biografie über ihren Vater Karl Theodor arbeitete. Sexaus Nachlass befindet sich heute in der Bayerischen Staatsbibliothek in München. Die Zitate aus Amélies Tagebuch stammen im Folgenden aus Sexaus Abschrift.

Die beiden heranwachsenden Mädchen sind eng miteinander befreundet, teilen ihre Sorgen und erfreuen sich an neu erfunden Wörtern, deren Sinn nur sie kennen. Zentrale Bedeutung hat so das Wort »zerbeln«, ein Ausdruck für höchste Seligkeit. Marie Valérie bezeichnet sich selbst als »Zerbelissimus«, an einem schönen Tag ist man ganz »verzerbelt«, ein steifes Familiendiner kann aber auch mal ganz »entzerbelt« sein. Beide schwärmen für jeweils eine andere ihrer Tanten: Amélie fühlt sich besonders ihrer Tante Sophie zugetan und obwohl Marie Valérie diese auch »unendlich lieb« findet, hat für die Kaisertochter ihre Tante Mathilde, »Tante Spatz«, »noch etwas viel gewinnenderes«.

Marie von Redwitz, die vier Jahre lang Amélies Hofdame ist und sie aus nächster Nähe erlebt, überliefert uns eine plastische Beschreibung der beiden Freundinnen. Die Hofdame tritt 1888 gerade ihre Stelle neu an und notiert: »Die Prinzessin war zweiundzwanzig Jahre alt, eine große, vornehme Erscheinung, nicht eben hübsch, hatte aber doch sehr viel Charme. Ihr größter

Verzerbelte Leibcousinen: Amélie in Bayern und Marie Valérie von Österreich.

Schmuck waren die dichten, blonden, etwas gewellten Haare, eine Schönheit, die fast allen Mitgliedern der herzoglichen Familie eigen war. Als wir zum Frühstück zusammenkamen, wurde ich der zwanzigjährigen Erzherzogin Valerie vorgestellt. Ein einfacheres, bescheideneres, natürlicheres Wesen als diese Kaisertochter kann man sich nicht denken. Ohne schöne Züge zu haben, wirkte ihre Physiognomie unendlich sympathisch, und aus ihren sinnigen Augen sprach sehr viel Güte. Die Figur war unbedeutend, aber nicht ohne Grazie, und trotz der großen Verschiedenheit erinnerte sie an ihre schöne Mutter. Die beiden Prinzessinnen waren Kusinen und zugleich die besten Freundinnen, die sich in allen Interessen verstanden. Eine höchst unbequeme Eigenschaft war ihnen gemeinsam: eine übertriebene Gewissenhaftigkeit, die sich in quälenden Skrupeln ausdrückte. So kamen sie aus den Bedenken nie heraus.«

Vergleicht man die Cousinen miteinander, so ist Amélie die introvertiertere von beiden. Früh verliert sie ihre Mutter und entwickelt so eine sehr enge Bindung zu ihrem Vater Karl Theodor und ihrer Großmutter Ludovika, deren Lieblingsenkelin sie ist. Die Großmutter ist in Bezug auf ihre Enkelin sehr besitzergreifend und möchte sie am liebsten immer um sich haben. So ist es auch zu erklären, dass Amélie die meiste Zeit in Possenhofen oder im Herzog-Max-Palais bei ihrer Großmutter verbringt, während ihr Vater, ihre Stiefmutter und ihre Halbgeschwister auf Schloss Tegernsee leben. Als Kind erkrankt sie an Skrofulose (Halsdrüsengeschwulst), einer heute selten gewordenen Krankheit, die unschöne Schwellungen und Entzündungen im Gesicht zur Folge hat. Amélie entwickelt sich aufgrund ihrer labilen Gesundheit zu einem schüchternen, zurückhaltenden Mädchen. Es kränkt sie besonders, dass ihre Halbschwestern zu kleinen Schönheiten heranwachsen und Amélie feststellen muss, dass sie die Aufmerksamkeit des Vaters völlig verliert: »Und ich sitze da mit meiner geschwollenen Lippe und zarten Gesundheit«, notiert sie im Alter von 23 Jahren in ihr Tagebuch. Ihre große Liebe gilt der Musik. Amélie spielt Klavier, worin sie von Sophie Menter, einer der besten Pianistinnen ihrer Zeit, unterrichtet wird, und sie versucht sich sogar an eigenen kleinen Kompositionen. Daneben singt sie auch, wobei ihr der eigene Vater bescheinigt, ihre »Stimme werde nie etwas besonderes« werden. Die Musik ist es auch, die sie mit ihrer Tante Sophie verbindet. Im August 1885 notiert Amélie begeistert in ihr Tagebuch, dass sie ihre Tante auf dem Klavier begleitet habe, als diese in ihrem Zimmer ihre eigenen Lieder und

Auf den Flügeln des Gesangs: Sophie Charlotte hat eine schöne Sopranstimme und singt leidenschaftlich gerne, darunter Werke von Wagner und Schumann.

»viel Schumann« gesungen habe. Amélie liebt ihre Tante sehr, einen Grund dafür finden wir ebenfalls in ihrem Tagebuch: »Es gibt nur eine Tante Sophie (…) sie verachtet mich nicht, wie andere es tun.« Alles in allem ist Amélie ein sympathisches, zurückhaltendes junges Mädchen, und wohl auch eine gute, empathische Zuhörerin. Aus ihrem Tagebuch können wir schließen, dass viele Menschen aus ihrer Umgebung ihr persönliche Dinge anvertraut haben. Daher bilden ihre Aufzeichnungen auch eine wichtige Quelle, gerade für die emotionalen Vorgänge innerhalb der Familie.

Verglichen mit Amélie ist Marie Valérie selbstbewusster und offener. Zu Vater und Mutter hat sie ein enges Verhältnis. Die Kaiserin wacht mit Argusaugen über ihre Jüngste, die sie als einziges ihrer Kinder alleine erziehen darf. Für Sisi ist sie »die Einzige«. Seit ihrer frühen Kindheit führt Marie Valérie ein wohlgehütetes Tagebuch. Stets ist sie in Sorge, dass Sisi dieses entdecken könnte, denn auch die Schwierigkeiten mit ihrer komplizierten Mutter notiert sie hier. Für uns ist auch ihr Tagebuch eine wertvolle Quelle, da die Erzherzogin nicht nur ein sehr intelligentes, kritisches und reflektiertes junges Mädchen ist, sondern natürlich auch viele Ereignisse in der kaiserlichen Familie aus allernächster Nähe mitbekommt. Wie ihre Mutter distanziert sich auch Marie Valérie vom höfischen Leben. Am wohlsten fühlt sie sich in den Bergen. So betrachtet sie die kaiserliche Sommerresidenz in Ischl als ihr eigentliches Zuhause. Kann sie nicht dort sein, so träumt sie »von den Heimatbergen«, wo sie oft in Begleitung ihrer Mutter Touren in die umliegende Berglandschaft unternimmt. Dem großen Habsburger-Clan steht die junge Erzherzogin sehr kritisch gegenüber: »Was wünschte ich sehnlicher, als weit fort von diesen Verhältnissen, von den Intrigen dieser Familie« zu sein, notiert sie in ihrem Tagebuch. Die Eitelkeiten des Hofes und des Adels belächelt sie oft – »ich mit Herz und Seele ein frisches deutsches Mädchen, ein Kind des 19. Jahrhunderts, das nicht anders kann als über das Etikettengeschnörksel zu lachen.« Aus heutiger Sicht erscheint die Kaisertochter erfrischend modern. Als ihr Vater sie lobt, dass sie »gescheiter« als ihre ältere Schwester Gisela sei, notiert sie auch das. Versehen mit der Bemerkung: »Verpestung meines Tagebuchs durch Eigenlob«.

Fühlt sich in den Bergen zu Hause und lacht über das »Etikettengeschnörksel« am österreichischen Hof: Erzherzogin Marie Valérie, Sisis jüngste Tochter.

Kapitel 22

1886 – Annus horribilis

In ihrem bisherigen Leben hat Sophie schon so einiges an Höhen und Tiefen erlebt. Aber die schwierigsten Jahre stehen ihr noch bevor. Es beginnt im Juni 1886, einem Monat voller Schicksalsschläge.

Am 8. Juni 1886 notiert Marie Valérie in ihrem Tagebuch: »Onkel Luigino ist diesen Morgen gestorben (…) Nähme sich nicht Mama mit mehr als schwesterlicher Liebe Tante und Mädis an, so stünden sie, Witwe und Waise (…) allein und verlassen da, denn wie sich die übrigen Verwandten gegen sie benehmen, ist nicht edel.« Was war passiert? Luigi Graf Trani, Ehemann von Sophies Schwester Mathilde, war im Alter von 47 Jahren in Paris gestorben. Die Ehe der beiden war recht unglücklich verlaufen, das Paar lebte schon seit Längerem getrennt. Der Graf war, wohl aufgrund einer Alkoholabhängigkeit, schwer erkrankt. Als er nur noch ein Schatten seiner selbst ist, bestellt er seine Frau nach Paris. Es ist das letzte Mal, dass sich die beiden sehen, wenige Tage später begeht Graf Trani Selbstmord. Kaum hat sich die Familie von dieser Nachricht erholt, trifft schon die nächste Schreckensmeldung ein.

In der Nacht vom 11. auf den 12. Juni 1886 wird König Ludwig II. von Bayern auf Grundlage eines von vier Irrenärzten erstellten Gutachtens, das ihm eine unheilbare, fortschreitende Paranoia (Verrücktheit) mit Verfall der geistigen Kräfte bescheinigt, entmachtet. Eine Kommission unter Leitung des Psychiaters Dr. Bernhard von Gudden, Professor an der Münchner Universität und Direktor der Oberbayerischen Kreisirrenanstalt München, nimmt den König auf Schloss Neuschwanstein in Gewahrsam und überführt ihn, da man den Widerstand der lokalen Bevölkerung befürchtet, nach Schloss Berg, das man in aller Eile zu einer Art Irrengefängnis umbauen lässt. Härter hätte der Fall des bayerischen Königs kaum sein können. Innerhalb von 24 Stunden wird aus dem souveränen Herrscher eines Landes der Gefangene eines Irrenarztes.

Am Tag nach der Ankunft in Berg – es ist der 13. Juni, der Pfingstsonntag des Jahres 1886 – verlassen der König und Gudden um kurz vor halb sechs Uhr abends das Schloss zu einem Spaziergang. Ludwigs Hofkoch Theodor

So rekonstruiert ein Zeichner in den 1950er Jahren den letzten Spaziergang von Ludwig II. und dem Psychiater Bernhard von Gudden im Schlosspark von Berg.

Hirneis, der zu dem kleinen verbliebenen Gefolge des Königs gehört, beobachtet die Szene vom Schlosshof aus. Es fängt gerade wieder an, stärker zu regnen, der König spannt seinen Regenschirm auf. Dem Hofkoch fällt wieder die imposante Größe des Königs auf: »Unter seinen ausgestreckten Arm könnte Gudden durchgehen, ohne zu streifen.« Der Pfleger, der den beiden folgen will, wird auf die Anweisung Guddens wieder zurückgeschickt. Der Arzt glaubt, den König völlig unter seiner Kontrolle zu haben. Einem Berufskollegen, der ihn vor zu viel Vertrauen gewarnt hatte, hatte Psychiater von Gudden kurz zuvor noch geantwortet: »Aber mir tut der König Ludwig nichts. Da können Sie ganz beruhigt sein. Der König liebt mich. Er ist außerordentlich freundlich zu mir. Und ich habe ihn ganz in meiner Gewalt. Fürchten Sie nichts (…)«

Als man gegen 20 Uhr bemerkt, dass der König und sein Arzt noch nicht zum Souper ins Schloss zurückgekehrt sind, beginnt eine chaotische und fieberhafte Suche in der hereinbrechenden Dunkelheit. Mit Laternen bewaffnet wird der Park des Schlosses durchforstet. Auch Hirneis beteiligt sich an der Suche, ausgerüstet mit einer Kerze in einem hohen Kompottglas. Am Ufer des Starnberger Sees stößt man schließlich auf den Mantel, den Rock und den Hut des Königs. Schnell wird ein Kahn herbeigeschafft und auf dem See weiter gesucht. Im seichten Wasser findet man zuerst die Leiche des Königs, dann die Leiche Guddens, der bis zu den Knien im Lehm des Seeufers steckt. Die Uhr des Königs war durch Eindringen des Wassers um 18:54 Uhr stehen geblieben, die Uhr des Arztes zwölf Minuten später.

Bis heute ranken sich zahlreiche Theorien und Mythen um die Geschehnisse dieses Abends. Den Ablauf des Todes von König Ludwig II. und Gudden gesichert rekonstruieren zu können, ist bisher gescheitert. Am wahrscheinlichsten scheint aus heutiger Sicht der Erklärungsversuch, dass der König die Gelegenheit des einsamen Spaziergangs im Regen nutzen wollte, um entweder seinem Leben ein Ende im See zu bereiten, oder aber, dass er fliehen wollte und bei dem Fluchtversuch einen Herzinfarkt oder Schlaganfall erlitten hat und ertrunken ist. Welche Version auch die richtige sein mag, es scheint heute außer Frage, dass der König vor seinem Tod den Arzt, der ihn an seinem wie auch immer gearteten Vorhaben hindern wollte, ertränkt hat. Guddens Leiche zeigte einen Bluterguss über Schläfe und Stirn, der wohl von einem wuchtigen Faustschlag herrührt, tiefe Kratzwunden im Gesicht und Würgemale am Hals.

Kaiserin Sisi weilt zu dieser Zeit in Possenhofen auf der anderen Seite des Starnberger Sees. Ihre Tochter Gisela überbringt der Mutter am nächsten Morgen die Nachricht vom Tod des Königs. Die Kaiserin ist »ganz verstört vor Kummer«, wie ihre Tochter Marie Valérie notiert. Sisi trauert heftig um ihren Cousin, zu dem sie eine enge Verbindung hatte. Sie beweint »nicht nur das traurige Ende eines genialen Königs, sondern auch den Tod eines Jugendfreundes«. Selbst mit ihrer Mutter Ludovika, die »immer einen Groll gegen Ludwig II.« hegte, gerät sie aneinander, als sie den Verstorbenen in Schutz nimmt: »der König war kein Narr, nur ein in (anderen) Ideenwelten lebender Sonderling«. Verstimmt trennen sich Mutter und Tochter an diesem Tag voneinander. Die 18-jährige Marie Valérie schildert sehr emotional die Stimmung Mitte Juni 1886: »Es regnet immer noch unausgesetzt, See und Berge sind in grauem Nebel und alles erscheint in fahlem Licht verschwommen, nur Schloss Berg hebt sich vom dunklen Tannenwald am Ufer des fast schwarzen Sees, der vom Wind gepeitscht und bis zum Grund aufgewühlt wird, hell und deutlich ab. Man könnte meinen, es sei November. Welch trübe Zeit! Und dazu lastet so dumpf eine uralte Mönchsprophezeiung auf uns, in der es heisst, das Jahr 1886 werde ein in jeder Hinsicht abnormes und weil Ostern so spät fiel, ein Unglücksjahr sein.«

Am 19. Juni 1886 wird der Leichnam von König Ludwig II. von Bayern in der alten Kapelle der Münchner Residenz aufgebahrt. Menschenmengen säumen den letzten Weg des Königs von der Residenz, über den Stachus durch das Karlstor zur Kirche St. Michael. Acht schwarz verhüllte Pferde ziehen den Trauerwagen, dahinter trottet das Lieblingspferd des Königs. In Ludwigs rechter Hand hat man einen Strauß Jasminblüten drapiert, den Kaiserin Sisi als letzten Gruß gepflückt hat. Der Bruder der Kaiserin, Herzog Karl Theodor, kann seine Schwester davon abhalten, zur Trauerzeremonie nach München zu fahren. Am 21. Juni lässt Sisi in der Dorfkirche von Feldafing ein feierliches Amt für den verstorbenen König halten und fährt abends nach München, um in der Wittelsbacher Gruft einen Kranz an Ludwigs Sarg zu legen.

Nachfolger des verstorbenen Königs wird sein jüngerer Bruder Otto, der allerdings nicht in der Lage ist, das Land zu regieren. Otto hatte bereits Jahre zuvor auffällige Verhaltensweisen an den Tag gelegt, die sich mit dem Alter immer stärker abzeichneten: psychomotorische Erregungszustände, Halluzinationen und Zwangsvorstellungen. Ludwig II., der mit großer Betroffenheit auf die Krankheit seiner Bruders reagiert hatte, ließ ihn nach längerem Zögern 1872 nach Schloss Nymphenburg, später nach Schloss Fürstenried bringen, wo er seitdem unter ärztlicher Betreuung lebte – die im Übrigen niemand anderes leitet als Dr. von Gudden. Aus heutiger Sicht wird gemutmaßt, dass Otto an einer »progressiven Paralyse« litt, die durch eine Syphilis-Infektion ausgelöst wurde. Diese These vertritt jedenfalls der Heidelberger Psychiater Heinz Häfner. Aufgrund der Regierungsunfähigkeit Ottos übernimmt Prinz Luitpold von Bayern als nächster Agnat der Familie die Regierung. Das Vorgehen Luitpolds, der auch das psychiatrische Gutachten über den Zustand Ludwigs II. in Auftrag gegeben hatte, entzweit die Familie Wittelsbach. Die Angehörigen der Seitenlinie »Adalbert« und die herzogliche Familie, angeführt von Kaiserin Sisi, sind der Überzeugung, dass dem König Unrecht geschehen ist. Die österreichische Kaiserin sieht in Luitpold den Hauptschuldigen am Tode des Märchenkönigs und verzeiht ihm sein Vorgehen nicht. Marie Valérie notiert, dass ihre Mutter Luitpold als das »alte Pfui« bezeichnet.

Und wie reagiert Sophie auf den gewaltsamen Tod ihres ehemaligen Verlobten? Es kann sein, dass sie in Frankreich durch Ereignisse, auf die wir noch zu sprechen kommen, aufgehalten wird. Marie Valéries Tagebuch verzeichnet ihre Ankunft in Bayern erst am 27. Juni 1886, also fast zwei Wochen nach dem Tod des Königs. Sophie kommt in Begleitung ihrer Tochter Louise und ihres Sohnes Emmanuel in die alte Heimat, der Herzog von Alençon weilt in England, um dort ein geeignetes Internat für seinen Sohn zu suchen. Am Tag darauf wird Marie Valérie Zeugin der Trauer ihrer Tante: »Dann war ich bei Tante Sophie, die elend aussieht und von den schrecklichen Ereignissen mehr erschüttert scheint als sie zeigen mag. Unsere Luise weiss, dass ihre Mutter einst Braut des Königs war!!! Und sie schwärmt für ihn und hat ihn mit Tante heiss beweint!!!« Wie Sisi nimmt auch Sophie in aller Stille Abschied von ihrem ehemaligen Verlobten. Begleitet wird sie dabei von ihrer 28-jährigen Nichte Marie Louise Gräfin Larisch, der Tochter ihres ältesten Bruders Louis. Diese überliefert uns folgende Szene: Sophie habe am Sarg einen wundervollen Kranz mit purpurner Schleife niedergelegt, sei dann auf die Knie gefallen und habe »herzbrechend« geweint. Sophie habe ihre Nichte angeblickt und mit einem »unbeschreiblichen Weh in der Stimme« gefragt: »Marie, glaubst du, daß er mir vergeben hat?« Die Erinnerungen der Gräfin Larisch sind allerdings mit großer Vorsicht zu genießen, sie vermischt darin eigene Beobachtungen mit Gerüchten und Geschichten, die ihr zu Ohren gekommen sind. Die Larisch-Biografin Brigitte Sokop hält es für »recht unwahrscheinlich«, dass die Gräfin tatsächlich zusammen mit Sophie am Sarg des Königs war. Es ist auch sehr unglaubwürdig, dass Sophie sich in dieser Form ihrer Nichte anvertraut, zu der sie kein besonders enges Verhältnis pflegt. Was allerdings zutrifft, ist dass Sophie von dem Tod ihres ehemaligen Verlobten tief erschüttert ist. Sie wird sich wohl die Frage gestellt haben, wie anders beider Leben verlaufen wäre, wenn die Hochzeit stattgefunden hätte. Und sie konnte sich auch nicht ganz sicher sein, inwieweit Ludwig nicht vielleicht doch von ihrer Beziehung zu Edgar Hanfstaengl gewusst hatte. Dass der plötzliche und mysteriöse Tod von Ludwig II. seine ehemalige Verlobte noch lang beschäftigt, zeigt ein Brief von Sophie an ihre Tochter vom 12. Juni 1891, fünf Jahre nach dem Tod des Königs. Dieser endet mit: »Morgen ist ein trauriger Erinnerungstag – 13. Juni!!!!«

Kapitel 23

Schwere Krankheit und neues Exil

Die seelische Erschütterung durch den Tod ihres ehemaligen Verlobten zeigt sich bei Sophie sofort in ihrer körperlichen Konstitution. Kaum in Possenhofen angekommen, bekommt sie hohes Fieber und Ohrenschmerzen; die Diagnose: Scharlach und Diphterie. Anfang des Jahres hatte es in Paris eine Scharlachepidemie gegeben, Sophie hat sich wohl dort mit dem Virus infiziert. Telegrafisch benachrichtigt man den Herzog von Alençon in England, der sich sogleich auf den Weg nach Bayern macht. Sophies Zustand verschlimmert sich, es bilden sich Abszesse am Rachen, ihr Hals beginnt anzuschwellen und die Schmerzen werden stärker. Schließlich holt man die besten Ärzte aus München. Professor Hugo von Ziemssen diagnostiziert eine Phlegmone, eine eitrige Infektionskrankheit, deren Entzündung die Größe einer Hand hat und vom Kinn bis zum Ohr reicht. Ein Chirurg wird hinzugezogen, der Sophie mit Chloroform narkotisiert und mehrere Schnitte setzt. Man befürchtet, dass die Phlegmone lebenswichtige Organe infiziert. Am Morgen nach der Operation können die Ärzte aber Entwarnung geben.

Neben Sophies Erkrankung kommt es auch noch zu einem Zerwürfnis innerhalb der Familie. Am 30. Juni 1886 will Erzherzogin Marie Valérie, die mit ihrer Mutter im nahen Feldafing wohnt, ihre Cousine Louise von Alençon in Possenhofen zu einem Besuch abholen. Als Louise ihr die Tür öffnet, ruft diese aus: »Um Gottes Willen, Valérie, geht doch hinaus. Du darfst ja nicht herein. Die Mama hat den Scharlach.« Im Trubel der Ereignisse hatte man vergessen, die Verwandtschaft in Feldafing über die Erkrankung zu informieren. Die Erzherzogin läuft nun erschrocken nach Hause zurück, auf dem Weg begegnet sie ihrer völlig aufgelösten Mutter, die »in den bittersten Worten ihrer Empörung« Luft macht. Dazu muss man wissen, dass die Kaiserin ihre jüngste Tochter mit allen Mitteln gegen die Krankheiten ihrer Zeit schützen will. In Wien müssen sogar die Straßen, in denen epidemische Krankheiten herrschen, in einem Stadtplan markiert werden, damit der Wagen der Erzherzogin diese vermeiden kann. Daher verwundert es nicht, dass Sisi völlig hysterisch reagiert und sich auch vom kaiserlichen Leibarzt nicht mehr beruhigen lässt. Ohne sich von der Familie in Possenhofen zu verabschieden reist die Kaiserin mit ihrer Tochter und ihrem Gefolge ab. Marie Valérie scheidet mit der Überzeugung, »dass wir nie wieder hierher zurückkommen werden«. Zum Abschied schreibt die Kaiserin ein Gedicht, dessen letzte Strophe lautet: »Leb wohl mein See! / In deinen Schoß / Werf' ich die Heimat heute / Und ziehe rast- und heimatlos / Aufs neue in die Weite.« Ihre Gedanken und Gefühle in Gedichten niederzuschreiben ist Sisis Art, mit ihren Emotionen umzugehen. Auch Marie Valérie macht mit dieser Eigenart ihrer Mutter Bekanntschaft. Als es einmal zu einem Streit zwischen Mutter und Tochter kommt und man mehrere Tage nicht mehr miteinander spricht, verarbeitet Sisi dies in einem Gedicht und teilt es auch ihrer Tochter mit: »Mama hat ein Gedicht darüber gemacht, um, wie sie schreibt, es der Nachwelt zu vermachen (...) Gemeinsamer Familienzug, alles der Nachwelt zu vermachen. Die wird uns wohl dereinst a funny family nennen.« Trotz der Beteuerung der Ärzte, dass der Kontakt für eine ernsthafte Gefahr viel zu kurz gewesen sei, nimmt Sisi sich das Ereignis so zu Herzen, dass sie gelobt, eine Pilgerfahrt nach Mariazell zu unternehmen, wenn die Krankheit ihre Tochter verschont. Marie Valérie bleibt gesund und die Kaiserin löst noch im Juli 1887 ihr Gelübde ein. In Mariazell lässt sie auch eine Seelenmesse für den verstorbenen König Ludwig II. lesen.

Bevor wir uns zurück an das Krankenlager von Sophie begeben, bleibt noch die Frage zu klären, was in Frankreich geschehen ist, wodurch sie auf dem Weg zu Ludwigs Beerdigung aufgehalten wurde. In den 1880er Jahren wendet sich in der Dritten Republik die Stimmung gegen die Mitglieder der ehemals regierenden Häuser. Am 22. Juni 1886 – neun Tage nach dem Tod des Königs – wird in Frankreich ein Gesetz verabschiedet, dass die Oberhäupter der ehemals regierenden Familien Orléans und Bonaparte ausweist. Mitglieder dieser Familien dürfen in Zukunft keine öffentlichen Ämter mehr bekleiden und nicht mehr in öffentliche Körperschaften gewählt werden. Dieses Exilgesetz bezieht sich nur auf die Oberhäupter dieser Familien, im Fall der Familie Orléans auf den Grafen von Paris und seinen Sohn. Aus Solidarität aber erklären der Herzog von Nemours und der Herzog von Alençon, dass auch sie das Land verlassen werden. Damit verliert Sophie im Juni 1886 innerhalb weniger Tage ihren Schwager, ihren ehemaligen Verlobten und ihre neue Heimat. Der Familie Alençon steht abermals ein unruhiges Umherirren in Europa bevor.

Kapitel 24

Eine neue Liebe

Die wichtigste Quelle für die folgenden Ereignisse bilden die Briefe des Herzogs von Alençon, die dieser, wie bereits erwähnt, regelmäßig an seinen Vater schreibt. Die Korrespondenz der beiden ist im »Fonds Nemours« in Brüssel erhalten geblieben und durch die Historikerin Dominique Paoli umfassend ausgewertet worden.

Sophie befindet sich im Juli 1886 wegen ihrer Scharlach-Erkrankung in Quarantäne in einer Villa im Park von Possenhofen. Ihre Familie ist zuerst in einem Hotel untergebracht, zieht dann aber in das Schloss. Wegen der Ansteckungsgefahr dürfen Ferdinand und die Kinder Sophie nicht sehen. Mit dem behandelnden Arzt spricht der Herzog durch die geschlossenen Fenster der Villa. Am 25. Juli 1886 berichtet Ferdinand an seinen Vater, dass Sophie erstmals für zwei Stunden auf gewesen sei – er habe sie hinter dem Fenster gesehen. Anfang August geht es Sophie zum ersten Mal wieder besser. Durch das geschlossene Fenster der Villa spricht sie mit ihrem Mann und ihren Kindern. An seinen Vater berichtet der Herzog: »L'appétit est excellent et se double du goût pour la cuisine et la bière du pays.«[8] Die Villa wird desinfiziert und die Familie zieht dort ein.

Es stellt sich die Frage, wo man angesichts des neuen Exilgesetzes den Winter verbringen wird. Ferdinand von Alençon möchte weiterhin seinen Sohn in ein Internat nach England schicken. Sophie hingegen möchte sich nach der anstrengenden Zeit erst einmal in ihrer Heimat erholen. So reisen Ferdinand und Emmanuel nach England, Sophie und Louise bleiben in Bayern. Nach einem »Wellness«-Aufenthalt an den Thermalquellen von Bad Reichenhall und einem Besuch in Schloss Tegernsee, wo mittlerweile Karl Theodor mit seiner Familie lebt, lassen sich Mutter und Tochter in München nieder. Im Herbst 1886 wird ein Quartier in der Ludwigstraße angemietet.

Sophies Gesundheitszustand ist immer noch nicht wieder vollkommen hergestellt. Am 8. November 1886 berichtet sie ihrem Mann, dass sie alle

8 *»Ihr Appetit ist ausgezeichnet und verdoppelt sich durch die Liebe zur Küche und zum Bier des Landes.«*

Selbstloser Augenarzt und strenges Familienoberhaupt: Dr. med. Herzog Karl Theodor in Bayern.

Haare verloren habe und auch die zweite Mandel entfernt werden musste. Sie klagt über einen Zustand, der einer Depression nahe kommt – sie habe schwarze Gedanken und sei so müde, dass Ferdinand es sich nicht vorstellen könne. Immer wieder klagt sie über Kopfschmerzen und den schlechten Zustand ihrer Nerven. Es ist etwas merkwürdig, dass der Herzog seine Frau trotzdem alleine in München lässt.

Karl Theodor, der als erstes Mitglied seiner Familie an einer Universität Medizin studiert hat und mittlerweile promovierter Augenarzt ist, empfiehlt seiner Schwester, sich bei einem Münchner Arzt in Behandlung zu begeben. Wann genau Sophie die Behandlung bei Dr. Glaser beginnt, wissen wir nicht; in einem Brief Mitte Januar 1887 erwähnt der Herzog von Alençon zum ersten Mal seinen Namen. Dr. Glaser habe ihm seine Fragen beantwortet und die Details seien ziemlich beruhigend. Anfang 1887 scheint Sophies Gesundheitszustand einigermaßen stabil, sodass sie sich auch in der Öffentlichkeit zeigt. Ihre Nichte Amélie notiert in ihrem Tagebuch, dass sie sich zusammen mit ihren Eltern und Tante Sophie »Hamlet« in München angesehen habe. Und Ende Februar bemerkt eine entfernte Verwandte, die spanische Infantin Maria de la Paz, die mit einem bayerischen Prinzen verheiratet ist, dass sie Sophie und ihre Tochter Louise in Begleitung einer portugiesischen Infantin in der Loge gegenüber gesehen habe.

Da es Sophie wieder besser geht, plant die Familie Alençon ein Treffen im Frühling 1887 in Nizza. Die Abreise der Herzogin von Alençon aus München ist für den 15. März angesetzt. Je näher allerdings das Datum rückt, desto deutlicher spürt der Herzog Sophies Widerstand gegen diese Zusammenkunft. Er erklärt sich dies zunächst mit der gerade überstandenen Krankheit seiner Frau. Gegenüber seinem Vater äußert er, dass er Sophie gerne aus München wegholen würde, dass dies aber nicht ohne Schwierigkeiten möglich sei. Schließlich erreicht den Herzog ein Telegramm seiner Frau aus München: Sophie könne nicht am 15. März nach Nizza aufbrechen, sie wird alles in einem ausführlichen Brief erklären. Die Reise wird auf den 22. März verschoben.

An dieser Stelle stehen wir vor einem Problem, denn ab März 1887 verkompliziert sich die Quellenlage. Die Briefe des Herzogs von Alençon an seinen Vater für den Zeitraum von März 1887 bis November 1887 fehlen im »Fonds Nemours«. Die Briefe des Herzogs von Nemours an seinen Sohn hingegen sind erhalten geblieben – die Korrespondenz bricht also nicht ab, sondern die Briefe wurden aus dem Bestand entfernt. Dominique Paoli vermutet, dass der Inhalt zu kompromittierend gewesen sein dürfte und die Briefe deswegen vernichtet worden sind.

Doch was geht in München vor sich, dass Sophie die Stadt nicht verlassen möchte? Einen ersten Hinweis finden wir in Amélies Tagebuch. Unter dem Datum der geplanten Abreise nach Nizza notiert sie, dass ihre Cousine unglücklich über die Verstimmung zwischen ihren Eltern sei. Louise nimmt sich vor, bei der Wahl ihres Ehemanns vorsichtiger zu sein: »Wir verschiedenen Cousinen haben eben zu traurige Beispiele unglücklicher Ehen in der Verwandtschaft gesehen, um leichtsinnig und leichtgläubig zu sein.« Als Amélie am 11. April zu einem Besuch nach Salzburg aufbricht, schüttet ihr Großmutter Ludovika vor der Abreise ihr Herz aus. Diese hat ein sehr enges Verhältnis zu ihrer Enkelin und beklagt sich, dass keines ihrer Kinder mehr bei ihr sei. »Dein Mann macht einem Kummer, und wenn man wirklich in Ehren grau geworden ist, dann verlassen einen die Kinder«, notiert Amélie einen Ausspruch ihrer Großmutter. Dabei wird deutlich, dass es im Moment besonders Sophie ist, die ihrer Mutter »so viel Kummer« bereitet. Ludovika geniere sich wegen ihrer jüngsten Tochter, sich »auf der Straße zu zeigen«. Was aber der genaue Grund dafür ist, erwähnt Amélie in ihrem Tagebuch nicht. Am Abend desselben Tages trifft die junge Herzogin zusammen mit ihrer Hofdame Paula von Branca in Salzburg auf ihre Cousine, Erzherzogin Marie Valérie. Als Amélie bereits eingeschlafen ist, wird Paula – die anscheinend gut informiert ist – gesprächig. Gegenüber Marie Valérie deutet sie an, dass in der Ehe der Alençons etwas nicht stimme, nur um ihre Worte dann kurze Zeit später zu bereuen. Erst Wochen später, im Mai 1887, erfahren die Cousinen Amélie und Marie Valérie den wahren Grund hinter der Verstimmung in der Familie: »Tante Sophie will sich scheiden lassen, um, wie sie sagt, Dr. Glasers rechtmäßige Frau zu werden«, vertraut Sisis Tochter ihrem Tagebuch an.

Dies ist die Antwort darauf, was sich in München im Winter 1886/87 zugetragen hat: Während der Behandlung hat sich Sophie in ihren Arzt verliebt. Die Gefühle, die sie in dieser Zeit für Glaser entwickelt hat, sind so stark, dass Sophie nicht mehr von ihrer neuen Liebe lassen möchte. Komplizierter könnte die Situation aber kaum sein, denn der Angebetete ist ein Bürgerlicher und dazu auch noch verheiratet und mehrfacher Familienvater. Sophie wäre damit die erste Frau in der 700-jährigen Geschichte des Hauses Wittelsbach, die sich scheiden lässt, um einen Bürgerlichen zu heiraten. Es gehört also auch eine Menge Mut dazu, dieses Vorhaben gegenüber der Familie zu äußern. Was geht in Sophie vor, dass sie einen derartigen Schritt wagt? Sie weiß, dass es wohl kaum möglich sein dürfte, eine Ehe mit Dr. Glaser zu schließen. Dennoch hält sie beharrlich an ihrem Plan fest. 20 Jahre nach ihrer Liebe zu Edgar Hanfstaengl hat sie zum zweiten Mal in ihrem Leben einen Mann getroffen, der in ihr diese großen Gefühle weckt. Diesmal will sie ihn nicht mehr gehen lassen, komme was da wolle!

In der Familie reagiert man auf Sophies Vorhaben mit völligem Unverständnis, die Sympathien gelten dem Ehemann. So notiert Marie Valérie, die ihren Onkel sehr gerne hat: »Onkel Alençon soll sich wie ein Heiliger benehmen, immer begegnet er ihrem förmlichen Hass mit liebender Güte, Besänftigung.« Und wenig später: »Onkel Alençon bewunderungswürdig (…) aber auf Momente lässt seine Kraft nach, dass er weint und schluchzt.« Sophies Tochter Louise erklärt man den Zustand ihrer Mutter damit, dass sie ein »wenig irrsinnig« geworden sei. Louise soll darauf geantwortet haben: »Ja, das muss und will ich glauben, denn sonst hätte ich keine Mutter mehr.«

Kapitel 25

Dr. Glaser – eine Spurensuche

Wer ist der Mann, an den die mittlerweile 40-jährige Herzogin ihr Herz verloren hat? Glaser ist der große Unbekannte in dieser Geschichte. Die Sekundärliteratur kennt nur seinen Nachnamen und gibt an, dass es sich um einen verheirateten Arzt aus Graz handelt. In manchen Darstellungen kann man zudem lesen, dass sich die beiden in Paris kennengelernt haben und dass er Gynäkologe war. Fast alle diese bekannten »Fakten« über Dr. Glaser haben eine Gemeinsamkeit – sie sind falsch.

Durch die Briefe des Herzogs von Alençon an seinen Vater wissen wir mit Sicherheit, dass sich Sophie in der fraglichen Zeit – Winter und Frühjahr 1886/1887 – in München befunden hat. Der Mediziner muss demnach auch in München gewesen sein. Eine Recherche im Münchner Stadtarchiv hilft uns weiter. Im Adressverzeichnis von 1886 finden wir unter »Glaser« nur einen Eintrag, der zu einem Arzt passt: »Glaser Dr. Franz prakt. Arzt Arcostr. 82 Sprechstunde 4–5 Uhr«. Mit Vor- und Zuname finden wir auch die passende Personalakte, die Dr. Franz Glaser am 23. Mai 1919 ausgefüllt hat.

Daraus ergibt sich folgendes neues Bild: Dr. Franz Joseph Sebastian Glaser wurde am 14. Januar 1848 auf Schloss Banz in der Gemeinde Staffelstein in Ostfranken geboren. Seine Eltern sind der königliche Oberappellationsrat Friedrich Karl Glaser und dessen Ehefrau Franziska, geborene Heil. Glaser ist damit ein knappes Jahr jünger als Sophie. Schloss Banz ist bemerkenswert, da das ehemalige Kloster nach der Säkularisation von Herzog Wilhelm in Bayern erworben wurde und sich seitdem im Besitz der herzoglichen Familie befindet. Hier gibt es also eine direkte Verbindungslinie zwischen den beiden Familien. Möglicherweise kannte Herzog Karl Theodor den Arzt dadurch persönlich und hat ihn deshalb seiner Schwester empfohlen. Außerdem erfahren wir aus der Personalakte, dass Glaser praktischer Arzt war und 1869 im Alter von 21 Jahren von Eichstätt aus nach München gezogen war. Auf dem Personalbogen von 1919 gibt er an, seit 1888 verheiratet zu sein. Das gibt Rätsel auf – denn der Dr. Glaser, in den sich Sophie verliebt, ist bereits 1887 verheiratet. Ein Blick in die Steuerliste, die dem Personalbogen beiliegt, beweist allerdings, dass der Mediziner beim Ausfüllen einfach seine erste Ehefrau unterschlagen hat. Im Juni 1881 war er erstmals eine Ehe eingegangen: mit Alexandra Anastasia von Quist. Die Dame stammte aus St. Petersburg und war die Tochter des kaiserlich-russischen Staatrats und Hofmarschalls Oskar von Quist und dessen Ehefrau Sofie Pauline, geborene von Orlowsky. Eine auffallend gute Partie für einen bürgerlichen Arzt! Aus der Ehe gehen drei Kinder hervor: Elsa (*2.3.1883), Alexander (*1.7.1884) und Albert (*10.11.1885). Sophies Auserwählter ist also ein verheirateter Arzt, der zu Hause eine 25 Jahre alte Ehefrau und drei kleine Kinder hat, von denen das jüngste gerade einmal ein Jahr alt ist.

Ansonsten wissen wir nicht viel über ihn. Graf Philipp zu Eulenburg, zum Zeitpunkt der Affäre preußischer Legationssekretär in München, hat aber wie immer einige pikante Details auf Lager. Eulenburg weiß sogar um die Affäre von Sophie mit Edgar Hanfstaengl 20 Jahre zuvor: »Dr. Glaser, ein wohlhabender verheirateter Mann, gleicht mit seinem hochgestrichenen blonden Schnurrbart einem gewissen Photographen Hanfstängl, der in dem Leben der Herzogin – die blonden Schnurrbärten gegenüber völlig machtlos zu sein scheint – einst eine große Rolle spielte.« In einer Tagebuchnotiz vom 7. September 1887 bezeichnet Eulenburg Dr. Glaser als »großmäuligen, unbedeutenden Arzt«.

Kapitel 26

Morganatische Ehen

Bevor wir weiter den Ereignissen folgen, soll kurz eine Frage erlaubt sein: Wie kommt Sophie darauf, dass sie als Angehörige einer Herrscherdynastie einen Bürgerlichen heiraten könnte? Wie schon erwähnt wäre sie die erste Frau in der langen Geschichte des Hauses Wittelsbach, die einem nicht ebenbürtigen Mann, einem Bürgerlichen, die Hand zur Ehe reicht. Weibliche Vorbilder für ein solches Verhalten hatte Sophie nicht. Allerdings gab es genug Männer im Hause Wittelsbach (und in anderen Dynastien), die lieber der Stimme ihres Herzens gehorchten, als eine dynastisch eingefädelte Ehe einzugehen.

Da hätten wir als erstes Beispiel Herzog Christian IV. von Pfalz-Zweibrücken, einen Onkel des ersten bayerischen Königs, der Mitte des 18. Jahrhunderts die siebzehnjährige französische Tänzerin Marianne Camesse ehelichte – und das, obwohl er ein regierender Landesfürst war. Die sechs Kinder aus dieser Ehe waren zwar nicht erbberechtigt, ansonsten entstanden dem Herzog aber keinerlei Nachteile aus dieser Liebesheirat. Aus ähnlichem Holz geschnitzt war der Großneffe des Herzogs, Prinz Karl von Bayern, der Lieblingsbruder von Sophies Mutter Ludovika. Auch er vertrat in einem zentralen Punkt eine von den herrschenden Standesbegriffen abweichende Anschauung. Wen er liebte und wen er heiratete, das ging keinen Menschen etwas an. So schloss er nacheinander zwei Ehen mit bürgerlichen Frauen. Die erste mit Sophie Petin, der Tochter eines Hauptmanns, die zweite mit der verwitweten Henriette Schoeller. Beide Damen wurden nach der Hochzeit in den Adelsstand erhoben. Um diese unkonventionelle Lebensführung durchzusetzen, musste Prinz Karl allerdings auf seine Thronrechte im Königreich Bayern verzichten. Aus seiner ersten Ehe hatte Karl drei Töchter. Mit ihnen und ihren Nachkommen stand er in engem Kontakt. Nach außen hin trat seine Familie allerdings nicht in Erscheinung. Wenn er im Tegernseer Schloss Diplomaten empfing, Diners veranstaltete oder andere offizielle Termine wahrnahm, war seine Familie nicht mit dabei. Wir haben Prinz Karl schon kurz als Teil von Sophies Hochzeitsgesellschaft kennengelernt – auch hier war er ohne Begleitung. Das heißt: Prinz Karl trennte sein Privatleben streng

Trennte sein Privatleben streng von seinen repräsentativen Verpflichtungen als Teil des bayerischen Herrscherhauses: Prinz Karl von Bayern.

von seiner Stellung als repräsentatives Mitglied des Herrscherhauses. Genauer gesagt – er musste sein Privatleben von seinem offiziellen Leben trennen. Dafür hatte er aber auch die große Chance, sich seine Partnerin selbst auszusuchen und sein Privatleben mit einer Frau an seiner Seite zu führen, die er auch liebte. Ebenso tat dies, wie wir bereits wissen, Sophies ältester Bruder Louis, der noch dazu das Glück hatte, sich eine Partnerin auszusuchen, die aufgrund ihrer liebenswürdigen Art von seiner Familie geschätzt und akzeptiert wurde. Allerdings musste Louis dafür auf sein Erstgeborenenrecht verzichten.

Aber nicht nur im Hause Wittelsbach wurden morganatische Ehe, also Ehen mit nichtebenbürtigen Partnerinnen, geschlossen. Auch im Hause Habsburg passierte dies, obwohl Kaiser Franz Joseph in diesem Punkt sehr strikt war. So heiratete Erzherzog Heinrich aus einer der Nebenlinien des Hauses gegen den Willen des Familienoberhaupts im Jahre 1868 die Sängerin Leopoldine Hofmann. Die Reaktion das Kaisers fiel harsch aus: Heinrich verlor seine Zugehörigkeit zum Hause Habsburg (und damit auch seine finanzielle Grundlage), musste alle militärischen Ämter niederlegen und Österreich verlassen. Unter dem Namen eines Grafen Waideck lebte er in Luzern, wo 1872 eine Tochter des Paares zur Welt kam. Nach der Geburt des Kindes wurde Heinrich – sehr überraschend für alle – vom Kaiser wieder in seine erzherzoglichen Rechte eingesetzt. Er durfte nach Österreich zurückkehren, bezog sein ererbtes Palais in Bozen und seine Frau erhielt den Titel einer »Baronin von Waideck«. Diese nachträgliche Anerkennung einer nicht standesgemäßen Heirat eines Familienmitglieds ist in der langen Regierungszeit von Kaiser Franz Joseph einmalig, in anderen Fällen reagierte der Monarch wesentlich unnachgiebiger.

Es gab also in Sophies nächster Umgebung genügend Beispiele dafür, dass man als männlicher Angehöriger eines Herrschergeschlechts durchaus eine nichtebenbürtige Partnerin heiraten konnte, ohne dass dies die Existenz bedrohte. Jedenfalls wäre niemand auf die Idee gekommen, an der Zurechnungsfähigkeit dieser Männer zu zweifeln oder ihnen das anzutun, was Sophie angetan wird, als sie für sich dafür entscheidet, einen Mann zu heiraten, den sie liebt und den sie sich selbst ausgesucht hat.

Kapitel 27

Showdown in Meran

Aber zurück in den Frühling des Jahres 1887. Da es nicht im Interesse der Familie liegt, Sophies Affäre und deren Scheidungspläne an die Öffentlichkeit dringen zu lassen, ist es nicht ganz einfach, die nun weiteren Ereignisse zu rekonstruieren. Aus den uns vorliegenden Quellen ergibt sich folgendes Bild: Wie schon erwähnt, hatte man bereits Tochter Louise beruhigt, indem man ihr sagte, dass ihre Mutter »ein wenig irrsinnig« geworden sei. Diese Idee stammt wohl vom Herzog von Alençon selbst. Philipp zu Eulenburg berichtet, der »fassungslose Herzog« habe sich erst wieder beruhigt, nachdem »ihm der Gedanke des im Wittelsbacher Hause erblichen Wahnsinns aufgeblitzt war.« So kann sich der betrogene Ehemann das Verhalten seiner Frau erklären – sie ist nicht mehr Herrin ihrer Sinne. Nun bildet sich eine unheilvolle Troika, die über das Schicksal von Sophie entscheidet, bestehend aus ihrem Ehemann, dem Herzog von Alençon, ihrem Bruder Dr. med. Karl Theodor Herzog in Bayern und Mutter Ludovika, seit einem Schlaganfall ihres Mannes Oberhaupt der herzoglichen Familie. Ludovikas Rolle dürfte jedoch marginal gewesen sein, die Herzogin ist beinahe 80 Jahre alt und fast blind. Formell holt man allerdings ihr Einverständnis für das folgende Vorgehen ein. Die alte Herzogin ist über die Ereignisse sehr betrübt und wirft sich selbst Fehler in der Erziehung vor. Und sie greift die These auf, dass ihre Tochter Sophie »geistig gestört« sein muss, wie Amélie in ihrem Tagebuch festhält. Als Beleg dient Sophies Verhalten: »ihre sonderbaren Zustände, tagelang weint sie, dann wieder wirklich bös.« Auch Marie Valérie ist darüber informiert, dass die Ereignisse ihre Großmutter sehr beschäftigen. Ihrem Tagebuch vertraut sie an, dass ihre Großmutter aufgrund der Alençonaffäre »erschreckend herunter« sei.

Um die These von der geistigen Unzurechnungsfähigkeit der Herzogin weiterzuverfolgen, kontaktiert man den Münchner Psychiatrieprofessor Hubert von Grashey. Dieser war Mitautor des umstrittenen Gutachtens gewesen, das die Regierungsunfähigkeit Ludwigs II. feststellte und die Grundlage der Entmachtung des Königs bildete. Mit dem Hauptgutachter Bernhard von

Gudden war er darüber hinaus eng verwandt: Er hatte eine Tochter von Guddens geheiratet und nach dessen gewaltsamen Tod 1886 im Starnberger See seinen Münchner Lehrstuhl übernommen. Hubert von Grashey empfiehlt die Trennung des Paares und die Einweisung von Sophie in ein Sanatorium. Dafür besonders gut eignen würde sich seiner Meinung nach Maria Grün, die Privatklinik des berühmten Psychiaters Richard von Krafft-Ebing. Dieser hatte sich einen Namen in der noch jungen Fachwelt der Seelenheilkunde gemacht, nicht zuletzt durch sein jüngst erschienenes Werk »Psychopathia sexualis«. Sollte sich die Herzogin als renitent erweisen, so von Grashey weiter, würde man sie für unzurechnungsfähig erklären und entmündigen müssen. Dann hätte sich die Scheidung in jedem Fall erledigt.

Ferdinand von Alençon und Karl Theodor in Bayern nehmen der Empfehlung Grasheys folgend Kontakt zu Krafft-Ebing auf, der sich bereit erklärt, den Fall zu übernehmen. Nun wird die ganze Sache ziemlich mysteriös. In der bisherigen Sekundärliteratur findet sich wiederholt die nicht belegte Behauptung, Sophie sei zusammen mit Glaser in die Schweiz geflohen und das Paar wäre in Meran aufgegriffen worden. Schaut man sich die Quellen genauer an, kommt man aber zu dem Schluss, dass dies nicht zutreffen kann. Richtig ist, dass Sophie sich tatsächlich in Meran aufhält, allerdings ohne ihren Geliebten, dafür mit Ehemann und Tochter. Unter der Rubrik »Angekommene Fremde« meldet die »Meraner Zeitung« vom 12. Mai 1887 die Ankunft »S. Hoheit Herzog von Alençon m. Fam., Frankreich«. Abgestiegen seien die neuen Gäste im Hôtel Erzherzog Rainer. Dies stimmt mit einer Notiz im Tagebuch Amélies überein, das für den 11. Mai 1887 Sophies Anwesenheit in Meran vermerkt. Amélie selbst ist übrigens nicht in Meran. Warum aber sind sie nun ausgerechnet im berühmten Kurort in Südtirol? Herzog Karl Theodor, der als Augenarzt praktiziert, hat hier seit ein paar Jahren eine eigene Klinik. Im Mai 1887 finden wir hier fast die ganze Familie: das Ehepaar Alençon mit Tochter Louise sowie Herzog Karl Theodor und seine Frau Marie José samt deren Hofdame Angèle Marogna.

Der gut informierte Philipp zu Eulenburg berichtet auch, wieso sich Sophie in Meran befindet: »Herzog Karl Theodor (...) lud die Schwester zu sich nach Meran ein. Dort aber blieb die Schwester standhaft dabei, sich trennen zu wollen.« Auch Amélie weiß zu berichten, dass ihr Vater und ihr Onkel Alençon in Meran versuchen, Sophie zu »beruhigen«. Allerdings bleibt das Bemühen der Männer ohne den gewünschten Erfolg. Daraufhin planen die

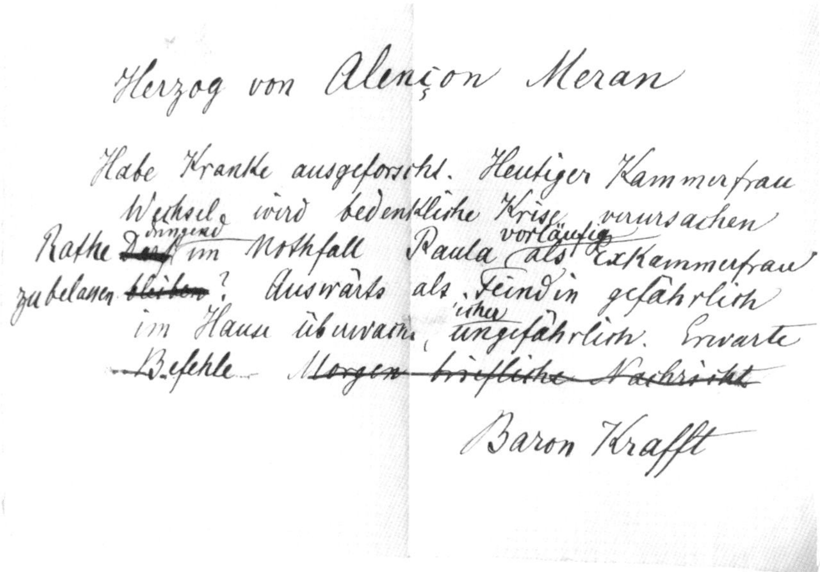
Herzog von Alençon Meran

Habe Kranke ausgeforscht. Heutiger Kammerfrau Wechsel wird bedenkliche Krise verursachen Rathe dringend ~~Darf~~ im Nothfall Paula vorläufig als Ex Kammerfrau zu belassen ~~bleiben~~? Auswärts als Feindin gefährlich im Hause überwacht eher ungefährlich. Erwarte Befehle ~~Morgen briefliche Nachricht~~

Baron Krafft

»Habe Kranke ausgeforscht«: Entwurf eines Telegramms des Psychiaters Richard von Krafft-Ebing an Herzog Ferdinand von Alençon, Juni 1887.

beiden, den Oberhofmeister der herzoglichen Familie, Baron von Wulffen, nach Meran kommen zu lassen. Doch dies verhindert Herzogin Ludovika, die sich über das Vorhaben so aufregt, dass Amélie aus Possenhofen an ihren Vater die Bitte telegrafiert, auf Wulffen zu verzichten. Im Alter wird Herzogin Ludovika immer schwieriger, wenn es darum geht, sich von vertrauten Menschen zu trennen. Doch Karl Theodor und Ferdinand haben bereits weitere Unterstützung organisiert. So tauchen in Meran mehrere Vertraute der Familie auf. Da hätten wir etwa den Grafen Emmerich von Arco-Valley, einen studierten Juristen aus einer bayerischen Adelsfamilie, der in München als Rechtsanwalt tätig ist. Auch seine Autorität wird eingesetzt, um Sophie von ihrem Vorhaben abzubringen. Aber er versucht vergeblich die Herzogin von Alençon »zu Vernunft zu mahnen«, wie Eulenburg weiß.

Auch den Psychiater Richard von Krafft-Ebing haben die beiden Männer in ihr Vorgehen bereits mit einbezogen. Im Nachlass Krafft-Ebings, der

Durch ihr sorgfältig geführtes Tagebuch wird sie zur Chronistin ihrer Familie: Herzogin Amélie in Bayern.

in der »Wellcome Library« in London verwahrt wird, befindet sich eine undatierte Notiz, die vermuten lässt, dass es sich um den Entwurf zu einem Telegramm handelt. Adressiert ist die Nachricht an den »Herzog von Alençon Meran«. Der erste Entwurf lautet wie folgt: »Habe Kranke ausgeforscht. Heutiger Kammerfrau Wechsel wird bedenkliche Krise verursachen. Darf im Nothfall Paula als Kammerfrau bleiben? Auswärts als Feindin gefährlich, im Haus überwacht, ungefährlich. Erwarte Befehle. Morgen briefliche Nachricht. Baron Krafft.« Dieser erste Entwurf ist allerdings korrigiert worden und lautet nach der Überarbeitung wie folgt: »Habe Kranke ausgeforscht. Heutiger Kammerfrau Wechsel wird bedenkliche Krise verursachen. Rathe dringend im Nothfall Paula vorläufig als ExKammerfrau zu belassen. Auswärts als Feindin gefährlich, im Haus überwacht, eher ungefährlich. Erwarte Befehle. Baron Krafft.« Durch die uns bekannten Umstände können wir die Nachricht auf Mai oder Anfang Juni 1887 datieren. Das Telegramm gibt uns einige Fragen auf: Wie gelingt es dem Psychiater aus Graz, die »Kranke«, also Sophie Charlotte, aus der Ferne auszuforschen? Es muss also in Meran, möglicherweise im Haushalt der Alençons, jemanden gegeben haben, der Nachrichten über die aktuelle Lage nach Graz weitergibt. Der- oder diejenige scheint in jedem Fall gut informiert gewesen zu sein, denn die Person verfügt über Detailwissen, etwa zum Wechsel der Kammerfrau. Eine weitere Frage, die sich stellt, ist die nach der Identität von »Paula«, die anscheinend eine Kammerfrau von Sophie Charlotte ist. In jedem Fall scheint sie als Verbündete der Herzogin von Alençon wahrgenommen zu werden, was ihre Einstufung als »Feindin« und »gefährlich« nahelegt. Überhaupt wirft die Verwendung des Wortes »Feindin« ein gewisses Licht darauf, wie von Krafft-Ebing die Situation wahrnimmt.

Es werden zwei Lager geschaffen, auf der einen Seite die Ärzte, die die »Kranke« einkreisen, auf der anderen Seite die Herzogin, die anscheinend in ihrer Kammerfrau eine gewisse Stütze hat, deren Verlust bei ihr eine »bedenkliche Krise« auslösen würde. Leider ist es uns nicht möglich, die Identität von »Paula« aufzudecken. Die einzige Paula, die wir in der näheren Umgebung von Sophie kennen, ist Paula von Branca, der wir bereits kurz begegnet sind und bei der es sich um die Hofdame von Herzogin Amélie in Bayern handelt. Paula von Branca wusste in jedem Fall frühzeitig von der Affäre, die auch sie beschäftigt – wie ihr Bericht an Erzherzogin Marie Valérie im April zeigt. Dass die Hofdame die Weitergabe dieser brisanten Information an die

Tochter der Kaiserin schnell bereute, zeigt auch, dass diese Geschichte Paula anscheinend emotional bewegt – und sie möglicherweise Sympathien für die Herzogin von Alençon hegt. Allerdings können wir Fräulein von Branca nicht in Meran vermuten, denn sie gehört zum Haushalt von Herzogin Amélie und diese weilt zu dieser Zeit am Starnberger See und nicht in Meran. Welche wichtige Funktion im Übrigen eine Vertraute im Umfeld spielen konnte, haben wir bereits deutlich am Beispiel von Natalie von Sternbach gesehen, ohne deren Unterstützung Sophies Affäre mit Edgar Hanfstaengl niemals möglich gewesen wäre. Eine Vertrauensperson im Personal, also im engsten persönlichen Umfeld zu haben, bedeutet für eine Person aus dem Hochadel auch immer die Möglichkeit, brisante Nachrichten in mündlicher oder schriftlicher Form an Dritte weitergeben zu können.

Aber Sophies Ehemann und Bruder haben nicht nur den Psychiater von Krafft-Ebing eingeschaltet, sie haben auch eine weitere medizinische Koryphäe nach Meran kommen lassen: Professor Hugo von Ziemssen aus München, der Sophie im Vorjahr während ihrer schweren Scharlach-Erkrankung behandelt hatte. Er spielt eine zentrale Rolle in dem Plan, der nun zur Ausführung kommt.

Es ist wieder Amélie, die uns in ihrem Tagebuch überliefert, was weiter in Meran passiert. Am 7. Juni 1887 notiert die 21-jährige Herzogin in Possenhofen in ihr Tagebuch, dass Dr. Ziemssen aus Meran zurückgekehrt sei, »ein Konzil von Ärzten habe Tante Sophie für geistig gestört erklärt. Man bringt sie nach Graz«. Als alles Zureden von Seiten ihres Bruders, ihres Gemahls und des Rechtsanwalts Arco-Valley Sophie nicht von ihrem Plan abbringen kann, greift man auf die Ärzteschaft zurück und setzt mit ihrer Hilfe den Plan, die Herzogin von Alençon für geistig unzurechnungsfähig zu erklären, in die Tat um. Weitere Einzelheiten erfährt Amélie von der Hofdame ihrer Stiefmutter, Gräfin Marogna. Nach deren Erzählung habe Sophie kurz vor ihrer Abreise nach Graz die Gräfin rufen lassen »und sprach mit ihr von Dr. Glaser, jammerte über ihr Unglück, schien ganz verwirrt«. Als Dr. Ziemssen zu den beiden hinzukommt, geht Sophie in die Offensive. Lachend sagt sie ihm ins Gesicht: »In acht Tagen ist der 13. Wollen sie es mit mir machen wie mit dem König?« Der Todestag des bayerischen Königs lag noch kein Jahr zurück.

Das Ärztekonzil, dem sich Sophie in Meran gegenüber sieht, besteht allen verfügbaren Quellen nach aus vier Personen: Professor Hugo von Ziemssen, Professor Hubert von Grashey, Dr. Anton Nagy und Dr. Heinrich Kaan. Während man Ziemssen als Sophies ehemaligen behandelnden Arzt sehen kann, sind Grashey und Nagy Spezialisten für psychiatrische Krankheiten. Grashey ist Leiter der oberbayerischen Kreis-Irrenanstalt und Nagy Leiter der Tiroler Landesirrenanstalt in Hall. Dr. Kaan ist Bezirksarzt und hatte einige Zeit zuvor ein Fachbuch geschrieben, das bezeichnenderweise denselben Titel trägt wie das zentrale Werk Krafft-Ebings: »Psychopathia sexualis«. Kaan ist zudem ein Verwandter von Sophies ehemaliger Vertrauten Antonie von Kaan, die geholfen hatte, die Treffen mit Edgar Hanfstaengl einzufädeln. Ob Sophie dies wohl weiß? Wenn ja, muss es für sie ein Schock sein, denn sie muss befürchten, dass er über pikante Details informiert ist. Dies ist allerdings reine Spekulation. Im Nachlass von Krafft-Ebing befindet sich ein undatierter Zeitungsbericht. In diesem wird beschrieben, was passiert, als Sophie erkennt, in welcher Situation sie sich befindet, als sie »den ersten Besuch der Irrenärzte erhielt, welche ihre geistigen Zustände untersuchen sollten (...) Mit der Kraft der Verzweiflung wehrte sie sich dagegen. Diese nervöse Aufregung, welche die Aerzte wahrnahmen, die Briefe, welche ihnen mitgetheilt wurden, die eigens präparirte Krankheitsgeschichte bewogen die Herren, ihr Parere dahin abzugeben, daß die Herzogin von einer ›moral insanity‹ befallen sei, welche in einer Heilanstalt behoben werden müsse.« Woher der Autor dieser Zeilen die Details kennt, können wir nicht rekonstruieren. Stimmt der Bericht, dann ergibt Sophie sich nicht einfach ihrem Schicksal, sondern versucht sich mit aller Kraft dagegen zu wehren. Erst die Aufregung um die Untersuchung führt zu den Symptomen, die man für die unheilvolle Diagnose benötigt. Die Spirale dreht sich nun nach unten – egal, was Sophie macht, ab jetzt kann sie sich nicht mehr retten. An einer Sache ist jedenfalls nichts mehr zu ändern: Sophie muss sich in psychiatrische Behandlung bei Professor Krafft-Ebing in Graz begeben.

Die Reise von Meran nach Graz müssen der Herzog von Alençon und Herzog Karl Theodor gut geplant haben. Um Sophie schnell und für die Öffentlichkeit möglichst unsichtbar wegzubringen, wurde nämlich ein Sonderzug organisiert. Aus einer späteren Notiz in der Presse erschließt sich, dass die Herzogin von Alençon wohl sehr kurzfristig mit ihrer Abreise konfrontiert worden ist, denn sie kommt ohne Gepäck in Graz an und auch ihre Kammerfrau und zwei Zofen treffen erst einen Tag später ein. Wir haben das große Glück, dass die entscheidende Abschiedsszene in Meran auch von

Gräfin Angèle Marogna beobachtet wurde, die diese bei ihrer Rückkehr nach Possenhofen Amélie schildert. Und diese schreibt alles, was sie gehört hat, genau in ihrem Tagebuch auf. Nach diesen Aufzeichnungen verlangt Sophie vor der Abfahrt, ihren Ehemann zu sehen, der sich auf Befehl der Ärzte zurückgezogen hat. Erst als Sophie darauf beharrt, nicht in den Zug zu steigen, der sie nach Graz bringen soll, bevor sie nicht mit ihrem Mann gesprochen habe, lenkt man ein und der Herzog von Alençon kommt an den Bahnhof: »Sie sah ihn an, fragte, ob er krank sei, ob er wünsche, dass sie abreise. Als er ihr antwortete, wenn sie, wie bisher, seine treue Frau sein wolle, solle sie bleiben, stand sie starr, warf sich dann an seinen Hals, küsste ihn leidenschaftlich, liess sich von ihm die Hände küssen, was sie sonst nie tat, stieg in den Wagen und brach förmlich zusammen.« Eine Szene, die an Dramatik kaum zu überbieten ist. Die Aufforderung ihres Mannes, ihre Scheidungspläne aufzugeben, beantwortet Sophie wortlos mit einem für alle sicherlich überraschenden Kuss. Der aber wohl soviel heißen sollte wie: Ich kann dich gut leiden, aber meine Entscheidung steht fest. Ein Abschiedskuss.

Die einzige Person innerhalb der Familie, die nicht in das Vorhaben eingeweiht ist, ist Sophies Tochter Louise. Auch wenn man sie bereits davon überzeugt hat, dass ihre Mutter im Moment geistig nicht zurechnungsfähig ist, erscheint es wohl doch zu gefährlich, die 17-jährige im Vorfeld zu informieren. Zu eng ist das Band zwischen Mutter und Tochter. Als nun Louise am 8. Juni 1887 in Meran nach Hause kommt, ist der Schock groß. »Wo ist meine Mama? Man hat mir meine Mama fortgenommen!«, bricht Louise in Tränen aus.

Kapitel 28

Mit dem Sonderzug ins Sanatorium

Am 8. Juni 1887, einem Donnerstag, transportiert ein Sonderzug Herzogin Sophie von Alençon von Meran nach Graz. Begleitet wird sie auf dieser Reise von Professor von Grashey. Erst am nächsten Tag folgen ihr Herzog Karl Theodor, Herzogin Marie José und Ferdinand von Alençon. Dies alles lässt sich vor der Öffentlichkeit nicht mehr geheim halten. Bereits am 11. Juni berichtet die »Meraner Zeitung« kurz über die Abreise beider Parteien. Die kaiserliche Verwandtschaft in Österreich erfährt davon am nächsten Tag aus der Zeitung. Kaiser Franz Joseph hat einen persönlichen Pressedienst, der ihn jeden Morgen mit einer Zeitung versorgt, von der nur drei Exemplare gedruckt werden und die die wichtigsten Artikel aller national und international erscheinenden Blätter enthält. Marie Valérie, die sich mit ihrer Familie in Ischl befindet, notiert am 12. Juni in ihr Tagebuch: »Abends sagte Papa, er habe in der Zeitung gelesen, Tante Sophie sei in Graz angekommen und er könne sich das nicht erklären. Fast im gleichen Moment ein Telegramm von Onkel Gackel aus Graz, der sich für morgen hier bei Papa ansagt. Was mag da vorgefallen sein?« Kaiser Franz Joseph und Kaiserin Sisi waren also im Vorfeld nicht in die Pläne Sophie betreffend einbezogen worden. Nachdem man Tatsachen geschaffen hatte, musste dies schnellstens nachgeholt werden. Diese Aufgabe übernimmt Herzog Karl Theodor, wie immer begleitet von seiner Gemahlin Marie José. Am 13. Juni trifft das Herzogspaar in Ischl ein. Marie Valérie berichtet: »In gespannter Erwartung sahen wir Onkel Gackels Ankunft entgegen und waren nicht wenig überrascht, als mit ihm auch Tante Marie José dahergefahren kam. Der Zweck ihres Herkommens war, Papa zu melden, dass die unglückliche Tante Sophie von verschiedenen Ärzten für krank und unzurechnungsfähig erklärt worden ist / denn ganz wahnsinnig kann man doch nicht sagen / und für einige Zeit in die Villa eines berühmten Grazer Irrenarztes gebracht wurde, wo man hofft, dass Ruhe und Einsamkeit ihre Nerven beruhigen werden. Onkel Gackel hält diesen schrecklichen Zustand für eine Folge des Scharlachs. Tante Sophie's Hass gegen ihren Mann und besonders gegen die arme Luise soll so groß sein, dass sie selbst um den

Preis einer Art Gefangenschaft sich gern von ihm getrennt hat.« Für den von Marie Valérie erwähnten »Hass« von Sophie gegen ihren Mann und gegen ihre Tochter haben wir keinerlei weiteren Belege. Die Abschiedsszene in Meran und die Reaktion von Louise auf die gewaltsame Trennung von ihrer Mutter lassen jedenfalls andere Rückschlüsse zu. Gegenüber der Verwandtschaft zeichnete man also absichtlich ein negatives Bild, um das eigene Vorgehen zu legitimieren.

Aber zurück nach Graz. Auf der Reise dorthin hat Sophie wohl erkannt, wer in ihrem Umfeld die treibende Kraft hinter dem Einschalten der Ärzte und ihrer bevorstehenden Einweisung ist – ihr Bruder Karl Theodor. Obwohl dieser später seiner Tochter Amélie erzählen wird, dass er am Tag des ärztlichen Urteils über seine Schwester einen »Knollen im Hals gefühlt« habe und ihm »immer die Tränen in die Augen gekommen« seien, verfolgt er zielstrebig und völlig unnachgiebig den Plan, dem in seinen Augen unbotmäßigen Verhalten seiner Schwester ein Ende zu setzen. Karl Theodor ist in diesem Punkt ganz der rationale Wissenschaftler. Er zweifelt nicht im Mindesten an der Verrücktheit von Ludwig II. und lässt auch seiner Schwester Sisi mehrmals zu verstehen geben, dass er ihr Verhalten für nicht ganz normal hält. In Graz angekommen reagiert Sophie mit der strikten Ablehnung ihres Bruders. Sie möchte ihn »als Urheber des ärztlichen Verfahrens« nicht mehr sehen, ebenso wenig wie ihre Schwägerin Marie José, sie will »überhaupt von der ganzen Familie nichts mehr wissen«, wie Amélie festhält. Erstaunlich ist, dass Sophie in dieser schwierigen Situation und trotz des Drucks unter dem sie steht, sehr schnell eine Entscheidung fällen kann: Ihrem Bruder gegenüber signalisiert sie klar ihre Abneigung, ihrem Ehemann gegenüber tritt sie jedoch versöhnlich auf. Nur er habe ein Recht über sie. Die beiden treffen in Graz wieder aufeinander, essen gemeinsam zu Mittag; Sophie sei »friedlich, das erste Mal seit langer Zeit«, weiß Amélie aus den Erzählungen ihres Vaters zu berichten.

Die Diagnose von Grashey und Krafft-Ebing lautet »moral insanity«, worunter man eine Art »moralische Farbenblindheit« verstand. Die Herzogin könne also nicht mehr urteilen, wie man sich sittlich richtig verhält. Ihr Verhältnis zu Dr. Franz Glaser wird ihr in der Hinsicht ausgelegt, dass sie sich sexuell nicht mehr im Griff habe. Der Biograf von Richard von Krafft-Ebing, Heinrich Ammerer, weist darauf hin, dass diese Diagnose sehr beliebig ist, ähnlich der der »Nervosität« im neurologischen Bereich. Sie diene »bestenfalls zur Erstellung von Gefälligkeitsgutachten für die Raisonierung allzu umtriebiger (weiblicher) Angehöriger der höheren Stände«. Die Diagnose, mit der Sophie in das Sanatorium Maria Grün eingeliefert wird, ist also weder wissenschaftlich tragbar noch genügt sie rechtlich gesehen als Begründung für eine Zwangseinweisung. Wir können also mit Fug und Recht von einem Gefälligkeitsgutachten ausgehen, das einzig und alleine dazu dienen soll, Sophie als geisteskrank zu diffamieren. Gleichzeitig wahrt der Herzog von Alençon mit diesem Schritt seinen guten Ruf und steht in der Öffentlichkeit nicht als gehörnter Ehemann da. Aus der Ehefrau, die ihren Mann betrügt und sich scheiden lassen will, wird eine »Irre« gemacht.

Der Öffentlichkeit gegenüber stellt man Sophies Scharlach-Erkrankung aus dem Vorjahr als Auslöser ihrer »Abnormität im Denken und Fühlen« dar. Unter Berufung auf die »Münchner Allgemeine Zeitung« bringt die »Meraner Zeitung« in ihrer Ausgabe vom 14. Juni 1887 einen ausführlichen Bericht über die Herzogin von Alençon: »Diese hohe Frau hatte nämlich im vorigen Sommer einen so hochgradigen und langwierigen, noch obendrein durch schwere diphteritische Erscheinungen complicirten Scharlach zu überstehen gehabt, daß seit der erfolgten Genesung eine zweifellose Nerven- und Gemüthsverstimmung zurückgeblieben war.« Und als weder »die zärtlichste Sorge des erlauchten Gemahls« noch die »Mitwirkung des herzoglichen Bruders« eine positive Wirkung gezeigt hätten, habe man die Herzogin schließlich zur weiteren Behandlung in die »Anstalt für Nerven- und Gemüthskrankheiten unter der Vorstandschaft des berühmten Professor Dr. von Krafft-Ebing« gegeben.

Kapitel 29

»Du bist im Irrenhaus, Du bist gefangen«

Und wie geht die Familie mit der Situation um? Als Herzog Karl Theodor wieder zurück in Possenhofen ist, merkt man auch ihm die Anspannung der letzten Tage an. Spätnachts erzählt er seiner Tochter Amélie von den Vorkommnissen und äußert wilde Rachegedanken gegenüber Dr. Glaser, die die junge Frau so erschrecken, dass sie selbst befürchtet, »wahnsinnig« zu werden. Karl Theodor möchte in Erfahrung bringen, ob Glaser »satisfactionsfähig« ist, um sich mit ihm zu duellieren. Da Ferdinand von Alençon, dem dies eigentlich zustünde, sich aufgrund seiner religiösen Ansichten verweigert und die anderen Brüder – Louis und Mapperl – sich in dieser Angelegenheit zurückhalten, behält Karl Theodor diesen Schritt für sich selbst vor. Auch andere Rachgedanken beseelen ihn, wie etwa Glaser mit der Reitpeitsche zu züchtigen oder ihn für ehrlos erklären zu lassen. Bis tief in die Nacht beschwört Amélie den Vater, sich nicht mit dem Arzt zu duellieren. Schließlich beruhigt der Herzog seine Tochter: »Die Suppe wird nie so heiß gegessen, wie sie gekocht wird.« Zwei Tage später, der Herzog war mittlerweile in München, erklärt er seiner aufgelösten Tochter, dass Glaser »nichts satisfactionsfähig« sei. »Also war unsere grässliche Angst umsonst, Gott sei Dank!«, schließt Amélies Tagebucheintrag vom 16. Juni 1887.

Die restliche Familie ist von den Ereignissen ebenfalls sichtlich erschüttert. Die Sympathien gelten dabei aber nicht Sophie, sondern in erster Linie dem Herzog von Alençon. So schreibt beispielsweise Herzogin Amalie, die Ehefrau von Mapperl, an ihre Schwiegermutter Ludovika Anfang Mai 1887: »Alencon jammert mich namenlos. Die ganze Sache ist mir unbegreiflich und hätte ich nie für möglich gehalten!« Ebenso wie Sophies Familie legitimiert auch ihr mächtiger Schwager, Kaiser Franz Joseph, das Vorgehen gegen die Herzogin von Alençon. Ihrem Ehemann sichert der österreichische Kaiser zu, dass er das Vorgehen grundlegend gutheißt und auf eine prompte Heilung hofft. Innerhalb ihrer Familie ist Sophie also völlig isoliert und kann auf keinerlei Unterstützung hoffen. Auch zwischen Kaiserin Sisi und ihrer Tochter Marie Valérie wird die Affäre thematisiert. Die Kaiserin ist sich bewusst, dass es sich bei der Einweisung ihrer jüngsten Schwester nicht nur um einen harmlosen Aufenthalt in der Villa eines Arztes handelt. Ihre Tochter Marie Valérie notiert in ihrem Tagebuch: »Mama fürchtet, dass Tante Sophie versuchen wird, sich umzubringen, wenn sie sieht, dass eine Flucht unmöglich ist, doch versichert Onkel Gackel, dass man nichts besseres hätte tun können, und hofft, dass sie in der Ruhe und Abgeschiedenheit des Aufenthalts in Krafft-Ebings Villa zu sich kommen wird.« Sisis Rolle in der Tragödie ihrer Schwester ist sehr ambivalent. Im Gespräch mit ihrer Tochter Marie Valérie, die sich gerade in einen entfernt verwandten Erzherzog verliebt hat, zeigt die Kaiserin Verständnis für die Situation ihrer Schwester: »Tante Sophies Beispiel zeige das Unglück einer Ehe ohne wahre Liebe (...) ›denn‹, meint Mama, ›einmal kommt doch im Leben der meisten Frauen der Moment, wo sie sich verlieben.‹« Das lässt an Deutlichkeit nichts zu wünschen übrig: Sophies Ehe fehlt in den Augen der Schwester die nötige emotionale Grundlage.

Ihre Gefühle und Konflikte formuliert die Kaiserin in zahlreichen Gedichten, die sie für die Nachwelt verfasst und die nach ihrem Willen erst 1950 der Öffentlichkeit zugänglich gemacht werden dürfen. In diesem poetischen Tagebuch verarbeitet Sisi auch das Schicksal ihrer jüngsten Schwester. Und in Gedichtform äußert sich die Kaiserin wesentlich harscher als gegenüber ihrer geliebten Tochter. Insgesamt verfasst Sisi zwei Gedichte mit dem Titel »An Sophia«, die beide im April 1887 entstanden sind, kurz nachdem die Kaiserin Kunde von dem Skandal bekommen hatte, in den ihre Schwester verwickelt ist. Beide Gedichte sind zynisch zugespitzt und triefen vor Boshaftigkeit und Schadenfreude. Wir wollen hoffen, dass Sophie diese Gedichte tatsächlich nie zu Gesicht bekommen hat.

An Sophia
I

Während in Olympos Licht
Ich mein glühend Herz versetzte,
Kommt aus Monaco der Bericht,
Wo man irdisch sich ergötzte.

Giftig kroch die böse Mär
Selbst in Csernas Zauberthäler;

Aus Olympos centnerschwer
Fiel mein Herz ob solchem Fehler.

Und die Wahrheit wird ja doch
Auch Sophie genannt zuweilen. –
Ach! Hier riess sie ein Loch;
Wird man's flicken, wird man's heilen?

Während mit der Dame d'Honneur
Louise zum Musentempel eilt;
Trinkst Du Thee mit dem Docteur,
Der gemütlich bei Dir weilet.

Schlimmres aber noch geschah:
Mit dem Schlüssel in den Taschen
War's, dass man ihn nahen sah,
Nachts, Verbotenes zu naschen.

Nimmer hätte ich gedacht,
Dass aus Äskulaps Bereiche
Uns so böse Bombe kracht,
Schlimmer noch als eine Seuche.

Warst doch sonst den Musen hold,
Hast auch Giehrls, Guras Lauten
Deinen Beifall einst gezollt,
Die dich mit Musik erbauten.

Ganz warst du nie zu entzieh'n,
Selbst auf Flügeln des Gesanges;
Nur der schnöden Medicin,
Der Verruchten, gelang es.

Deinem guten Herrn Gemahl
Hast die Treue du gekündigt,
Stiessest ihm ins Herz den Stahl;

Ja, du hast dich schwer versündigt.

Die Frau Doctor mit Geschrei
Ringt verzweifelt ihre Hände,
Reklamiert schon Polizei,
Scheidung gibt's wohl am Ende.

Nun heisst es, die freie Schweiz
Sucht ihr flüchtend zu ereilen,
Um in landschaftlichem Reiz
Euer sündhaft Glück zu theilen.

»Glück und Glas, wie bald bricht das!«
Trotz dem schönsten Hoffnungsscheine
Wehe dem, der dies vergass;
Und vom Glaser das deine.

Zum Verständnis des Gedichts müssen wir noch einige Fakten klären: Als Kaiserin Sisi zur Feder greift, weilt sie im Kurort Herkulesbad im Banater Bergland. Heute gehört der Ort mit seinen Thermalquellen zu Rumänien und trägt den Namen Băile Herculane, im 19. Jahrhundert ist er noch Teil des österreichisch-ungarischen Großreichs. So erklären sich »Csernas Zauberthäler«: Herkulesbad liegt am Fluss Cerna, ungarisch Cserna. Die beiden Herren, die erwähnt werden und denen Sophie »Beifall gezollt« habe, sind Josef Giehrl, ein Münchner Pianist, und Eugen Gera, ein berühmter Bariton, der sich vor allem als Interpret von Wagner in Bayreuth und München hervortat. Louise, die »zum Musentempel eilte« ist Sophies Tochter, die mit ihrer Mutter den Winter 1886/87 in München verbringt, als diese sich in Dr. Glaser verliebt, der mit Sisis Schwester in deren Fantasie nicht nur Tee getrunken hat.

Eine Information in dem Gedicht lässt uns aufmerken: Die Kunde über die Affäre der Schwester sei aus Monaco gekommen. Es ist nicht anzunehmen, dass Sisi damit München meint. Aber wie kommt Sophie Ende April 1887 an die Mittelmeerküste? Es existieren zwei weitere Hinweise, dass die Familie Alençon sich doch, wie geplant, im Frühjahr 1887 an der französischen Riviera getroffen hatte. Amélie in Bayern erwähnt in ihrem Tagebuch im September 1887, dass ihre Cousine Louise ihr erzählt habe, ihre Mutter sei »in Nizza« plötzlich erkrankt. Und auch die »Meraner Zeitung« berichtet ihren Lesern im Juni 1887 über einen »Frühjahrsaufenthalt in Nizza«. Es liegt also tatsächlich die Vermutung nahe, dass die Familie Alençon sich im April 1887 an der französischen Riviera aufgehalten hat. Hier hat Sophie ihrem Mann wohl ihre Affäre gebeichtet und ihn mit ihren Scheidungsplänen konfrontiert. Anschließend reiste man wohl nach Meran weiter, wo die Ankunft der Familie Anfang Mai 1887 belegt ist, um dort Herzog Karl Theodor zu treffen.

Der Fluchtplan des Liebespaares in die Schweiz, den Sisi erwähnt, kann durch keine weiteren Quellenbelege verifiziert werden. Wir versehen ihn hier an dieser Stelle mit einem großen Fragezeichen, obwohl dieses Gerücht zahlreich in der Sekundärliteratur kolportiert wird. Die Reaktion von Frau Glaser, »Frau Doctor«, wird uns zu einem späteren Zeitpunkt noch beschäftigen.

Doch dieses Gedicht ist nicht das einzige, in dem Kaiserin Sisi das Schicksal ihrer Schwester reflektiert. In einem zweiten Teil holt sie zu einer Generalabrechnung aus und malt ein düsteres Bild von ihrer im »Irrenhaus« gefangenen Schwester:

An Sophia
Ein Lebensbild
II

Mir graut vor diesem Bild, das ich heut' sehe,
Und tiefer Schmerz erfüllt meine Brust:
Oh wehe! Wehe! Ja und zehnmal wehe!
Dass zu bemeistern du dich nicht gewusst!

Mir ist, als schaut' ich dich noch wie vor Jahren;
Dem Seraph glichest Du an Schönheit ganz,
Umwogt von deinen langen, goldenen Haaren,
Im grossen blauen Aug' des Himmels Glanz.

Ja, seine Stimme selbst war dir verliehen.
Und scholl vom hohen Erker dein Gesang,

So konnt' der Schiffer nimmer weiter ziehen;
Am See gebannt lauscht er dem holden Klang.

Ein andres Bild aus längst entschwundenen Tagen
Ist's, das jetzt meine Seele weinend schaut:
Von einem ganzen Volk emporgetragen,
Stehst Du vor mir als holde Königsbraut.

Doch flüstert leise hier nur meine Worte
Und stört den Toten nicht im tiefen See;
Still klagen die gedämpften Accorde
In dieses rätselhaften Grabes Näh'.

Du zogst dahin nach fernen, fremden Landen,
Zu teilen eines andern Mannes Geschick,
Es schien, als würde dir aus diesen Banden
Erblühen endlich dauerhaftes Glück.

Die Jahre kamen wieder und vergingen;
Ob deine Seele jemals glücklich war?
Dass Mann und Kinder dich umfingen,
Dies machte jeder Tag erneut dir klar.

Und bist du glücklich je dabei gewesen?
Es schien die Seele dir voll Bitterkeit,
Doch liessest niemand du darinnen lesen;
O, dass verschlossen sie auch wär' noch heut'!

Du bist im Irrenhaus, Du bist gefangen,
Ein Opfer deiner tollen Leidenschaft;
Es bricht mein Herz, denk ich der wilden, bangen
Verzweiflung, die dich packt in deiner Haft.

Du wolltest Mann und Kinder schnöd' verlassen,
Mit dem Verführer in die Welt zieh'n;
Doch muss dein sündhaft Hoffen nun erblassen,

Wo du jetzt weilst, gelingt kein Entflieh'n!

Fürwahr es kennt dein Unglück keine Grenzen,
Und namenlos ist deine Schmach und Schand;
Entsetzt hat sich vor deinen vierzig Lenzen
Auch selbst die Poesie dir abgewandt.

Sisis Haltung ihrer Schwester gegenüber, wie sie in diesen Gedichten zum Ausdruck kommt, ist umso weniger verständlich, da die Kaiserin in ihrer eigenen Ehe selbst nicht glücklich ist und diese als solche in Frage stellt. Auch hat die Kaiserin selbst Angst davor, »verrückt« zu werden und zeigt großes Interesse an Irrenanstalten und Geisteskrankheiten. Nach dem Tod von Ludwig II. etwa stattet sie der Landesirrenanstalt am Bründlfeld in Wien unangekündigt einen Besuch ab, um sich dort über die Patienten und deren Behandlung zu informieren. Und dies ist bei Weitem nicht der einzige Besuch von Sisi in einer Irrenanstalt. Sie weiß also um die Zustände dort. Es ist anzunehmen, dass Sisis strenge Haltung gegenüber ihrer Schwester davon herrührt, dass Sophie nun etwas durchmachen muss, vor dem sich Sisi selbst in ihrem Inneren zutiefst fürchtet.

Der Arzt in der Familie, Herzog Karl Theodor, gibt seiner älteren Schwester des Öfteren zu verstehen, dass er sie für »verrückt« hält. So berichtet die Hofdame Marie von Redwitz, dass die Kaiserin ihren Bruder bei Tisch gefragt habe, weshalb er sich nicht beim Spazierengehen in fremden Sprachen vorlesen lasse? Die Kaiserin selbst tat dies ja gerne. Auf die Frage antwortet ihr Bruder: »Man würde ja glauben, ich sei verrückt geworden.« Sisi sieht ihren Bruder erstaunt an und antwortet: »Macht das etwas? Ist es denn nicht genug, wenn man selbst das Bewußtsein hat, es nicht zu sein?« Marie Valérie hält ein ähnliches Ereignis fest: Karl Theodor bekommt von Sisi eines ihrer Gedichte zu lesen und warnt daraufhin seine Schwester, dass deren eingebildeter Seelenverkehr mit dem verstorbenen Dichter Heinrich Heine ihre Nerven überreizen und die Kaiserin »umschnappen« könne.

Aber es ist nicht nur Sisis Angst davor, selbst als »verrückt« zu gelten, die ihre Haltung gegenüber Sophie bestimmt. Auch Eifersucht könnte eine Rolle gespielt haben. Denn mit ihrem Scheidungswunsch, dem Ausbruch aus ihrer Ehe und ihrer Liebe zu einem »gewöhnlichen« Mann nimmt Sophie sich etwas heraus, das Sisi auch gerne getan hätte, das für eine österreichische Kaiserin aber unmöglich ist. Auch die Kaiserin zeigt nämlich, trotz ihrer Abneigung gegen die körperlichen Liebe, Interesse an anderen Männern als ihrem Ehemann.

Um Genaueres zu erfahren müssen wir einen kurzen Sprung zurück in der Zeit machen, genauer gesagt in die Faschingszeit des Jahres 1874. Kaiserin Elisabeth ist damals 36 Jahre alt und gerade zum ersten Mal Großmutter geworden. Ihr Gatte ist auf einer Reise nach Russland, da überfällt Sisi in Wien der Wunsch, inkognito am Faschingsdienstag einen großen Maskenball zu besuchen, die Musikvereins-Redoute, über den die ganze Stadt spricht. Die Kaiserin wählt als Verkleidung einen gelben Domino, also einen ärmellosen Umhang mit einer großen Kapuze, und eine rotblonde Perücke. Begleitet wird sie lediglich von ihrer ungarischen Hofdame Ida Ferenczy, die sich in einen roten Domino gehüllt hat und die ihre Herrin an diesem Abend mit dem Namen »Gabriele« ansprechen soll. Als der Abend sich etwas langweilig gestaltet, schlägt die Hofdame vor, dass die Kaiserin sich einen Mann im Getümmel des Balls aussuchen soll, den Ida Ferenczy dann für sie anspricht. Ihre Wahl fällt auf einen jungen, eleganten Mann – den Ministerialbeamten Friedrich (»Fritz«) Pacher von Theinburg. Nachdem Ida Ferenczy den Herrn einer kurzen Befragung unterzogen hat, um festzustellen, dass er nicht zur Hofgesellschaft gehört, stellt sie die beiden einander vor. Nach einem holprigen Start entwickelt sich der spontane Flirt zu einer schönen Abendunterhaltung, das ungleiche Paar verbringt miteinander zwei Stunden auf dem Ball, tauscht sich über persönliche Dinge aus, über ihre Liebe zu Hunden und über den Dichter Heinrich Heine. Als die beiden Frauen den Ball schließlich verlassen müssen, versucht Pacher beim Warten auf die Kutsche, sein Gegenüber vorsichtig zu enttarnen, worauf der rote Domino mit einem »markerschütternden Schrei« dazwischenfährt. Für Fritz Pacher bestätigt sich damit sein erster Verdacht: Er hat den Abend an der Seite der österreichischen Kaiserin verbracht.

Auch nach dem Ball bleibt Sisi mit Pacher in Kontakt, schickt ihm drei Briefe, einen aus München, zwei aus London. Dabei tritt sie weiterhin als »Gabriele« auf, verstellt ihre Schrift und baut falsche Angaben ein, um von ihrer wahren Identität abzulenken. Und sie flirtet mit ihrem Gegenüber: »Mit tausend Frauen und Mädchen haben sie schon gesprochen, sich auch zu unterhalten geglaubt, aber ihr Geist traf nie auf die verwandte Seele. Endlich haben sie im bunten Traum das gefunden, was sie jahrelang suchten, um es für ewig vielleicht wieder zu verlieren.« Als sich Pacher aber nicht auf das Verwirrspiel einlassen will und in einem seiner Antwortbriefe die Kaiserin bei ihrem richtigen Namen nennt, bricht diese augenblicklich die Kommunikation ab.

Es vergehen etliche Jahre. 1885, die Kaiserin ist mittlerweile 47 Jahre alt und in einer sentimentalen Stimmung, greift Sisi den Faden wieder auf. Sie schreibt ein Gedicht über den Ballabend an dem längst vergangenen Faschingsdienstag, das »Lied des gelben Dominos«, das sie Pacher zukommen lassen möchte. Unter ihrem Pseudonym »Gabriele« fragt sie ihn nach seiner richtigen Adresse und bittet um eine Fotografie. Ihr Briefpartner ist mehr als überrascht und teilt mit, dass er mittlerweile ein glücklich verheirateter Ehemann und Vater eines Kindes ist. Ihren Wunsch nach einem aktuellen Bild von sich erfüllt er nicht. Als ihn Wochen später eine Nachfrage nach der gewünschten Fotografie erreicht, reagiert Pacher gereizt auf das andauernde Versteckspiel und lässt die Kaiserin sehr direkt wissen: »eine anonyme Korrespondenz entbehrt nach so langer Zeit des Reizes.« Sisi, die die Episode für sich zu einer dramatischen Liebesgeschichte überhöht hat, ist erbost, nennt Pacher in einem ihrer Gedichte gar »ein ganz gemeines Beast«. Dennoch lässt sie die Geschichte nicht los, zwei Jahre später betreibt sie einen beträchtlichen Aufwand, um Pacher das Gedicht doch noch zukommen zu lassen. Um keinen Verdacht auf ihre Person aufkommen zu lassen, lässt sie den Text über Mittelsleute in Brasilien aufgeben. Im Juni 1887 hält Pacher folgendes Gedicht in den Händen:

Das Lied des gelben Domino
Long, long ago.

Denkst du der Nacht noch im leuchtenden Saale?
Lang, lang ist's her, lang ist's her,
Wo sich zwei Seelen getroffen einmal,
Lang, lang ist's her, lang ist's her,
Wo unsre seltsame Freundschaft begann.
Denkst du, mein Freund, wohl noch manchmal daran?

Denkst du der Worte, so innig vertraut,
Die wir getauscht bei der Tanzweisen Laut?

Ach! Nur zu schnell schwand die Zeit uns dahin!
Ein Druck der Hand noch, und ich mußte fliehn,
Mein Antlitz enthüllen durft' ich dir nicht,
Doch dafür gab ich der Seele Licht.
Freund, das war mehr, das war mehr!
Jahre vergingen und zogen vorbei,
Doch sie vereinten nie wieder uns zwei.
Forschend bei Nacht fragt die Sterne mein Blick,
Auskunft noch Antwort gibt keiner zurück.
Bald wähnt' ich nahe dich, bald wieder fern.
Weilst du vielleicht schon auf einem anderen Stern?
Lebst du, so gib mir ein Zeichen bei Tag.
Das ich kaum hoffen, erwarten vermag.
So lang ist's her, so lang ist's her!
Laß mich warten nicht mehr,
Warten nicht mehr!

Der Brief mit dem Gedicht erreicht Pacher am 3. Juni 1887, also genau in der Zeit, als die Krise um Sophie ihren Höhepunkt erreicht. Wir können also davon ausgehen, dass Sisi selbst gerade der Liebeskummer umtreibt, als sie zur Feder greift und ihre Schwester für deren Affäre mit Dr. Glaser in Gedichtform verurteilt. Vielleicht ist so ihre harsche Reaktion besser zu verstehen. Denn es musste Sisi so scheinen, als ob ihre kleine Schwester das gefunden habe, was sie selbst vergeblich sucht – die Liebe eines »gewöhnlichen« Mannes, der sie nur um ihrer selbst willen liebt. Pacher antwortet übrigens umgehend, ebenfalls in Gedichtform, und übersendet seine Zeilen postlagernd an die ihm bekannte Adresse. Doch sein Antwortschreiben wird nie dort abgeholt. Mit der Übersendung ihres Gedichts beendet Sisi für sich ihre geheime »Affäre«.

Doch zurück zu Sophie. Mit der Entscheidung der Familie, ihre Scheidungspläne durch die Einweisung in ein Sanatorium zu unterbinden, lässt sich die Affäre nicht mehr vor der Öffentlichkeit geheim halten und zieht in der Folge viel Aufmerksamkeit auf sich. Der Diplomat Philipp zu Eulenburg, der hier schon öfters zu Wort gekommen ist, schließt seinen Bericht über die »Alençonaffäre« vom 21. Juni 1887 an den Sohn des Reichskanzlers Bismarck mit den Worten: »Mit dieser schmutzigen Geschichte endet die Ex-Braut

König Ludwigs. Sie wird sich schwer von dieser Art des Wahnsinns erholen können – wenn auch die Ärzte sichere Heilung versprochen haben.« Eulenburg gibt damit zu verstehen, dass er den »Wahnsinn« nur für vorgeschoben hält. Es gibt also auch Zeitgenossen, die sich durchaus bewusst sind, dass es sich hier um eine Disziplinierungsmaßnahme handelt. Eine der wenigen Personen aus dem adeligen Umfeld, von der wir wissen, dass sie Sophie und ihr Verhalten indirekt in Schutz nimmt, ist die preußische Kronprinzessin Viktoria, die älteste Tochter von Queen Victoria von Großbritannien. Wieder ist es Philipp zu Eulenburg, der uns darüber berichtet. Im Gespräch mit der Kronprinzessin prahlt der Diplomat wohl mit seinem Detailwissen über die »Alençonaffäre«, als er, für ihn überraschend, zurechtgewiesen wird. Seinem Tagebuch vertraut Eulenburg an: »Sie war erschreckt, daß ich so genau über ihre Kusine d'Alencon orientiert war und bat mich, davon zu schweigen. Was mich erstaunte, war ihre milde Beurteilung des Verhältnisses zwischen der Herzogin und Dr. Glaser.«

Mit dieser Ansicht dürfte die preußische Kronprinzessin in adeligen Kreisen wohl relativ alleine gewesen sein. In den Feuilletons der Zeitungen macht sich jedoch, neben allerlei wilden Gerüchten, ebenfalls Entrüstung über die würdelose Behandlung der verliebten Herzogin breit. Es wird die Frage gestellt, wer sich denn seiner Freiheit, bei einer haarsträubenden Diagnosen wie »moral insanity«, noch sicher sei. So schreibt beispielsweise das »Berliner Tageblatt« sehr kritisch: »Es gibt keinen Menschen, der nicht mit einer moral insanity behaftet wäre, und keinen daher, den ein Psychiater nicht für eine ›Heilanstalt für Gemüthskranke‹, wie man sie euphemistisch ausdrückt, reif erklären könnte.« Und weiter: »Was aus der Herzogin werden wird? Ihre Umgebung hofft, es werde ihre Liebe und damit auch ihre Krankheit erlöschen und man werde ihr dann die Thore ihres Gefängnisses öffnen können. Für die in den Gang dieser Liebesgeschichte Eingeweihten ist es aber zweifellos, dass die Theorie von der moral insanity eine recht bedenkliche Seite hat.«

Von dieser öffentlichen Diskussion um ihre Person dürfte Sophie nichts mitbekommen haben. Völlig abgeschirmt von der Außenwelt und getrennt von ihrer Familie, ihrem Liebhaber und ihrer gewohnten Umgebung ist sie in Graz auf sich alleine gestellt. Ihr Schicksal liegt nun in den Händen eines der berühmtesten Irrenärzte seiner Zeit, Richard von Krafft-Ebing. Sehen wir uns diesen Herren doch einmal etwas genauer an.

Kapitel 30

Der Sex-Doktor

Zu keinem anderen Zeitpunkt ist die Machtfülle und das Renommee eines Irrenarztes größer als in der Pionierzeit der modernen Psychiatrie in der zweiten Hälfte des 19. Jahrhunderts. Die Kontrolle über das Irrenwesen, über Diagnose und Therapie, liegt in den Händen einiger weniger Berufener, die damit über das Schicksal unzähliger Patienten entscheiden. Direktor einer Irrenanstalt zu sein bedeutet, ein beinahe unumschränkter Herrscher über einen Zwergenstaat zu sein. Und wer im 19. Jahrhundert einmal in die Mühlen einer Irrenanstalt gerät, der kann sich unter Umständen auf einen langen Aufenthalt gefasst machen. Als Symbol für die Machtfülle der Irrenärzte mag folgendes Bild aus Sophies nächster Umgebung in Erinnerung gerufen werden: Als König Ludwig II. von Bayern im Juni 1886 entmachtet wird, ist es kein anderer Vertreter eines Herrscherhauses, kein Kleriker, kein Staatsmann der ihm gegenübertritt – sondern ein Professor für Psychiatrie und Leiter einer Kreisirrenanstalt, Dr. Bernhard von Gudden. Als der König ihm, berechtigterweise und völlig klar, folgende Frage stellt: »Wie können Sie mich für geisteskrank erklären, Sie haben mich ja vorher gar nicht angesehen und untersucht?«, da kontert der Arzt gegenüber seinem Souverän: »Majestät, das war nicht notwendig, das Aktenmaterial ist sehr reichhaltig und vollkommen beweisend, es ist geradezu erdrückend.« Und auch Sophie weiß um diese Macht der Psychiater. Provokativ hält sie Hubert von Grashey, dem Schwiegersohn und Nachfolger Guddens, ein Jahr später in Meran entgegen: »Wollen Sie es mit mir machen wie mit dem König?«

Forscher haben festgestellt, dass im Laufe des 19. Jahrhunderts der Anteil der Bevölkerung, der sich zur Behandlung in einer Irrenanstalt befindet, signifikant ansteigt. Die an den Stadträndern im Grünen gelegenen Anstaltskomplexe sind meist hoffnungslos überfüllt. Aus dieser Feststellung heraus hat sich in der Wissenschaft eine Kontroverse um die Frage nach Ursache und Wirkung entwickelt. Ist diese Entwicklung auf eine Zunahme von Geisteskrankheiten oder auf den geänderten Umgang mit psychisch Kranken zurückzuführen? Dabei wurde die disziplinierende Funktion der Psychiatrie und die Rolle der Irrenärzte als Träger der Disziplinarmacht insbesondere vom französischen Philosophen und Soziologen Michel Foucault betont. Im Fall der Herzogin von Alençon können wir Foucault an dieser Stelle nur zustimmen, die disziplinierende Funktion der psychiatrischen Diagnose und der folgenden Maßnahmen sind vollkommen evident. Der Herzog von Alençon glaubt offensichtlich selbst nicht an die Diagnose seiner Frau. Das verrät auch sein Angebot an Sophie, auf die Disziplinarmaßnahme zu verzichten, wenn sie weiter »seine treue Ehefrau sein wolle«.

Als zentrale Figur unter diesen mächtigen Psychiatern des Fin de Siècle gilt eben jener Richard von Krafft-Ebing, in dessen Behandlung Sophie überstellt wird. Krafft-Ebing stammt aus einer Familie der Hochbürokratie, die im 18. Jahrhundert geadelt wurde. Ganz ähnlich wie der Herzog von Alençon verliert er im Alter von 15 Jahren seine Mutter, die an den Folgen des Kindbettfiebers stirbt. Der junge Krafft-Ebing studiert Medizin in Heidelberg und belegt dabei auch einen Kurs in Psychiatrie, damals ein neues Fach, das noch unter einem schlechten Ansehen leidet und gerade erst dabei ist, sich zu etablieren. So interessieren sich im Jahrgang von Krafft-Ebing nur zwei Studenten für dieses neue Fach. Seine Doktorarbeit schreibt er an der Großherzoglich-Badischen Irrenanstalt Illenau, die als psychiatrische Musteranstalt im deutschen Sprachraum gilt. Geformt wird dieses Idealbild von dem Arzt Christian Roller, der als einer der angesehensten Fachleute seiner Zunft gilt. Roller wendet sich gegen den damals vorherrschenden Grundsatz, der Geisteskrankheiten mit Schädigungen im Gehirn gleichsetzt. Ihr Ursprung liegt seiner Überzeugung nach in der Person selbst und nicht in einem bestimmten Organ. Daher vertritt er auch die Ansicht, dass der Mensch nur in seiner Gesamtheit geheilt werden kann. Um eine Gesundung des Patienten herbeizuführen, setzt Roller auf die »Isolierung« der Patienten. Denn seiner Beobachtung nach stehen psychische Erkrankungen oft mit Eigenheiten der gewohnten Umgebung im Zusammenhang. Daher befindet sich seine Musteranstalt auch irgendwo im Nirgendwo. Zu diesen Isolierungsmaßnahmen gehört ebenfalls, dass Besuche von Angehörigen nur mit ausdrücklicher Genehmigung erfolgen dürfen und dass die Kommunikation der Patienten nach außen durch Zensur der Briefe kontrolliert wird. Zu den angewandten Behandlungsmethoden in Illenau zählen neben Arzneimitteln Therapien mit Wasser und Behandlungen mit Eis und Strom. Ergänzt werden diese durch genaue Ernährungspläne und ausgiebige »traitement morale«, also

Für die »Nervenleidenden aus den höheren Classen der Gesellschaft«: Krafft-Ebings Privatsanatorium Maria Grün vor den Toren von Graz.

Gesprächs- beziehungsweise Psychotherapien. Krafft-Ebing ist sehr dankbar, dass er in dieser fortschrittlichen Irrenanstalt im Mai 1864 eine unbefristete Assistenzstelle erhält. Denn sogar Könige vertrauen ihre Kinder dieser Anstalt an: So wird etwa Prinzessin Alexandra von Bayern, eine Tochter König Ludwigs I. und Tante von Ludwig II., die an einer Zwangskrankheit mit zahlreichen Phobien leidet, drei Jahre lang in Illenau behandelt, nur leider ohne Erfolg. In dieser Musteranstalt, in der übrigens auch Bernhard von Gudden als Hilfsarzt arbeitete, bekommt Krafft-Ebing Zugang zum psychiatrischen Netzwerk seiner Zeit.

Nach vier Jahren in Illenau macht sich Krafft-Ebing mit einer neurologischen Privatpraxis in Baden-Baden selbstständig. Als Katalysator für seine Karriere erweist sich sein Einsatz als Militärarzt im Deutsch-Französischen Krieg, mit dem er seinen Patriotismus unter Beweis stellt. Nach Ende des Krieges soll das neu ins Reich eingegliederte Elsass-Lothringen auch kulturell eingebunden werden, weshalb man nach deutschen Professoren sucht. Auch von Krafft-Ebing kommt zum Zug – ihm wird eine neu eingerichtete Professur für Psychiatrie an der Universität von Straßburg angeboten. Hier hält es ihn allerdings nicht lange und nach nur einem Jahr wechselt er nach Graz, wo man ihm die Leitung der neu errichteten steirischen Landesirrenanstalt »Feldhof« überträgt, die er nach dem Vorbild von Illenau zu organisieren beginnt. Gleichzeitig erhält er den ebenfalls neu eingerichteten Lehrstuhl für Psychiatrie an der dortigen Universität.

Nun, da er finanziell abgesichert ist, gründet Richard von Krafft-Ebing eine Familie und heiratet 1874 die sechs Jahre jüngere Bezirksforstmeisterstochter Maria Luise Kiesling. Das Paar bekommt drei Kinder. Die Zeit in Graz nutzt Krafft-Ebing, dessen Arbeitswut unter seinen Kollegen berüchtigt ist, zu einer umfassenden Publikationstätigkeit. Innerhalb weniger Jahre schreibt er ein Standardwerk für forensische Psychologie, ein dreibändiges »Lehrbuch der Psychiatrie« und das populärwissenschaftliche »Über gesunde und kranke Nerven«, mit dem er sich an ein interessiertes Laienpublikum wendet. Darin schildert er die negativen Auswirkungen von Umwelteinflüssen auf das Nervensystem und erläutert sein Konzept vom »nervösen Zeitalter«. 1880 legt er die Direktion der Landesirrenanstalt nieder und widmet sich einem alten Traum: der Gründung eines privaten Sanatoriums.

Zu diesem Zwecke erwirbt Krafft-Ebing einen Baugrund auf dem Grazer Rosenberg vor den Toren der Stadt. Hier lässt er auf eigene Kosten eine schlossähnliche Anlage erbauen, die aus einem Hauptgebäude, in dem sich auch die Behandlungsräume befinden, und vier kleineren Villen besteht. 1885 wird mit dem Bau begonnen und schon ein Jahr später öffnet Maria Grün seine Pforten für die reiche Kundschaft. Denn das Angebot richtet sich ausschließlich an die »höheren Classen der Gesellschaft«. Die Behandlung »geistig Gestörter« ist ausgeschlossen, um die Kundschaft nicht zu verschrecken. In Maria Grün sollen vornehmlich Personen behandelt werden, die als nervös und neurasthenisch gelten. Das Krankheitsbild der Neurasthenie ist sehr unspezifisch. Krafft-Ebing geht davon aus, dass das Nervenkostüm der urbanen »Kopfarbeiter« durch den neuzeitlichen »Kampf ums Dasein« derart strapaziert wird, dass sich die Zerrüttung in neuropathisch bedingten Geistesphänomenen äußert. Zu den Symptomen dieser modernen Krankheit zählen Schlaflosigkeit, eine erhöhte Gemütserregbarkeit, Gereiztheit, Spasmen, häufige Kopfschmerzen und andauerndes Unwohlsein. Die Behandlung dieses Krankheitsbildes ist äußert attraktiv, denn die Patienten sind zahlungskräftig, Diagnose und Therapie sind nicht anspruchsvoll und wegen der geringen Heilungschancen kommen die Patienten oft mehrmals wieder. Außerdem hilft Krafft-Ebing seine adelige Herkunft, denn sein vornehmes Klientel weiß es durchaus zu schätzen, dass sie hier vom »Herrn Baron«, also von »einem der ihren«, behandelt werden. Seine adelige Abstammung dürfte auch eine Rolle bei der Entscheidungsfindung bezüglich Sophies »Behandlung« gespielt haben.

Aber es kommt noch ein weiterer Grund hinzu. Denn Richard von Krafft-Ebing veröffentlicht in dem Jahr, in dem auch Maria Grün seine Pforten öffnet, ein Buch, dessen Titel bis heute mit seinem Namen verknüpft wird und das ihm weltweit Ruhm und Aufmerksamkeit verschafft: die »Psychopathia sexualis«. Durch seinen Beruf ist Krafft-Ebing immer wieder auch in Kontakt mit sexuellen Störungen gekommen, er beginnt, sich für die allgemeine Psychopathologie des Sexuellen, für die sexuelle Natur des Menschen und für den Unterschied zwischen einer »normalen« und einer »krankhaften« Geschlechtlichkeit zu interessieren. 1886 sieht er sich in der Lage, den Stand seiner Forschungen über sämtliche sexuelle Abirrungen in einer Monografie zusammenzufassen und veröffentlicht die »Psychopathia«. Das Werk trifft den Nerv der Zeit; innerhalb von kurzer Zeit wird es zu einem Bestseller und erlebt in den kommenden 16 Jahren elf Neuauflagen. Auch in Sigmund Freuds Bibliothek stehen vier Ausgaben des populären Buches. In seiner Kategorisierung sexueller Abnormitäten führt Krafft-Ebing die Begriffe Fetischismus, Masochismus, Sadismus und Nymphomanie ein. Um seine Begrifflichkeiten zu untermauern, fügt er zahlreiche Fallgeschichten aus seiner praktischen Erfahrung in die »Psychopathia« ein, die wohl zusätzlich für den guten Absatz des Buches sorgen.

Nach Ansicht von Krafft-Ebing ist der Sexualtrieb bei den Geschlechtern unterschiedlich stark ausgeprägt. Sofern sie geistig normal entwickelt und »wohlerzogen« sei, habe die Frau ein geringeres sinnliches Verlangen. Anders der Mann, der »im Weib zunächst den Gegenstand für die Befriedigung seines Naturtriebs« sieht. Der menschliche Sexualtrieb zeichne sich durch einen andauernden Kampf »zwischen Naturtrieb und guter Sitte, zwischen Sinnlichkeit und Sittlichkeit« aus. In diesem täglichen Spannungsfeld würden schwache oder kranke Persönlichkeiten untergehen. Wichtig sei es, den Geschlechtstrieb in einem richtigen Maß zu halten. Abnorm sind für ihn »der Mann, welcher das Weib flieht, und das Weib, welches dem Geschlechtsgenuss nachgeht.« Die Veröffentlichung der »Psychopathia« macht Krafft-

Ebing sozusagen über Nacht zum Experten für Sexualpathologie – sein Name ist von nun an untrennbar mit den dunklen Seiten des Sexuallebens verknüpft.

Über den tatsächlichen Grund für die Behandlung von Sophie Charlotte durch Krafft-Ebing – ihre Beziehung zu Dr. Glaser und ihren Scheidungswunsch – wird die Öffentlichkeit natürlich nicht informiert. Doch alleine schon der Name Krafft-Ebing wird auf die Zeitgenossen wie eine Art Codewort gewirkt haben. Dadurch wurde indirekt ausgedrückt, dass eine Krankheit oder Verfehlung sexueller Natur im Spiel sein musste – was für einen Grund sollte es sonst geben, den Fachmann für sexuelle Abartigkeiten zu konsultieren? Die Herzogin von Alençon ist im Übrigen nicht die einzige Person, die unter erheblichem Druck in Maria Grün einquartiert wird. Immer wieder werden dort Pfleglinge eingewiesen, denen aufgrund von unstandesgemäßen Liebschaften »moralischer Wahnsinn« attestiert wird, wie beispielsweise der Gräfin Daria de Beauharnais, Tochter eines Herzogs und Großnichte eines Zaren, die einen Hofkapellmeister heiraten wollte.

Bevor wir uns wieder Sophie Charlotte zuwenden, wollen wir uns noch kurz ein äußerliches Bild von dem Mann machen, der ihr nun als behandelnder Arzt gegenübertritt. Richard von Krafft-Ebing entspricht dem Idealbild eines Irrenarztes des 19. Jahrhunderts – ein Mann, der Autorität ausstahlt, mit einer hohen und breiten Stirn, einer zu leichter Fülle neigenden Gestalt, einem ernsten Gesicht, einer tiefen und sonoren Stimme. Sein Gesicht ziert ein gepflegter Vollbart, seine Garderobe ist gewählt. Aufgelöste Patienten hätte er durch bloßen Augenkontakt beruhigt – eine Eigenschaft, die man im Übrigen auch Bernhard von Gudden nachsagt. Sein Biograf Heinrich Ammerer beschreibt Krafft-Ebing als einen sanftmütigen, phlegmatischen, empathischen und hilfsbereiten Menschen mit einem pedantischen Pflichtbewusstsein. Und einer seiner Berufskollegen bescheinigt ihm, dass er »nicht einmal jenen Grad an Misstrauen« besessen hätte, »der zur vollen Menschenkenntnis« gehört. Seine bis zur Naivität gehende verständnisvolle Art sei deshalb mehrmals missbraucht worden. In summa macht dies den Psychiater zur Idealbesetzung für die Aufgabe, für die ihn die Familie von Sophie benötigt: Ein leicht naiver, ausgewiesener Fachmann für sexuelle Verirrungen adeliger Herkunft, dessen neu eröffnetes Sanatorium der höheren Gesellschaft vorbehalten ist und das zudem auf dem Boden der österreichischen Monarchie liegt, nicht zu weit entfernt, aber weit genug weg von München und von Pos-

Entspricht dem Ideal eines Irrenarztes im 19. Jahrhundert: Richard von Krafft-Ebing, Autor der berühmt-berüchtigten »Psychopathia sexualis«.

senhofen. Der Herr Baron hegt im Übrigen auch eine große Leidenschaft für die Musik. Er ist bekannt dafür, dass er in seinem Sanatorium Duette mit seinen Patienten singt oder auch am Piano improvisiert. Ob er und Sophie sich über die Liebe zur Musik persönlich näher gekommen sind? Wir können es nicht sagen, denn über die persönliche Interaktion der beiden liegt uns kein einziges Dokument vor.

Bei aller Lauterkeit Krafft-Ebings dürfen wir nicht übersehen, dass sein Verständnis für den Ausbruch von Sophie aus ihrer Ehe wohl gegen Null geht. Sein Weltbild ist geprägt von der Unterordnung der Frau unter die schöpferische und sexuelle Kraft des Mannes. Ihre persönlichen Entfaltungsbedürfnisse müsse die Frau, die er in geistiger Hinsicht weitgehend als Mängelwesen betrachtet, den gesamtgesellschaftlichen Erfordernissen unterordnen. Sein Idealbild ist die Frau, die in der Mutterrolle völlig aufgeht und der er das Schreckbild der ungezügelten, sinnesbeherrschten Lebefrau gegenüberstellt. Und da die Ehe für ihn eine Institution bildet, die den Fortbestand des Staates garantiert, wiegt für ihn der Ehebruch der Frau »unendlich schwerer« und sei auch wesentlich härter zu bestrafen.

Kapitel 31

Bespitzelung & Eiswasserbäder

Nun stellt sich eine sehr wichtige Frage: Wie ist es Sophie in Maria Grün ergangen? Was passiert dort mit ihr? Dies zu beantworten, wird nicht leicht werden, denn die Quellenlage ist sehr schwierig. Eine Akte, aus der wir ersehen könnten, welche Maßnahmen angewendet wurden, existiert nicht. Denn die Krankenakten aus Maria Grün sind leider alle verschollen. Deshalb sind wir darauf angewiesen, aus kleinen Mosaiksteinchen ein Bild zu entwerfen. Die erste Nachricht von Professor Krafft-Ebing, die aus Graz eintrifft, besagt, dass die Patientin sich ruhig und besonnen zeige. Dies stimmt mit einer Meldung in der Ausgabe der »Meraner Zeitung« vom 14. Juni 1887 überein, die da lautet: »Schon die erste telegraphische Nachricht des Professor v. Krafft-Ebing war auch in so fern eine günstige, als sie außer der glücklichen Ankunft der hohen Kranken zugleich melden konnte, daß diese schon ziemlich ruhig geworden sei und sofort den Wunsch nach einem baldigen Kommen ihrer bisherigen Hofdame, der noch sehr jugendlichen Baronesse Bechtolsheim, ausgesprochen habe.« Bei der Baronesse handelt es sich um Charlotte (»Lolo«) Wilhelmine von Bechtolsheim, die zum damaligen Zeitpunkt 23 Jahre alt ist. Die junge Dame stammt aus der Familie der Freiherrn von Mauchenheim, genannt Bechtolsheim, die dem deutschen Uradel angehört. Einer von Charlottes Onkeln hatte eine bedeutende militärische Karriere im österreichischen Militär gemacht und war Flügeladjutant von Kaiser Franz Joseph gewesen, bei dem er immer noch in hohem persönlichen Ansehen steht. Seit Oktober 1886 ist die junge Baronesse Hofdame bei Sophie, während der Zeit in Graz ist sie wohl ihre engste Bezugsperson; einzelne Notizen in der Presse erwähnen immer wieder, dass die Herzogin von Alençon sich in Begleitung ihrer Hofdame befindet, die nicht namentlich genannt wird, bei der es sich aber wohl um Charlotte von Bechtolsheim handelt.

Bei ihrer Ankunft in Graz am 8. Juni 1887 quartiert man Sophie vorübergehend im »Meerschein-Schlosse« in der Mozartgasse ein, wie die Wiener Zeitung »Die Presse« erfahren hat. Ein Blick auf den Stadtplan von Graz erklärt uns diese Entscheidung: Professor Richard von Krafft-Ebing wohnt nur fünf Minuten vom Meerscheinschlössl entfernt in einer Gründerzeitvilla in der Goethestraße 10. So hat der Psychiater seine berühmte Patientin in nächster Nähe.

Zwei Tage nach ihrer ersten Meldung berichtet die »Meraner Zeitung« ihren Lesern unter der Rubrik »Telegramme an die Meraner Zeitung«: »Graz, 15. Juni: Die Herzogin von Alençon befindet sich besser; sie verkehrt viel mit der Baronin Krafft-Ebing, und soll ganz ruhig sein. Sie beschäftigt sich meist mit ihrer Lectüre.« Es ist eindeutig, dass man versucht, nach den aufsehenerregenden Ereignissen die Wogen zu glätten. Wann Sophie vom Meerscheinschlössl nach Maria Grün übersiedelt, können wir nicht genau sagen. Nach der anfänglich ausführlichen Berichterstattung in der Presse werden die Nachrichten schnell weniger. Am 24. Juni meldet »Die Presse«, dass über das Befinden der Herzogin von Alençon auf Wunsch der Familie keine weiteren Bulletins mehr ausgegeben werden. Daher sind wir nun wieder alleine auf Dokumente aus dem familiären Umfeld angewiesen.

Einen ungeschminkten Einblick in die Vorgänge in Maria Grün liefert uns ein Brief, den der Herzog von Alençon am 13. Juli 1887, also ungefähr einen Monat nach der Einweisung von Sophie, an den Psychiater Krafft-Ebing richtet. Der Herzog hält sich zu dieser Zeit in Admont in der Steiermark auf. Aus dem Schreiben geht hervor, dass die beiden Männer in ausführlichem Briefwechsel stehen, allerdings ist nur dieser eine Brief im Nachlass Krafft-Ebings erhalten. Man merkt deutlich, dass der Herzog gekränkt und verletzt ist. Er spricht von Sophie an mehreren Stellen nur als von »der Kranken« (»la malade«) oder »der Herzogin« (»la Duchesse«), aber nicht von seiner Ehefrau. Das Schreiben offenbart ein ausgeklügeltes Spitzelsystem, mit dem man Sophie umgeben hat. Es scheinen sich mehrere Personen in ihrer unmittelbaren Umgebung zu befinden, die über sie berichten. So erwähnt der Herzog einen Herrn Lenisch, dessen Frau ihre Beobachtungen ihrem Ehemann mitteilt, der sie wiederum an den Herzog schickt. Außerdem gibt es eine Kammerfrau, der eine wichtige Aufgabe zukommt – sie zensiert mehr oder weniger Sophies Kommunikationsversuche mit der Außenwelt.

Sophie versucht tatsächlich verzweifelt, aus dem Sanatorium heraus mit ihrem Liebhaber Dr. Glaser in Verbindung zu bleiben. Aber diese Briefe werden von der Kammerfrau abgefangen und an Krafft-Ebing übergeben, der sie an den Herzog schickt. Es geht allerdings auch daraus hervor, dass es Sophie im ersten Monat ihres Aufenthaltes gelungen ist, mindestens drei Briefe an den Aufpassern vorbei herauszuschmuggeln und an Dr. Glaser nach München zu schicken. Durch das Spitzelsystem kommt der Herzog von Alençon dennoch in den fragwürdigen Genuss, die Briefe seiner Ehefrau an ihren Liebhaber zu lesen. So berichtet er Krafft-Ebing, dass er den letzten beigelegten Brief von Anfang bis Ende gelesen hätte – ganze 32 Seiten, wie er mit einem Ausrufezeichen vermerkt. Er findet diesen Brief noch befremdlicher (»étrange«) als die vorangegangenen; dies legt nahe, dass er bereits mehrere dieser Nachrichten erhalten hat. Zusammen mit den drei Schreiben, die nicht abgefangen wurden, hat Sophie also im ersten Monat ihres Aufenthalts zahlreiche Briefe an Dr. Glaser verfasst. Der Herzog ist nicht nur befremdet von dem Umfang der Schreiben, sondern auch von den Wiederholungen darin, von immer derselben fixen Idee (»C'est tourjours la même idée fixe«). In den Briefen seiner Frau findet der Herzog auch eine Menge an Ideen und Plänen, die ihr im Kopf herum gingen, die sie aber nicht in die Tat umsetzen würde. Selbstmord oder Flucht hätte man nicht zu befürchten. Die Taktik, die der Herzog und der Psychiater verfolgen, ist also folgende: Sophie soll mit ihrer Kommunikation ins Leere laufen. Man könne sie ohne Weiteres ganze Bände schreiben lassen, bemerkt der Herzog süffisant, die Kammerfrau würde diese ja sowieso aushändigen und die Herzogin unter dem Eindruck lassen, dass sie zur Post gebracht würden. Wenn keine Antwort eintreffen werde, würde sie anfangen, die Dinge im wahren Licht zu sehen (»sous leur vrai jour«). Diesen Moment könne man gefahrlos abwarten. Obwohl Sophie verständlicherweise sehr aufgewühlt ist, scheint sie äußerlich Ruhe zu bewahren und ihren Überwachern nicht die Freude zu machen, hysterisch zu erscheinen. Einer der Spitzel berichtet, die Herzogin sei fröhlich und gut gelaunt – was den Herzog angesichts der Briefe verwundert. Allein schon diese Beobachtung zeigt uns als außenstehenden Betrachtern, wie sehr sich Sophie trotz all der widrigen Umstände anscheinend noch unter Kontrolle hat. Nicht gerade der Eindruck, den eine geistig verwirrte Frau hinterlassen würde.

Außerdem erfahren wir weitere Einzelheiten aus diesem Brief. Unter anderem auch über die Maßnahmen, die zur Behandlung von Sophie ergriffen werden. Auf den Rat von Grashey und Krafft-Ebing hin haben Karl Theodor und Ferdinand ihre Einwilligung zu sogenannten »halben Maßnahmen« gegeben. Dies schließt unter anderem das Übergießen mit Eiswasser und reichlich »traitement morale« mit ein, also eine Art von Gesprächstherapie.

Radikalere Maßnahmen, so befürchteten die Ärzte, würden den Zustand der Kranken verschlimmern und ihn vielleicht unheilbar machen. In Graz stellt Ferdinand von Alençon allerdings fest, dass nach seinen Beobachtungen die »halben Maßnahmen« durch »komplette Maßnahmen« ersetzt wurden. Krafft-Ebing, so erfahren wir weiter, überlegt auch, die Herzogin von Alençon in eine Irrenanstalt (»masion de santée«) verlegen zu lassen. Wenn medizinische Gründe für diese Überlegung ausschlaggebend seien, so würde der Herzog einer Verlegung zustimmen, sollte es sich um Sicherheitsbedenken handeln, könne man es riskieren, die momentane Situation beizubehalten. In jedem Fall könne er diese ernste Entscheidung nur in vorheriger Absprache mit seinem Schwager Karl Theodor treffen. Größten Wert lege man darauf, dass eine Verlegung nur in ein anderes Haus innerhalb Österreichs erfolge.

Die Entscheidung liegt nun bei Richard von Krafft-Ebing. Wir wissen nicht, welche Gründe ihn bewegen, eine Verlegung in Betracht zu ziehen. Vielleicht hat der berühmte Psychiater bei näherer Begutachtung festgestellt, in welch schwierige Situation er sich mit seinem Gefälligkeitsgutachten gebracht hat. Schlussendlich verbleibt Sophie in seiner Behandlung in Maria Grün.

Zu guter Letzt erfahren wir noch, dass Sophie wohl von Maria Grün aus mit ihren Kindern korrespondieren darf. Ferdinand von Alençon wird so mit dem Wunsch seines Sohnes Emmanuel konfrontiert, der gerne seine Mutter sehen möchte. Der Vater bringt diesem Verlangen wenig Verständnis entgegen, Krafft-Ebing gegenüber spricht er davon, dass das arme Kind (»pauvre enfant«) den Wunsch seiner Mutter nach einem Treffen teilen würde. Auch hier legt der Herzog von Alençon die Entscheidung in die Hände des berühmten Psychiaters.

Ob es tatsächlich zu einem Treffen zwischen Sophie und ihren Kindern in der Zeit kommt, die sie in Maria Grün verbringt, ist nicht eindeutig zu beantworten, denn die Quellen geben hier kein einheitliches Zeugnis. Am 12. August 1887 hält Amélie in Bayern in ihrem Tagebuch fest: »Von Graz kamen gute Nachrichten. Tante Sophie hat auf ihr Verlangen Onkel Alençon, Luise und Emanuel gesehen, sie herzlich empfangen, besonders ersteren. Doch lässt sie nicht von ihrer Idee mit Dr. Glaser. Baron Krafft-Ebing sagt, er könne nun wissenschaftlich beweisen, dass sie geisteskrank sei.« Amélie hat die Informationen offensichtlich von ihrem Vater. In einem späteren Brief schreibt

Sophie allerdings, dass sie von ihrer Tochter Louise sieben Monate lang getrennt gewesen sei. Wir können diesen Widerspruch nicht eindeutig klären.

Der Herzog von Alençon verbringt den Sommer des Jahres 1887 jedenfalls mit seinen Kindern in Österreich und bleibt somit in der Nähe von Graz. Die schwierige Situation dürfte sicherlich einige Fragen aufgeworfen haben und gerade zwischen dem Vater und seinem pubertierenden, 15-jährigen Sohn Emmanuel kommt es offensichtlich zu Spannungen. Der Herzog nutzt den Sommer jedenfalls, um Zeit mit seinen Kindern zu verbringen. Auch wenn die folgende Gewalttour in den österreichischen Alpen eher befremdlich anmutet.

Ende August 1887 unternehmen Vater und Sohn eine Bergtour in Tirol. Von Sölden im Ötztal aus steigen die beiden über Obergurgel und das Ramolhaus auf das Ramoljoch, und wieder hinunter zum Bergdorf Vent. Dreizehn Stunden habe diese Tour gedauert, berichtet der Vater seiner Tochter Louise, die sich derweilen zusammen mit ihrer Erzieherin Mademoiselle André in Igls im »Igler Hof« aufhält, wo die Familie schon in früheren Jahren gerne abgestiegen ist. Nach einem Ruhetag habe man vor, die Tour von Vent aus über einen Pass ins Pitztal fortzusetzen. Was auch immer den Herzog zu diesem Gewaltmarsch veranlasst haben mag, der Ausflug wird ihm ermöglicht haben, mit seinem Sohn ins Gespräch zu kommen.

Im Anschluss an diese Bergtour begibt sich die Familie Alençon wohl abermals nach Graz. Dies entnehmen wir einem Tagebucheintrag von Erzherzogin Marie Valérie, die mit der kaiserlichen Familie in der Sommerfrische in Ischl im Salzkammergut weilt. Am 11. September 1887 notiert sie die Ankunft der Familie: »Auch Luise sieht ihren Vater wie einen Heiligen an. Zum Glück scheint Luise durchdrungen davon, dass ihre Mutter wirklich krank ist.« Auch Sisi nutzt die Gelegenheit zum einem Gespräch und horcht die 18-jährige über die familiären Verhältnisse aus. Das Gehörte legt sie, wie üblich, in einem Gedicht nieder: »Was Louise uns erzählte«. Der poetische Tagebucheintrag der Kaiserin wiederholt die Vorwürfe, die Sisi bereits in den beiden anderen Gedichten über ihre Schwester äußerte und spinnt dramatische Szenarien, die wir an dieser Stelle nicht wiederholen, da sie uns keine weiteren verwertbaren Details liefern und äußerst subjektiv wirken. Es hinterlässt auch keinen besonders positiven Eindruck, dass die 49-jährige Kaiserin die angespannte Situation ausnutzt, um von ihrer 18-jährigen Nichte weitere pikante Details der Affäre zu erfahren.

Von Ischl aus reist die Familie Alençon weiter nach Bayern, wo man mit der herzoglichen Familie zusammentrifft. Hier tauscht sich Louise auch mit ihrer Cousine Amélie aus: Louise erzählt, ihre Mutter sei in Nizza erkrankt, sie hätte sich nicht mehr um ihre Tochter gekümmert, die sie zuvor immer heiß geliebt habe. Seit der Scharlacherkrankung schlafe ihre Mutter auch nicht mehr und gehe stundenlang spazieren. Seit Louise allerdings wisse, dass ihre Mutter krank sei, habe sie ihr alles vergeben und liebe sie fast mehr als früher, als beide unzertrennlich gewesen seien. Aus diesen wenigen Zeilen hören wir deutlich heraus, in welchem Gewissenskonflikt sich Louise befindet. Die Ehekrise belastet sie schwer, verstehen kann auch sie die Situation nur, indem sie die These der Erwachsenen aufgreift, dass ihre Mutter krank sei. Ins Gespräch mit Cousine Amélie mischen sich aber auch zum ersten Mal kritische Töne gegenüber ihrem Vater. Vielleicht ist Louise gegenüber Marie Valérie nicht so offen, Amélie hingegen erzählt sie, ihr Vater sei ein guter aber schwacher Mann mit engen Anschauungen. Außerdem berichtet sie, dass ihr Bruder Emmanuel sich nicht mit dem Vater verträgt. Amélie fasst in ihrem Tagebuch zusammen: »Das Ärgste – eine unglückliche Ehe.«

Ab Mitte September verliert sich erst einmal die Spur von Sophie. Für einige Wochen haben wir keine Dokumente, die uns weiterhelfen. Daher ist es an der Zeit, sich die Frage zu stellen: Was macht eigentlich Dr. Franz Glaser? Wie verhält er sich gegenüber Sophie, die von Maria Grün aus unablässig Briefe an ihn schickt und die über Wochen trotz der Maßnahmen, die gegen sie ergriffen werden, nicht von dem Plan ablässt, ihren Liebhaber heiraten zu wollen?

Kapitel 32

Der untreue Liebhaber

Um diese Frage zu beantworten, müssen wir einige verstreute Informationen zusammentragen. Aus dem schon öfter zitierten Brief des Herzogs von Alençon an den Psychiater Krafft-Ebing erfahren wir jedenfalls, dass in Maria Grün keine Briefe von Herrn Dr. Glaser an Sophie eintreffen – obwohl es der Herzogin gelungen ist, einige Briefe aus dem Sanatorium herauszuschmuggeln. Der Arzt scheint keinen Kontakt mit seiner Geliebten aufnehmen zu wollen. Ferdinand von Alençon untermauert dies mit einer Beobachtung seines Schwagers Karl Theodor, der ihm berichtet habe, man sehe »Dr. G.« des Öfteren am Ufer des Starnberger Sees, »in jugendlich zarter Begleitung Trost suchend«. Dies lässt uns aufhorchen. Kann es sein, dass dem Arzt die Situation zu brenzlig geworden ist und er sich zurückzieht? Und wieso braucht er eigentlich »Trost« in den Armen einer jungen Dame?

Die Antwort liefern die Akten im Münchner Stadtarchiv. In den Personalakten von Glaser finden sich Hinweise auf die »Ehescheidung« von seiner ersten Frau. Die junge Arztgattin Alexandra Anastasia Glaser, geborene von Quist, scheint sich mit der Situation nicht abgefunden zu haben und zieht prompt die Konsequenzen aus der Affäre ihres Mannes. Auch eines der Gedichte aus Sisis Feder liefert uns den Hinweis, dass die »Frau Doctor« nicht nur verzweifelt die Hände gerungen, sondern auch die Polizei »reklamiert« habe. Die Scheidung wird bereits am 7. Juni 1887 durch ein Urteil des Königlichen Landgerichts München rechtskräftig, Ende August 1887 bezeichnen die Akten im Stadtarchiv München Frau Glaser als »geschiedene Arztens-Gattin«.

Die Affäre von Sophie und Dr. Franz Glaser hat also Auswirkungen für alle Beteiligten, auch wenn sie den Arzt weniger heftig treffen. Denn die Akten im Stadtarchiv beantworten uns auch die Frage, wer die junge Frau gewesen sein könnte, die den Arzt tröstete. Es dürfte sich wohl um Maria Victoria von Sutner handeln, die Tochter eines bayerischen Majors. Als sie mit dem 18 Jahre älteren Arzt am Ufer des Starnberger Sees wandelt, ist die junge Dame 21 Jahre alt. Und woher wissen wir das jetzt alles? Ganz einfach: Die beiden heiraten Mitte Dezember 1888. Zum Zeitpunkt seiner zweiten Eheschließung ist der Arzt 40 Jahre alt, seine neue Gemahlin 22.

Was merkwürdig anmutet: Fast zeitgleich zur Hochzeit Glasers mit der jungen Majorstochter geht auch Alexandra Anastasia von Quist, geschiedene Glaser, eine zweite Ehe ein. Anfang Dezember 1888 heiratet sie den Freiherrn Wilhelm von Treuberg aus dem Hause der Grafen von Erbach. Eine gute Partie für eine geschiedene Arztgattin mit drei Kindern. Der neue Ehemann der geschiedenen Frau Glaser ist übrigens Leutnant in der bayerischen Armee. Wir können also zusammenfassen: Gut eineinhalb Jahre nach der Affäre von Dr. Glaser und der Scheidung sind beide Ehepartner wieder verheiratet, beide machen auffallend gute Partien. Der bürgerliche Arzt heiratet abermals eine Adelige, die neuen Partner kommen alle aus dem Umfeld der bayerischen Armee. Wurde hier eventuell etwas nachgeholfen, um das geschiedene Paar möglichst schnell wieder von der öffentlichen Bühne zu bekommen?

Alles in allem können wir also sagen, dass Glaser die Liebe Sophies bei Weitem nicht im gleichen Maße erwidert. Als ihm bewusst wird, was für ein Wagnis er mit seiner Affäre mit der Schwester der Kaiserin von Österreich eingegangen ist, versucht er seinen Kopf möglichst schnell wieder aus der Schlinge zu ziehen.

Philipp zu Eulenburg ergänzt dieses Bild mit einem passenden Detail. In seinem Bericht an den Sohn des Reichskanzlers Bismarck im Juni 1887 fügt er hinzu, dass Dr. Glaser sich sogar herbeigelassen habe, zu erklären »die Herzogin sei den ganzen Winter bereits wahnsinnig gewesen«. Mit dieser Aussage spielt er natürlich der Familie seiner ehemals Geliebten in die Karten.

Kapitel 33

»Mein liebes, liebes Baby!«

An dieser Stelle hätten wir nun große Schwierigkeiten, die Geschichte weiterzuerzählen. Denn zum Aufenthalt von Sophie Charlotte in Maria Grün existierten keine bisher bekannten Quellen. Nur durch die eingangs erwähnten Nachrichten aus dem Nachlass ihrer Tochter Louise können wir diese Lücke nun ein wenig schließen. Die Sammlung enthält einen Brief von Sophie vom 3. November 1887, hinzu kommen mehrere Briefe des Herzogs von Alençon an seine Tochter aus diesem Zeitraum. Da Sophies Schreiben bisher unbekannt war und das einzige längere Schriftstück ist, das wir von ihr aus der Zeit in Maria Grün besitzen, wird es hier vollständig wiedergegeben:

»Mein liebes, liebes Baby!
Für 2 liebe Briefe kann ich Dir danken, den letzten erhielt ich gestern Abend und hat mich so gefreut.

Längst schon wollte ich Dir schreiben, kam aber trotz meiner Einsamkeit nicht recht dazu. Ich bin oft so müde an Geist und Körper und bringe dann gar nichts zusammen.

Daß Du so viel an mich denkst thut mir recht wohl und ich danke Dir für Deine lieben Worte. Da ich Dich nicht mehr habe, möchte ich so gerne Deine in München gemachten Photographien, deren ich keine besitze; ich sehne mich oft danach Dein liebes teures Gesichtel auf meinem Schreibtisch vor mir zu sehen und bitte Dich schicke mir von jeder Aufnahme ein Bild. – Die Mutter Gottes im goldenen Rahmen, welche Dir so gefiel, hat mir die Großmama vor vielen, vielen Jahren einmal aus Ischl mitgebracht, ich war damals 12 oder 13 Jahre alt und das Bild hat immer über meinem Bett gehangen sowohl in München als im lieben Poßi, ich hatte es so gerne und hatte in meiner Kinder und Jugendzeit davor gebetet und manche schöne und auch traurige Träume darunter geträumt.

Das Bild soll Dein Eigen werden, mein geliebtes Kind und sollst es mit Dir nehmen, wohin Du auch immer gehen wirst. Ich werde Papa bitten, daß er es Dir zu Weihnachten von mir aus gibt. –

Meine Gedanken sind immer bei Dir, ich bin froh, dass es Dir in England gefällt und all die Reisen Dich zerstreut haben. Du hast ja jetzt so viel Neues und Interessantes gesehen. Mademoiselle lasse ich grüßen, ich werde ihr nächstens schreiben. Bubi hat wohl meinen Brief nun auch erhalten. – Schreibe mir bald wieder, Du machst mir so große Freude damit, ich will nun auch wieder fleißiger sein. Innig umarme ich Dich, mein liebes Töchterlein, Gott schütze Dich und gebe Dir Freude und friedliche Tage!

Leid ist's mir, dass Du Pere Ch. nicht gesehen hast, er hat mir einen so lieben Brief geschrieben, der mich innig gefreut hat. Er ist immer der treue, alte Freund von früher, der sich stets gleich bleibt.

Auch bald wiederschreiben, nicht wahr? Papa umarme ich innig so auch Bubi und auch Dir mein Töchterchen noch viele Küsse von

Deinem Dich treu liebenden

Mütterchen.

Droll geht es gut, er besucht mich oft.«

Viel müssen wir bei diesem Brief nicht erläutern. Mit »Bubi« ist Sophies Sohn Emmanuel gemeint, mit »Mademoiselle« Mademoiselle André, Louises Erzieherin. Louise selbst weilt, wie auch ihr Bruder, im Herbst 1887 in England, der Exil-Heimat der Familie Orléans. Bei »Droll« handelt es sich um einen von Sophies Hunden, was durchaus bemerkenswert ist. Denn daraus können wir schlussfolgern, dass Sophie in dieser schweren Zeit von einem ihrer Vierbeiner begleitet wird. Die Formulierung »besucht« legt nahe, dass Droll nicht im Sanatorium Maria Grün selbst untergebracht ist, sondern in der Nähe. Der Brief gibt uns nicht nur einen kurzen Einblick in Sophies Seelenleben zu dieser Zeit, sondern er spiegelt auch sehr deutlich ihr Wesen wider. Offen und ehrlich spricht sie Ihre Einsamkeit an. In der Formulierung »müde an Geist und Körper« zeichnet sie ihre niedergeschlagene, resignierte Stimmung nach. Auch ihr liebendes Wesen tritt deutlich hervor, und nicht zuletzt die Sehnsucht nach ihrer Tochter, von der sie sich ein aktuelles Bild für ihren Schreibtisch wünscht. Dass Sophie das Schreiben emotional aufwühlt, sieht man an der Passage über das Bild der Madonna im goldenen Rahmen, das als Symbol für ihre Religiosität fungiert und mit dem sie intensive Erinnerungen an ihre Kindheit verbindet. Dass sie bereits Vorkehrungen trifft, ihr besonders ans Herz gewachsene Gegenstände an ihre Kinder zu verteilen, zeigt auch, wie wichtig es ihr ist, bereits jetzt die Dinge in ihrem Sinne zu regeln.

Während Sophie diesen Brief an ihre Tochter verfasst, weilt ihr Ehemann Ferdinand in Wien, wo er auf der Suche nach einem neuen Zuhause für die Familie ist. Dazu müssen wir uns in Erinnerung rufen, dass in Frankreich 1886 ein Gesetz gegen die Thronanwärter verabschiedet worden war, das es Mitgliedern der ehemals regierenden Familien untersagt, ein öffentliches Amt zu bekleiden oder in öffentliche Körperschaften gewählt zu werden. Die Oberhäupter der Häuser Bonaparte und Bourbon mussten (abermals) ins Exil gehen, Teile der Familie zeigten Solidarität und verließen ebenfalls das Land, so auch der Herzog von Alençon. Daher durchstreift er im November 1887 auf der Suche nach einem standesgemäßen Haus Mödling, Baden bei Wien und Hitzing. Noch habe er nichts in der Hand, lässt er seine Tochter wissen, aber im Moment neige er zu Hitzing. Louise ist zu diesem Zeitpunkt bereits zurück von ihrer Englandreise und ist in Paris bei ihrer Tante und ihrem Onkel untergekommen, dem ehemaligen Königspaar von Neapel. Ferdinand plant, von Wien wieder nach Graz zu fahren.

Kaiser Franz Joseph von Österreich ist jedoch mit dem Plan, dass sein Schwager sich mit seiner Familie in Wien niederlassen will, nicht einverstanden. Ebenfalls im November 1887 schreibt er seiner Frau Sisi: »Beiliegend der letzte Bericht aus Graz über Sophie. Ich verstehe nicht ganz Alencons Vorgehen oder vielmehr Schweigen und fände die Niederlassung in Wien nicht eben bequem. Dieses Mal scheint aber auch mir Sophies physische und moralische Genesung auf Wahrheit zu beruhen.« Leider ist der angesprochene Bericht über Sophie nicht erhalten geblieben, es zeigt jedoch, dass Sisi und ihr Mann wohl informiert sind über Sophies Schicksal. Gleichzeitig äußert der Kaiser Kritik an der Informationspolitik des Herzogs von Alençon, der versucht, selbst in der eigenen Familie so wenige Informationen wie möglich nach außen dringen zu lassen – wie wir gleich noch sehen werden. »Dieses Mal« deutet darauf hin, dass man sich schon einmal an dem Punkt glaubte, an dem Sophie als genesen galt, sprich ihre Scheidungspläne aufgegeben hatte. Vielleicht stimmt diese Anspielung des Kaisers überein mit den Aufzeichnungen Amélies im August 1887, dass die Familie Alençon Sophie besucht habe, diese aber nicht von ihrem Vorhaben ablasse.

Von Graz aus berichtet der Herzog von Alençon seiner Tochter Ende November über den aktuellen Zustand ihrer Mutter: Es gäbe einen riesigen Unterschied (»immense difference«) zwischen dem, was die beiden im September gesehen hätten und dem momentanen Zustand. Sophie sei ruhig

»Mein liebes, liebes Baby!«: Sophie Charlottes geliebte Tochter Louise.

und ziemlich fröhlich (»Maman est calme et assez gaie«), würde besser schlafen und sich viel bewegen. Sie komme in einen normalen Zustand (»l'état normal«), es gebe weder Szenen noch Tränen (»Il n'y a plus ni scènes, ni larmes«). Außerdem erwähnt der Herzog einen weiteren Hund – »Mief« –, der die Herzogin auf ihren Spaziergängen begleitet. Wir erfahren auch über das tägliche Leben in Maria Grün: Die Mahlzeiten nehme man zu dritt ein, wobei wir annehmen dürfen, dass es sich bei der dritten Person am Tisch um Lolo von Bechtolsheim handelt. Der Herzog würde mit seiner Frau zu Fuß in die Stadt und ins Freie spazieren gehen, ein Ausflug mit der Kutsche sei allerdings untersagt. Wir können davon ausgehen, dass der Herzog hier hätte ergänzen müssen: wegen Fluchtgefahr. Ein Besuch im Theater oder im Konzert sei hingegen erlaubt. Die meiste Zeit verbringt Sophie aber in Gesellschaft eines Paters, der namentlich ungenannt bleibt und mit dem sie sich lange unterhält. Und selbst in dieser schwierigen Situation schafft Sophie sich Freiräume: Die Messe möchte sie gerne alleine, ohne ihren Mann, besuchen, wundert sich dieser.

In diesem Brief wird gleichzeitig deutlich, wie sehr der Herzog von Alençon seine ganze Familie überwacht. So muss Louise den Vater fragen, ob sie der Mutter schreiben darf – was dieser auch erlaubt. Auch wenn Louise an ihre Freundinnen schreiben will, muss sie um Erlaubnis bitten. So genehmigt ihr der Vater zwar, an die gleichaltrige Cousine Prinzessin Elvira von Bayern zu schreiben, allerdings solle sie den Brief so formulieren, dass daraus keine aktive Korrespondenz entstehe. Und sollte die Freundin dennoch antworten, so wünsche er, den Brief zu sehen. Vielleicht ist dem Vater die Kritik der Tochter an seiner Person auf Umwegen zu Ohren gekommen. In jedem Fall versucht er möglichst alle Informationskanäle zu kontrollieren. Und auch einen Besuch von Louise in Graz verhindert der Vater: Es gäbe keinen Platz in dem Sanatorium mehr, die Zimmer seien alle von einer verrückten Fürstin (»Fürstin folle«) belegt. Bei dieser »Fürstin folle« dürfte es sich um Herzogin Adelheid von Schleswig-Holstein-Sonderburg-Augustenburg handeln, die sich seit Juli 1887 in Maria Grün befindet und dort über drei Jahre lang bleibt. Sie ist der wohl ranghöchste Gast in Maria Grün, denn ihr Schwiegersohn ist niemand Geringerer als der zukünftige deutsche Kaiser Wilhelm II.

Anfang Dezember 1887 reist der Herzog von Alençon für kurze Zeit nach Rom. Er hat dort eine Audienz bei Papst Leo XIII., von der er seiner Tochter Louise ausführlich berichtet. Von Rom aus begibt er sich zurück nach Graz, um weiter nach Paris zu reisen. Kurz vor Weihnachten verlässt er Paris, um die Festtage zusammen mit Sophie in Graz zu verbringen. Am Tag vor Heiligabend schreibt er von Stuttgart aus seiner Tochter eine Karte, in der er sie bittet, ein Geschenk zu besorgen, das er vergessen hat – eine Schachtel gemischter Bonbons von »Boissier«, die sich Sophie gewünscht hat. Louise soll doch die Bonbons bitte bestellen und nach Graz schicken lassen.

Zum neuen Jahr sendet Sophie eine Postkarte an ihre Tochter, die Louise als Andenken aufhebt und die sich ebenfalls in dem eingangs erwähnten Nachlass befindet. Das Motiv spricht für sich: Zwei kleine Katzen, die in einer Decke aneinander gekuschelt dem Schneegestöber trotzen. Die größere Katze blickt sorgend auf die kleinere. Auf der Rückseite steht geschrieben: »Glück und Segen zum neuen Jahr mit 1.000 Küßen. Deine dich treu liebende Mutter.«

»Glück und Segen zum neuen Jahr mit 1.000 Küßen«: Diese Neujahrskarte ihrer Mutter hatte für Louise einen ganz besonderen Wert.

Kapitel 34

Zurück ins Leben

Am 12. Januar 1888 reisen Herzog Ferdinand und Herzogin Sophie von Alençon aus Graz ab. Mehr als sieben Monate hat Sophies unfreiwilliger Aufenthalt in Maria Grün gedauert.

Das Ziel der Reise ist Wien, wo die beiden noch am selben Tag ankommen und Quartier im Hotel Continental in der Kirchengasse bezieht. Den Plan, ein Haus zu mieten, scheint man verworfen zu haben. Das Hotel sei gut, das Appartement gehe nach Süden, sei hübsch und bequem, berichtet Ferdinand wenig später seiner Tochter nach Paris. Man schaue auf die kleine Donau und die Franz-Josephs-Kaserne am anderen Ufer. Kaum, dass das Ehepaar in Wien eingetroffen ist, wird es schon vom Kaiserpaar empfangen. Marie Valérie notiert über das Wiedersehen mit ihrer Tante am 13. Januar in ihr Tagebuch: »Tante Sophie (mit Onkel Alençon) bei Mama. Ganz und gar die Tante Sophie von ehemals, nur wenn möglich verjüngt (…) blühend (…) ruhige Heiterkeit, von Aufgeregtheit keine Spur, von Scham (…) absolutes Rätsel (…) schönstes Einverständnis mit Onkel Alençon. Papa nachher zu Mama: ›Du warst viel genierter als Sophie‹«. Wir wundern uns wenig darüber, dass die Kaiserin sich so genierte, dass es sogar ihrem ansonsten eher wenig feinfühligen Mann auffällt. Wissen wir doch, welche Gedanken über ihre jüngste Schwester sie ihrem geheimen poetischen Tagebuch anvertraut hat. Vielleicht wundert sich Sisi auch, dass sie nach dem großen Skandal auf einmal ihrer kleinen Schwester gegenübersteht, die heiter und ruhig wirkt. Auch sind wir erstaunt über das Auftreten von Sophie, wirkt sie doch nach dem Aufenthalt in Maria Grün weder zerknirscht noch schuldbewusst. Man fragt sich: Wie kann das sein? Fast möchte man meinen, Sophie sei einer Art von Gehirnwäsche unterzogen worden. Vielleicht hat sie aber auch nur erkannt, dass es keinen Sinn mehr macht, sich gegen die Familie aufzulehnen. Vielleicht ist sie auch enttäuscht von ihrem ehemaligen Liebhaber, für den sie so viel aufs Spiel gesetzt hat und von dem sie jetzt schon seit Monaten nichts mehr gehört hat. Vielleicht spielt sie das Spiel einfach nur mit, da ihr kein anderer Ausweg mehr bleibt. Ferdinand macht Sophie die Rückkehr jedenfalls so angenehm wie möglich. In einem Brief an ihre Tochter spricht Sophie kurz nach der Ankunft in Wien davon, dass ihr Mann ihr sehr schönes Briefpapier geschenkt habe, darüber hinaus ein Kleid in Weiß und Gold, das er heimlich für sie habe anfertigen lassen.

Die Tage nach dem Zusammentreffen mit der kaiserlichen Familie sind für Sophie und Ferdinand angefüllt mit zahlreichen Besuchen bei der weitverzweigten Verwandtschaft in Wien. In den ersten zwölf Tagen habe man mindestens 30 Besuche gemacht, berichtet Ferdinand seiner Tochter. So trifft man am 19. Januar Erzherzog Ludwig Viktor, Sophies ehemaligen Heiratskandidaten. Bei diesem Treffen ist außerdem ein weiterer Bruder des Kaisers, Erzherzog Karl Ludwig, anwesend, darüber hinaus auch Erzherzogin Klothilde, eine Schwester von Mapperls Ehefrau Amalie, und Louise von Coburg, eine geborene Prinzessin von Belgien, die mit einem Bruder von Klothilde verheiratet ist. Louise von Coburg ist elf Jahre jünger als Sophie und ihre Ehe gilt als höchst unglücklich – zu diesem Zeitpunkt kann noch keiner der Anwesenden ahnen, dass ihr Schicksal einmal eine ähnliche Wendung nehmen wird wie das von Sophie Charlotte. Denn als Louise von Coburg sich wenige Jahre später in einen kroatischen Landedelmann verliebt und an der Seite ihres Liebhabers das Geld ihres reichen Ehemanns verjubelt, kommt man im Kaiserhaus auf die Idee, die provokative Prinzessin aus dem Verkehr zu ziehen, indem man sie für irrsinnig erklärt und in ein Sanatorium einweist. Aber das ist eine Geschichte, die ein anderes Mal erzählt werden soll. Sophie sitzt am 19. Januar 1888 jedenfalls mit dieser weitläufigen Verwandten an einem Tisch; ob die beiden sich unterhalten haben? Ob Louise von Coburg wusste, was Sophie in der letzten Zeit durchgemacht hatte?

In den Monaten in Wien freundet sich Sophie insbesondere mit Erzherzogin Marie Therese an, der Frau von Erzherzog Karl Ludwig und Schwester ihrer Schwägerin Marie José. Marie Therese ist eine geborene Prinzessin von Bragança und Tochter von Mutter Ludovikas Jugendliebe Miguel. Die beiden Frauen sehen sich fast täglich. Neben den mehr oder weniger offiziellen Besuchen bei den anderen Repräsentanten der Herrscherfamilien geht das Ehepaar Alençon in die Oper und ins Theater. Man sieht die Oper »Mignon«, die Operette »Der Zigeunerbaron« von Johann Strauss und die Opernfarce »Die sieben Schwaben«. Allerdings fühle sich Sophie weniger hingezogen zu Theater und Operette, berichtet Ferdinand seiner Tochter. Die restliche Zeit füllt man aus mit Spaziergängen im eisigen Wind und Schnee. Außerdem

Sorgt Ende des 19. Jahrhunderts für einen der größten Skandale im alten Europa: die umtriebige Prinzessin Louise von Coburg.

entdecken die beiden ganz in der Nähe des Hotels eine neu eröffnete Konditorei in der Kärtnerstraße namens »Charles Cabos«, die man regelmäßig aufsucht. Der aus Preußen stammende Carl Immanuel Cabos hatte 1864 in einer Vorstadt von Wien die sehr erfolgreiche »Erste Wiener Cakes- und Biscuits-Fabrik Charles Cabos« gegründet. Umgeben ist das Ehepaar in dieser Zeit stets von ihrer großen Hundeschar, die auch immer wieder in den Briefen erwähnt wird. Sophies besondere Liebe in diesen Tagen gilt dem schwarzen Pudel »Ponto«, der bei den Spaziergängen im winterlichen Wien ganz weiß gepudert gewesen sei, wie Ferdinand seiner Tochter erzählt. Um den Hund »Mief« macht man sich Sorgen, da er unter Haarausfall am Rücken leide und einem Professor vorgeführt worden sei, der dem Hund unter anderem eine strenge Diät verordnet hätte. Ebenfalls immer in der Nähe: Daisy, die Hündin des Herzogs, die dieser innig liebt, und die ihren Herren Anfang 1888 mit Nachwuchs erfreut.

In Wien holen den Herzog von Alençon die emotionalen Kapriolen der letzten Monate ein: Er wird krank. Am 25. Januar berichtet Sophie ihrer Tochter, dass Ferdinand »sehr unwohl« sei, er habe »Schwindel, mit Speien«. Dieses Unwohlsein hält wohl einige Wochen an, denn im März ist das Befinden des Herzogs von Alençon immer noch Thema in der Korrespondenz der Familie.

Aber wissen wir eigentlich, wie es Sophie in diesen ersten Monaten nach ihrer Entlassung aus Maria Grün geht? Von ihr selbst liegen uns fast keine Aussagen vor. In einem Brief an ihre Tochter befürchtet sie, dass sie zu schnell schreibe und der Brief nicht leserlich sei. Tatsächlich hat sich ihre früher gut leserliche Schrift in eine aufgewühlte Handschrift verwandelt. Oft verschätzt sie sich mit der Länge der Wörter, die nicht mehr in die Zeilen ihrer Briefe zu passen scheinen und zu schräg endenden Schriftzügen werden. Ferdinand berichtet seiner Tochter aus Wien, dass ihre Mutter weiterhin gut schlafe, sie scheine sich in Wien wohlzufühlen, trotzdem habe sie Momente, in denen sie traurig (»triste«) und bedrückt (»agacée«) sei. Sie würde wenig lesen, an einem Brief würde sie mehrere Tage arbeiten.

Während Louise gemäß ihrer Rolle als vernünftige ältere Tochter in Paris zum Zentrum der Familienkorrespondenz wird, entwickelt sich Emmanuel zum Sorgenkind. Im Herbst 1887 hatte Ferdinand seinen pubertierenden Sohn nach England in ein Internat geschickt, wo dieser aber nicht glücklich ist. Ein Brief Emmanuels an seine ältere Schwester von Anfang Januar 1888 spricht Bände: Das Gewehr, das Opa ihm geschenkt habe, gehe gut, berichtet er. Gestern habe er drei Hasen, eine Ringeltaube und drei Lerchen geschossen – und das im Fluge. Als Emmanuel des Nächtens aus dem College ausbüchst und seine Lehrer beschimpft, bleibt keine Wahl mehr: Ferdinand muss seinen Sohn wieder aus Canterbury abholen und nach einer neuen Schule suchen. Die Wahl fällt diesmal auf das vom Jesuitenorden geführte Internat Kalksburg bei Wien. Emmanuels Großvater, der Herzog von Nemours, macht sich große Sorgen um seinen Enkelsohn und schlägt eine andere Behandlung vor. Anstatt das Kind einem System aus Misstrauen und Repression auszusetzen, sollten Vertrauen und Versöhnung angewendet werden. Der Herzog von Nemours führt die Krise bei seinem Enkelsohn auf das Drama um Sophie zurück.

Zu Ostern 1888 kommt Louise von Paris aus nach Wien, um das Fest zusammen mit ihren Eltern zu feiern. In dieser Zeit sind die Alençons so häufig bei der kaiserlichen Familie eingeladen, dass sich die geplante Abreise nach Paris immer weiter verschiebt. Bei der Frühjahrsparade der Armee fährt das Ehepaar Alençon direkt hinter der Kutsche des Kaisers und Anfang Mai ist man in der Hermesvilla im Lainzer Tiergarten eingeladen. Diese Villa hatte Kaiser Franz Joseph seiner Frau geschenkt und sie war erst vor Kurzem fertig geworden. Marie Valérie notiert: »Alençon und Tante Sophie speisten bei uns (…) Mama zeigte ihnen nachher die ganze Villa, wie auch die vielen Andenken an König Ludwig, die Tante fast weniger zu bewegen schienen als Mama. Unmöglich (…) aus ihr klug zu werden. Und welchen Mann hat sie doch!!« Die Zuneigung der 19-jährigen Erzherzogin gilt seit jeher mehr ihrem Onkel als ihrer Tante.

Es ist der 80. Geburtstag von Herzogin Ludovika, der fast die gesamte Familie im August in die bayerische Heimat führt. Jetzt sieht auch Amélie zum ersten Mal ihre Tante wieder und vertraut verblüfft ihrem Tagebuch an: »Tante Sophie wieder die Alte, Glasergeschichte wie ein böser Traum. Nur die ruhige Melancholie, die ihr stets eigen war, ist geblieben.« Amélie beobachtet auch, dass es zwischen ihrem Vater Karl Theodor und Sophie noch nicht zum Besten steht. Auf dem Rückweg von einem Spaziergang begegnen Amélie, Marie Valérie und das Ehepaar Alençon Herzog Karl Theodor und seinem Bruder Louis. Die Gruppe spaziert nicht gemeinsam zurück, sondern trennt sich in zwei kleine Grüppchen. Karl Theodor geht zusammen mit seiner Nichte Marie Valérie voraus, »da er und Tante Sophie noch auf einem peinlich steifen Fuße sind«. Nach und nach trudeln alle Gäste am Tegernsee ein: Sisi und Franz Joseph, deren Tochter Gisela mit Familie, Kronprinz Rudolf von Österreich mit seiner Frau Stephanie, Nené und ihr Sohn Albert sowie das Ehepaar Neapel. Gefeiert wird allerdings nicht in Possenhofen, sondern in Wildbad Kreuth. Das Schloss hatte einst Ludovikas Mutter Karoline, der ersten Königin Bayerns, gehört und war über seine Mutter 1875 an Herzog Karl Theodor gelangt. Als Kaiser Franz Joseph in Wildbad eintrifft, unternimmt er am selben Tag erst einmal eine »Kraxelpromenade in die Wolfsschlucht«, so seine Tochter. Am Abend vor dem eigentlichen Geburtstag wird groß gefeiert, zum Klang der »Kreuther Curmusik« wird zum Tanz aufgespielt. Marie Valérie fühlt sich sehr geehrt, als sogar »Onkel Gackel« sie zum Tanz auffordert. Nur Ludovikas Gatte Max ist nicht mit dabei. Der Herzog hatte im Juni 1888 einen Schlaganfall erlitten und sein Gesundheitszustand erlaubte es nicht. Am Geburtstag selbst, dem 30. August, baut sich die ganze Familie auf, um der alten Dame zu gratulieren. Als Sophie an der Reihe ist, kommt es zu einem Zwischenfall. Die beiden Augenzeuginnen, die uns dies überliefern, nehmen den Vorfall allerdings unterschiedlich wahr. Die kritischere Marie Valérie notiert: »Als Tante Sophie kam, warf sie sich halb vor Grossmama kniend in deren Arme – man sah, wie sie bitterlich weinte (...) unsäglich peinlich, da die anderen herumstanden.« Die ihrer Tante sehr zugetane Amélie schildert uns die Szene ganz anders: »Tante Sophie warf sich zärtlicher als alle anderen Kinder Großmama um den Hals, inniger als den anderen wurde ihre Umarmung erwidert.« Ludovikas Geste, die Umarmung ihrer Tochter innig zu erwidern, steht symbolisch am Ende von Sophies Weg zurück in die Familie. Man kann erahnen, wie glücklich die alte Herzogin ist, ihre Tochter wieder in ihre Arme schließen zu können.

Ein sehr lebhaftes und treffendes Bild der Familie Alençon aus dieser Zeit überliefert uns Marie von Redwitz. Die junge Baronin tritt Ende Oktober 1888 ihre neue Stellung als Hofdame bei Herzogin Amélie in Bayern an und hat ihre Erlebnisse in dieser neuen Stellung fleißig aufgeschrieben. So erfahren wir von folgendem Zusammentreffen von Amélie, ihrer neuen Hofdame und der Familie Alençon in Salzburg: »Um zwölf Uhr wurde die Reise in Salzburg unterbrochen, da die Prinzessin bei der Familie Alençon frühstücken sollte. Die Herzogin von Alençon, Schwester des Herzogs Carl, war mit ihrer einzigen neunzehnjährigen Tochter, Prinzessin Louise d'Orléans, auf dem Bahnhof, begleitet von ihrem schwarzen Pudel Ponto. In den Zügen der

Dies ist die einzig bekannte Aufnahme, die das Ehepaar Alençon zusammen mit ihren Kindern zeigt. Entstanden ist sie wohl im Jahre 1888, deutlich sieht man der abgemagerten Sophie die Strapazen der letzten Monate an.

Im Gegensatz zu ihrer Schwester Sisi, die sich ab dem 30. Lebensjahr nicht mehr fotografieren lässt, um ihren Alterungsprozess zu verbergen, gibt es von Sophie Portraits, die deutlich die Spuren zeigen, die das Leben auf ihrem Gesicht hinterlassen hat.

zweiundvierzigjährigen Herzogin fand man schwer die Spuren der Schönheit und bezaubernden Anmut wieder, die sie einst als Braut Ludwigs II. auszeichneten. Sie war mittelgroß und fast überschlank. Ihr einfaches, gewinnendes Wesen zog an, und ihre etwas elegische Art erweckte Sympathie. Prinzessin Louise war von mittelgroßer, geschmeidiger Figur, das rosige Gesicht von selten dichten, blonden Flechten umrahmt. Sie war ein sehr hübsches Mädchen. Eine ritterlich vornehme Erscheinung war der Herzog von Alençon selbst mit dem famos geschnittenen Rassekopf. Gewinnend verbindlich von Art lauschte man gerne seinem eleganten Französisch. Man sagte von ihm, er besitze mehr die Eigenschaften eines Heiligen als die eines Ehemannes. Der einzige Sohn des Paares, Prinz Emanuel, wurde in Frankreich erzogen. Mutter und Tochter sprachen unter sich deutsch und erschienen es auch dem Wesen nach zu sein. Beim Frühstück sah ich, daß auch hier die Hunde eine große Rolle spielten. Als wir die Suppe aßen, stellte man neben den Teller der Herrschaften einen zweiten, und ich glaubte, man gebe ihnen eine besondere Kraftbrühe, doch sah ich, wie sie beide die Wärme mit den Fingern prüften. Der Herzog sagte mir: ›Wie sie sehen, müssen wir unseren Hunden servieren.‹ Die Suppe erhielt Ponto der Pudel und eine Foxterrierhündin.«

In einem Punkt irrt sich Marie von Redwitz trotz ihrer guten Beobachtungsgabe: Sie macht Sophie um ein Jahr älter als sie im Oktober 1888 tatsächlich ist. Wir müssen also korrigieren: 41-jährige Herzogin. Aber die Ereignisse der letzten Monate in Sophies Leben haben deutliche Spuren hinterlassen, man sieht Zeichen der Alterung im Gesicht der einstmals so blendend schönen Frau. In ihrem Nachlass findet sich eine Fotografie, die im Atelier Adèle in Wien entstanden ist, wo man sich auf die Portraits von Frauen spezialisiert hat. Dieses Bild ist wohl auf die Jahre 1888 oder 1889 zu datieren, da die Herzogin von Alençon sich zu diesem Zeitpunkt am häufigsten in Wien aufhält. Es gibt uns einen Eindruck davon, wie sich Sophie nach den Strapazen des Jahres 1887 äußerlich entwickelt hat. Erstmals sieht man auch in ihrem Gesicht den harten Zug um den Mund, den alle herzoglichen Schwestern im Alter bekommen.

Mitte November 1888 verschlechtert sich der Gesundheitszustand von Herzog Max rapide. Am 14. November besucht Herzogin Amélie ihren Großvater im Herzog-Max-Palais und notiert in ihr Tagebuch: »In einem hohen Schlafzimmer lag der arme Großpapa im Bett, mit offenem Mund, schwer atemholend, doch so versteckt in einem Kissen, dass man sein Gesicht kaum erkennen konnte.« Nach einer kurzen Besserung verstirbt Herzog Max einen Tag später in München an der plötzlichen Verstopfung einer größeren Hirnschlagader. Die umgehend benachrichtige Familie kommt nach und nach in München an. Sophie und ihre Tochter Louise treffen wenige Stunden nach dem Tod des alten Herzogs ein. Amélie berichtet: »Als ich erwachte, stand Luise an meinem Bett; sie und die arme Tante Sophie warn nur wenige Stunden zu spät eingetroffen.« Amélie beobachtet auch das Zusammentreffen der Geschwister Sophie und Karl Theodor, deren Verhältnis zuletzt recht angespannt war: »Später sah ich die arme Tante Sophie (...) Wie Papa eintrat, warf sie sich schluchzend um den Hals, so dass Papa mit Mühe seine eigene Erregung unterdrücken kann.« Noch weiß Ludovika nicht, dass ihr Mann gestorben ist. Um die alte Dame zu schonen, hatte man ihr bisher noch nichts gesagt. Die Aufgabe, die Trauerbotschaft zu überbringen, übernimmt Karl Theodor, die anderen Familienmitglieder warten einige Minuten, bevor sie nachfolgen. Amélie berichtet: »Da standen Papa und Großmama sich gegenüber, letztere ruhig und gefasst, obwohl in Tränen.« Der Tod des Patriarchen wird in der Familie von den meisten verhalten aufgenommen, man spürt die Distanz. Karl Theodor ist erschüttert, gesteht aber seiner Tochter, dass der Vater mit ihm »oft sehr unfreundlich« gewesen sei. Und Marie Valérie macht keinen Hehl daraus, dass dieser Todesfall sie wenig bewegt: »Aber es wäre ja auch eine Komödie, so zu tun, als betrübe mich Grosspapas Tod.«

Der im Palais aufgebahrte Leichnam wird drei Tage später in einem sechsspännigen Trauerwagen in die St. Cajetans Hofkirche (heute bekannt als Theatinerkirche) transportiert, wo die feierliche Beisetzung stattfindet. Die Familie ist fast komplett versammelt, von den Herzogskindern fehlt nur Sisi, die auf Korfu weilt, als der Zustand ihres Vaters sich verschlechtert, und auf Anraten ihres Mannes wegen Erkältungsgefahr nicht den weiten Weg nach München angetreten hat. In der Kirche sitzt Sophie zwischen ihrer Schwester Mathilde und ihrer Schwägerin Marie José. Nach einem Trauergottesdienst am folgenden Tage bringt man den Sarg mit den sterblichen Überresten nach Tegernsee. Die Trauergäste folgen dem Leichnam, erst mit dem Zug, dann in Kutschen, unter ihnen Kaiser Franz Joseph und sein Sohn Rudolf, Sophie und Ferdinand mit ihren beiden Kindern, Karl Theodor und Marie José mit Amélie, der König von Neapel, Mapperl und seine Frau Amalie und Louis und seine Ehefrau Henriette. Die eigentliche Beisetzung in der Gruft des Schlosses Tegernsee findet am Morgen des 20. Novembers 1888 statt, einem schönen, sonnigen Herbsttag. Auf den Bergen liegt bereits der erste Schnee. Leider wird sich die Familie an diesem Ort zu ähnlich traurigen Anlässen in den nächsten Jahren des Öfteren einfinden.

Doch das Jahr 1888 endet erst einmal mit einem freudigen Ereignis: Am Weihnachtsabend verlobt sich Marie Valérie mit einem entfernten Cousin, ihrem langjährigen Schwarm Erzherzog Franz Salvator aus der Seitenlinie Toskana. Auch Sophie und Ferdinand sind zu diesem freudigen Ereignis anwesend. Die Eltern sind mit der Wahl ihrer Tochter sehr glücklich, ist doch die Ehe eine Liebesheirat. Der Kaiser betrachtet seine Tochter und seinen zukünftigen Schwiegersohn lange und kommentiert: »Die Valérie sieht kreuzfidel aus.« Zwei Tage später reist man nach München, um die Verlobung mit der Familie zu feiern, die das Paar im Herzog-Max-Palais empfängt: »Das Gewurstel, das uns hier empfängt, spottet aller Beschreibung: Gisela, Tante Nené, Manni, Onkel Gackel, Tante Marie José und Amélie stürzten uns auf der Stiege entgegen (…) Oben standen die Suiten und im Salon endlich Grossmama, die Franz ziemlich geniert begrüsste, ohne ihm die Hand zu geben.« Nach dem Todesfall im November ist das Palais wieder mit Gelächter gefüllt. Doch die Freude währt leider nur kurz.

Ende Januar 1889 wird die Familie von einer schrecklichen Tragödie erschüttert. In Mayerling, einem Jagdschloss südöstlich von Wien, nimmt sich in der Nacht vom 29. auf den 30. Januar Kronprinz Rudolf von Österreich das Leben. Als er stirbt, ist er nicht alleine. Seine 17-jährige Geliebte, die Baronesse Mary Vetsera, geht mit ihm zusammen in den Tod. Der Kronprinz erschießt zuerst sie, bevor er sich selbst das Leben nimmt. Und als wäre dies nicht genug, geht mit diesem Ereignis ein Riss durch die Familie. Denn es ist ein Familienmitglied, das die Treffen Rudolfs mit seiner jungen Geliebten arrangiert hat und damit den Weg für den Doppelselbstmord bereitet: Marie Louise, das einzige Kind von Sophies ältestem Bruder Louis und seiner Ehefrau Henriette. Die verheiratete Gräfin Larisch steht bei ihrer Tante Sisi in hoher Gunst – bis zu dem Tag, als die Kaiserin erfährt, welche Rolle Marie Louise in der »Tragödie von Mayerling« gespielt hat. Die Gräfin Larisch verliert von einem Tag auf den anderen ihre Vertrauensstellung, bis zum Ende ihres Lebens wird Sisi kein Wort mehr mit ihr wechseln. Die Verfemte rächt sich, indem sie später in ihrem Leben einige Bücher voll mit bösartigen und teils erfundenen Details aus dem Leben der kaiserlichen Familie veröffentlicht.

Während der dramatischen Tage nach dem Selbstmord des Kronprinzen sind Sophie und Ferdinand bei der kaiserlichen Familie in Wien zu Besuch und bekommen die Ereignisse aus nächster Nähe mit. Rudolfs Schwester Marie Valérie beschreibt die traumatischen Erfahrungen in ihrem Tagebuch. Nachdem der Leichnam des Kronprinzen in die Hofburg gebracht wurde, wird er in seinem Privatschlafzimmer aufgebahrt. Marie Valérie wird von ihrem Verlobten Franz Salvator auf diesem schweren Weg begleitet:

»Mit ihm, Alençons, die so lieb und mitfühlend sind, und Stephanie [Rudolfs Witwe] gingen Mama und ich hinüber. Wie dankbar war ich, Franz bei mir zu haben. (...) Mir war so bange, als wir hinübergingen, denselben Weg, den wir am Heiligen Abend gemacht, um Rudolf unser Glück zu sagen, mussten wir machen, um den Bruder tot liegen zu sehen. Ich hatte noch nie einen Toten gesehen. (...) Die Fenster des Schlafzimmers waren nicht verhängt, aber am Fußende des Bettes war eine Spanische Wand und neben demselben brannten Lichter rechts und links vor dem Kruzefix. Und da lag Rudolf – Habsburgs letzte Hoffnung, der einzige Sohn unserer Eltern, mein eigener Bruder, der schlimme ›Nazi‹ [Rudolfs Spitzname] meiner Kindheit tot – tot. Er war so schön und lag so friedlich, das weisse Leintuch bis zur Brust heraufgezogen und rings mit Blumen bedeckt. Der leichte Verband an seinem Kopf entstellte ihn nicht – noch waren seine Wangen und Ohren gerötet, mit dem gesunden Rot der Jugend – der unstete, oft bittere höhnische Ausdruck, der ihm im Leben oft eigen, war einem friedlichen Lächeln gewichen – so schön war er mir noch nie vorgekommen – er schien zu schlafen und ruhig, glücklich zu sein. Und doch überkam mich mächtig dieses Grauenhafte, dieses Schweigen des Todes (...) Ich legte ihm Blumen auf das Bett und machte ihm das Kreuz auf die Stirn. (...) Stephanie speiste mit uns und brachte das arme Kind [Rudolfs Tochter] mit, bei dessen Anblick Papa weinte. Und da sassen wir im selben Zimmer, wo wir am Weihnachtsabend vor meiner Verlobung gespeist und uns so gefreut hatten an Rudolfs Herzlichkeit gegen uns – Der Kontrast war so überwältigend, und zum ersten Mal verlor Mama einen Augenblick die Fassung, um trotz Papas Gegenwart bitterlich zu weinen. Die ganze Nacht heulte und tobte der Sturm, an den Fenstern rüttelnd, dass die alte Burg in allen Fugen krachte und ächzte. Mama hat recht – sie hat sich überlebt. Ich lag wach und fürchtete mich und schämte mich dieser Furcht.«

Trotz, oder gerade vielleicht weil das Verhältnis zwischen Mutter und Sohn kompliziert war, trifft Sisi der Selbstmord Rudolfs besonders hart. Nach der Kondolenz der kaiserlichen Familie vertraut sie ihrer Lieblingstochter Marie Valérie an: »Jetzt haben doch all diese Menschen, die von der ersten Stunde meines Herkommens so viel Böses über mich gesagt, die Beruhigung, dass ich vorübergehen werde, ohne eine Spur zu hinterlassen.« Die Kaiserin wird alle ihre farbigen Kleidungsstücke verschenken und bis zu ihrem Lebensende nur noch Schwarz tragen. Ebenso legt sie allen Schmuck ab und verschenkt ihn in der Verwandtschaft. Ihre Schwägerin Marie José erhält eine Brosche mit der Bemerkung: »Es ist ein Andenken an die Zeit, wo ich gelebt habe.« Die Familie bekommt Sisi in den Jahren nach Rudolfs Tod kaum noch zu Gesicht. Ruhelos streift die Kaiserin von Österreich mit nur wenigen Begleitern inkognito durch Europa.

Wir wissen nicht, wie Sophie sich nach dem Selbstmord ihres Neffen Rudolf verhalten hat, da wir keine schriftlichen Dokumente von ihr zu dieser Tragödie besitzen. Allerdings erlaubt uns ein Brief, den sie wenige Tage nach dem Selbstmord von Rudolf geschrieben hat, dennoch Rückschlüsse zu ziehen. Am 16. Februar 1889 erfährt Sophie in Wien, dass in München die jüngste Tochter ihrer Freundin Marie Therese von Bayern, der Schwiegertochter des Prinzregenten, gestorben ist. Die kleine Prinzessin wurde nur dreizehn Monate alt. Der Verlust trifft Marie Therese umso mehr, da sie sich gerade von den Folgen einer Diphterie-Erkrankung erholt, die ihr beinahe selbst das Leben gekostet hätte. Als Sophie davon erfährt, schickt sie unverzüglich einen Brief an die Freundin: »Liebste Therese! Wie tief betrübte es mich als ich gestern Nachmittag durch Deine liebe Mutter erfuhr, dass Dein Töchterchen entschlafen ist. Ein kleiner, reiner Engel, der im Himmel für alle Zurückgebliebenen beten wird. (…) Ich bitte Dich, denke jetzt vor allem an Dich, an Deine Gesundheit, das ist unsere größte Sorge. (…) Leb wohl, liebste Therese, es hat mich gedrängt dir einige Zeilen nach zu senden, mein gestriger Brief ward schon fort, als ich die Nachricht erhalten und nun muss ich viel an Dich denken. Schreibe mir ja nicht, lasse mir nur einen Gruß schicken durch Deine Mutter, die so lieb für mich ist.« Dieser Brief zeigt uns in nur wenigen Zeilen einige ihrer zentralen Charaktereigenschaften – Sophie ist empathisch, kann sich in andere hineinversetzen und fühlt ihnen mit. In diesem Punkt unterscheidet sie sich auch deutlich von ihrer eher egozentrisch veranlagten Schwester Sisi.

Kapitel 35

Ein Schloss in den Bergen

Für die Familie Alençon bleibt immer noch die Frage nach einem neuen Zuhause. Fündig wird man schließlich in Tirol in der Nähe von Innsbruck. Die Gegend ist der Familie ja bereits vertraut, seit 1883 hatte man hier schon öfter den Sommerurlaub verbracht. Bei dem gefundenen Objekt handelt es sich um Schloss Mentlberg, das westlich von Innsbruck an einem schattigen Abhang des Gebirges auf einer niederen Inntalterrasse liegt.

Die Geschichte des Schlosses reicht zurück bis ins hohe Mittelalter, 1305 wird der Hof zum ersten Mal erwähnt. 200 Jahre später wird er von einem gewissen Heinrich Mentlberger, der auch Namensgeber des Schlosses wird, zu einem adeligen Ansitz umgebaut. In der zweiten Hälfte des 17. Jahrhunderts verkauft die Witwe eines der Schlossherren das Gut an das Kloster Wilten, in dessen Besitz es für fast 250 Jahre bleibt. Als Anfang des 19. Jahrhunderts das Kloster unter der kurzen bayerischen Herrschaft in Tirol säkularisiert wird, wird auch Mentlberg verkauft. Die älteste Darstellung des Gebäudes datiert aus dieser Zeit. Sie zeigt den Ansitz als stattliches, viergeschossiges Wohnhaus mit spätgotischem Krüppelwalmdach und rundbogigem, barocken Portal. Im Laufe des 19. Jahrhunderts wechseln relativ häufig die Besitzer, in einem der Kaufverträge aus dem Jahr 1850 wird erstmals eine mit der Liegenschaft verbundene Gastgewerbekonzession erwähnt. Unter der Besitzerin Gräfin Therese von Spaur wird der Ansitz aufwändig umgestaltet, Ziertürmchen, Zinnen und zwei Balkons werden ergänzt. 1884 wird der Besitz an die Geschwister Anna und Leopold Lindner verkauft, die in Mentlberg eine Hotel-Pension eröffnen. Zu dem Anwesen gehört im Übrigen auch eine Schlosskirche, die in der ersten Hälfte des 17. Jahrhunderts errichtet wurde.

Sophie und Ferdinand erwerben das Schloss von den Geschwistern Lindner im Jahre 1890 zu einem Kaufpreis von 62.000 Gulden. Finanziert wird der Kauf von Ferdinands Vater, dem Herzog von Nemours. Sophie findet Gefallen an dem neuen Zuhause in den Tiroler Bergen, sie schätzt die gute Luft und die langen Spaziergänge, die man hier unternehmen kann. Auch die zugehörige Schlosskirche dürfte dem religiösen Paar gefallen haben. Es fällt aber auch auf, dass Mentlberg etwas abseits vom Schuss liegt. Nach den Ereignissen der letzten Jahre weiß der Herzog von Alençon seine Frau hier in sicherer Distanz zu München und dem ehemaligen Liebhaber Dr. Glaser. Als Verwalter des Schlosses taucht übrigens in der Korrespondenz des Herzogs eben jener Herr Lenisch auf, dem wir auch schon in Maria Grün in der Entourage von Sophie begegnet sind und der damals den Herzog über den Zustand seiner Frau unterrichtete.

Das neue Zuhause wird mit einem freudigen Ereignis eingeweiht: Mitte Juli 1890 verlobt sich Sophies Tochter Louise auf Mentlberg mit ihrem Cousin Prinz Alfons von Bayern, einem Sohn jenes Prinzen Adalbert, der auf Sophies Hochzeit als Trauzeuge fungierte. Prinz Alfons war auch schon als Ehemann für Marie Valérie im Gespräch, doch beim gegenseitigen Kennenlernen funkte es nicht bei der Erzherzogin, die sich vorkam »wie eine Kuh am Viehmarkt«. »Ein grosser breitschultriger Soldat, mit roten Backen, blondem Bart und Haar und lachenden blauen Augen, urgemütlich, spricht viel und sehr münchnerisch – unbedeutend, ohne ernste Männlichkeit«, lautete das harte Urteil der damals 18-jährigen. Dafür findet Louise umso mehr Gefallen an Prinz Alfons.

Der Weg zur Eheschließung erweist sich jedoch als recht kompliziert, da dem Herzog von Nemours die finanzielle Absicherung seiner Enkelin zu gering ausfällt und er sich zunächst weigert, den Ehekontrakt zu unterschreiben. Ende des Jahres wird man sich dann doch einig, sodass die Hochzeit Mitte April 1891 stattfinden kann. Prinz Ludwig Ferdinand, der Bruder des Bräutigams, richtet die Feier in Schloss Nymphenburg aus. Sophie und Ferdinand wohnen während der Feierlichkeiten im herzoglichen Palais in München. Amélies Hofdame Marie von Redwitz bemerkt, »wie sehr beide ergriffen waren«. Die Hofdame berichtet weiter: »Am Abend des zweiten Tages nach der Hochzeit brachte der Männergesangsverein dem jungen Paar eine Serenade, die anzuhören Familie und Gefolge geladen waren. Kopf an Kopf stand das Publikum vor dem Palais und füllte den ganzen Wittelsbacherplatz. Im Volk hatte Prinz Alfons enorme Sympathien, was sein einfaches leutseliges Wesen gewiß verdiente, aber daß man seine Beliebtheit auf solche Weise betonte, schien eine Demonstration gegen andere zu sein. Das Hochrufen, Jubeln und Händeklatschen nahm kein Ende und verursachte einen scheußlichen, beängstigenden, wüsten Lärm. Der Abend gab mir eine Idee von dem Gebaren eines Volksaufstandes.«

Was lange währt, wird endlich gut: 1891 heiratet Louise d'Orléans den bayerischen Prinzen Alfons.

An den Feierlichkeiten nimmt unter anderem auch der Onkel der Braut, Gaston d'Orléans Graf d'Eu, der Bruder des Herzogs von Alençon teil. Er hatte ja die Erbin des Kaiserreichs von Brasilien geheiratet und sollte an ihrer Seite einmal Kaiser werden. Doch ein Militärputsch hatte 1889 dem Kaisertum in Brasilien ein Ende gesetzt und den Gang der Familie nach Europa ins Exil erzwungen. Marie von Redwitz erinnert sich an den Grafen d'Eu: »Nicht so schön wie der Herzog von Alençon, hat er doch einen interessanten Kopf und ein vornehmes Äußeres, wegen Harthörigkeit unterhält er sich aber nur mühsam.« Die »Gastons«, wie sie in der Familienkorrespondenz genannt werden, halten sich 1891 öfter im Umkreis von Sophie und Ferdinand auf. Im Sommer besucht Gaston mit zwei seiner drei Söhne die Alençons in Mentlberg. Ihrer Tochter Louise berichtet Sophie Ende September 1891: »Onkel Gaston war 8 Tage hier mit seinen 2 Söhnen, hat ihm gut gefallen und zum Glück war das Wetter schön und wir konnten täglich ausfahren und spazierenfahren.« In Innsbruck beobachtet Konstantin Christomanos, Sisis Griechischlehrer und ein großer Bewunderer der Kaiserin, das Ehepaar und ihren Besuch und hält in seinen »Tagebuchblättern« folgende Szene fest: »Ich habe heute die Herzogin von Alençon, die Schwester der Kaiserin, gesehen: vor einem Geschäfte in der Maria Theresienstraße stand eine livrierte Equipage, worin ein distinguierter Herr mit blondem graumelirten Spitzbarte und zwei dicke rotwangige Knaben saßen. Da ging auf einmal die Ladenthür auf; ein großer Hund sprang in einem Riesensatz in den Wagen, dahinter kam eine Dame heraus: die Kaiserin selbst, nur zarter, kleiner, gebrechlicher. Dieser Anblick erschütterte mich. Ich erfuhr, daß dies die Schwester sei und im Schloß Mentelberg über den Sommer wohne. Ich folgte dem abfahrenden Wagen lange mit den Augen. Sie hatte wohl keine Ahnung, daß ihr jemand mit solchen Blicken nachschaute, daß meine Blicke wie ein Band zwischen ihr und ihrer kaiserlichen Schwester sich wanden (…).« Der schwärmerisch und poetisch veranlagte junge Grieche erzählt zurück in Wien der Kaiserin von seiner Begegnung: »Ich erzählte der Kaiserin, daß ich in Innsbruck ihre Schwester, die Herzogin von Alençon gesehen hatte, und daß ich oft nach Mentelberg pilgerte, um Gelegenheit zu haben, sie in der Nähe des Schlosses zu erblicken.« Darauf entspinnt sich folgendes Gespräch: »Haben Sie auch ihren Hund gesehen? Frug die Kaiserin. Sie hält große Stücke auf ihn. Wer von beiden hat Ihnen mehr gefallen? – Majestät! – Sie würde Ihnen nie verzeihen, wenn Sie – ihren Hund nicht bewundert hätten.«

Diese Darstellung des Schlosses Mentlberg vor dem Inntal ziert Sophies Charlottes Briefpapier im Jahre 1891.

Leider wissen wir nicht, welchem der Hunde von Sophie hier soviel Aufmerksamkeit geschenkt wird – Ponto? Droll? Mief? Die leicht zynische Reaktion der Kaiserin spiegelt gut das Verhältnis der Schwestern in den 1890er Jahren wider. Im Gegensatz zu ihrem Griechischlehrer dürfte Sisi Schloss Mentlberg nie aus der Nähe gesehen haben. Wie zu ihrer Familie geht die Kaiserin auch zu ihren Geschwistern auf Distanz – eine Ausnahme bildet hier nur die verwitwete Mathilde Gräfin Trani, deren Gesellschaft sie des Öfteren sucht. So ist Kaiser Franz Joseph auch alleine, als er im Herbst 1893 Schloss Mentlberg anlässlich der Silbernen Hochzeit des Ehepaars Alençon einen Besuch abstattet. Seiner Frau berichtet er anschließend mit leicht tadelndem Unterton: »Am silbernen Hochzeitstage war ich in Mentlberg, wo ich Alencons mit Kindern und Alphons und Eu samt Sohn fand. Sophie, die sehr gut aussieht, war von Deinem Gratulations Telegramme sehr gerührt, obwohl ich sie versicherte, daß Du gewiß nur telegraphirt hast, weil ich Dich telegraphisch auf den Festtag aufmerksam gemacht hatte. Louise ist stärker geworden und sehr en beauté. Das Etablissment in Mentlberg ist sehr hübsch.« Noch stärker spürbar ist die Distanz zwei Jahre später, als Sophie und Ferdinand von Mentlberg aus den Sonderzug der Kaiserin beobachten, als dieser

Ein Schloss in den Bergen: Blick von Mentlberg Richtung Inntal.

Innsbruck auf dem Weg in den Süden passiert – auch dies berichtet der Kaiser seiner Gemahlin schriftlich. Dieses Bild benötigt eigentlich keinen weiteren Kommentar: Sophie und Ferdinand sehen von Mentlberg aus Sisi hinterher, wie sie grußlos vorbeieilt.

Doch wir greifen den Ereignissen nun etwas zu weit vor und müssen unsere Aufmerksamkeit noch einmal zurücklenken auf das Jahr 1891, als Louise das Elternhaus verlässt, um zu heiraten.

Kapitel 36

Ein letztes Aufbäumen

Als das Ehepaar Alençon 1891 seine Sommertage auf Schloss Mentlberg verbringt, stellt der Herzog fest, dass es seiner Frau nicht gut geht. Seinem Vater berichtet er, dass ihr Zustand ihn an die Situation vor vier Jahren erinnert. Er bete zu Gott, dass ihnen eine ähnliche Krise erspart bleibt.

Über die nun folgende Episode in Sophies Leben sind wir nur über die Briefe ihres Mannes an ihren Schwiegervater informiert. Auffälligerweise fehlen abermals ausgerechnet in diesem Zeitraum für einige Wochen Briefe – diesmal die des Herzogs von Nemours an seinen Sohn. Daher haben wir leider einen nur sehr einseitigen Blick auf die Vorgänge, die allerdings sehr wichtig sind, denn sie zeigen, dass Sophies Liebe zu Dr. Glaser mitnichten ein Strohfeuer war.

Der Ablauf der »Krise« ähnelt der von 1887, denn auch diesmal ist Sophie am Anfang krank. Im Januar 1891 diagnostiziert der Hausarzt der Familie Nemours einen Katarrh in einem Ohr, auf dem die Herzogin fast gar nichts mehr hört. Wie immer gefällt es ihr nicht, dass durch die Krankheit ans Haus gefesselt zu sein. Das Immunsystem scheint angegriffen, denn Ende Januar stellen die Ärzte fest, dass Sophie an Gelbsucht erkrankt ist. Im März ist sie noch so schwach, dass sie nicht das Haus verlassen kann, als die Alençons in München sind, um den Ehevertrag für Tochter Louise zu unterschreiben. Ihr Zustand scheint sich aber im Laufe des Jahres zu verbessern. Am 12. Juni schreibt Sophie ihrer frisch verheirateten Tochter einen gutgelaunten Brief aus Paris, wo sie sich mit ihrem Mann aufhält. Die Alençons sehen sich Bilder im Louvre an, besuchen die Ausstellung eines Verwandten im »Jardin des Plantes« und statten »den wilden und ausländischen Thieren« im dortigen Zoo einen Besuch ab. Aus Ferdinands Briefen an seinen Vater lässt sich rekonstruieren, dass Sophie bei diesem Aufenthalt in Paris mit Glaser zusammentrifft. Der Herzog spricht sogar von einem »Rendezvous«. Dies erscheint natürlich mehr als nur rätselhaft. Aus den uns vorliegenden Quellen können wir nicht erklären, wie es möglich ist, dass Dr. Glaser nach Paris kommt. Einzig und alleine eine Eintragung in Ameliés Tagebuch gibt uns einen Anhaltspunkt. Ein Jahr zuvor, im Mai 1890, ist die Situation in Regensburg sehr ernst, denn Helene von Thurn und Taxis liegt mit einer schweren Unterleibserkrankung im Krankenbett. Die Ärzte haben die Hoffnung schon aufgegeben, da ruft man auf Bitten Nenés Dr. Glaser. Die in Regensburg anwesenden Geschwister Sisi, Louis und Mapperl sprechen sogar mit ihm, so die Aufzeichnungen Amélies vom 21. Mai 1890. Aber auch Glaser kann Nené nicht mehr helfen. Wenig später erliegt sie im Alter von 56 Jahren ihrer Unterleibserkrankung.

Dass man in dieser schwierigen Situation einen Mann ruft, der einen derartigen Skandal in der Familie ausgelöst hat, ist erstaunlich. Es lässt sich eigentlich nur dadurch erklären, dass Franz Glaser über ein besonderes Fachwissen auf diesem Gebiet verfügt und nur sein medizinischer Rat noch helfen kann. Wir können also schlussfolgern, dass er im Jahre 1890 ein sehr angesehener Arzt auf dem Gebiet der Gynäkologie ist, der eventuell nach dem Skandal von München nach Paris gegangen ist. Letzteres ist allerdings reine Spekulation.

Anfang August 1891 berichtet der Herzog von Alençon seinem Vater, dass ihm Veränderungen bei seiner Frau auffallen würden. Um diese wahrzunehmen, bedürfe es allerdings eines geübten Auges, denn Sophie gebe sich Mühe, sich nichts anmerken zu lassen. Doch der Herzog hat bereits zu Überwachungsmaßnahmen gegriffen. Zwei Briefe, die Sophie nach Paris schicken wollte, hätte er bereits abgefangen. Einer davon sei 17 Seiten lang, in einer gedrängten, fast unleserlichen Handschrift. Aus diesem Brief bezieht der Herzog auch seine Information über das Zusammenkommen in Paris sowie ein weiteres Treffen, das in Planung sei. Die Person, mit der Sophie korrespondiert, bezeichnet er als »Dr. M.«; die Historikerin Dominique Paoli vermutet, dass der Herzog diese Initiale verwendet, um zufällige Leser zu täuschen. Es kann sich aber eigentlich nur um Franz Glaser handeln. Dafür spricht die Tatsache, dass die Person ein »Doktor« ist, der seine Briefe auf Deutsch schreibt. Neben der Kontrolle von Sophies Korrespondenz hat der Herzog von Alençon auch bereits die Familie eingeschaltet. Diesmal aber nimmt er einen offizielleren Weg – er schreibt nicht Herzog Karl Theodor selbst, sondern dem Oberhofmeister Wulffen, der die Familie über die Rückkehr der Krankheit (»du retour de la maladie«) unterrichten soll. Wulffen soll, Karl Theodors Zustimmung vorausgesetzt, »der Person« einen Brief im Namen beider Familien schreiben und diese in freundlicher Form bitten, je-

Wird von seinem Sohn über jedes Detail im Eheleben stets informiert: Sophies Schwiegervater Herzog Louis von Nemours.

den direkten oder indirekten Kontakt mit der Kranken zu beenden (»à cesser tout rapport direct ou indirect avec la malade«). Ferdinand befürchtet das Heraufziehen einer schweren Krise. Er setzt darauf, dass Sophie nicht mit ihrem Mann und ihren Kindern brechen will. Um die Situation zu entschärfen, denkt er über eine längere Zeit der Ruhe und der Isolation nach (»un temps prolongé de calme et d'isolement«). Konkret bedeutet das, dass man für den Winter einen anderen Aufenthaltsort finden muss als Paris. Würde die Situation Ausmaße wie beim ersten Mal annehmen, so wäre es diesmal aufgrund des Misstrauens der »Kranken« komplizierter. Ferdinand von Alençon lässt seinen Vater auch wissen, dass er sich mit Richard von Krafft-Ebing in Verbindung setzen werde, um in Erfahrung zu bringen, was der Psychiater in dieser Situation rät.

Die Reaktion aus Paris lässt nicht lange auf sich warten. Schon am 1. August antwortet »diese Person« und zeigt sich erschüttert über den Zustand der Herzogin von Alençon. Der Arzt verspricht, sich genauestens an die ihm gegenüber geäußerten Bitten der beiden Familien zu halten. Ferdinand zeigt sich erst einmal zufrieden und stellt fest, dass auch aus Paris keine weiteren Briefe eintreffen würden, was Sophie in sichtbare Aufregung versetzen würde. Seine Frau schreibe in der Zwischenzeit weiter »Bände«, wofür zahlreiche Indizien sprächen. Sobald sie nicht mehr in Mentlberg sei, würde sie sicherlich versuchen, diese zur Post zu bringen. Ferdinand lässt seinen Vater wissen, dass er alles unternehmen werde, was möglich ist, um sie an diesem Vorhaben zu hindern (»Je ferais ce que je pourrais pour l'en empécher«).

Für Mitte August 1891 hat die Familie Alençon eine Reise geplant. Der Herzog zögert erst, diese anzutreten. Doch nach der positiven Reaktion aus Paris beschließt er, doch nach Bayreuth zu fahren. Diese Reise führt uns kurz zurück zu Richard Wagner. Nachdem dessen Pläne, in München ein Festspielhaus für seine Werke bauen zu lassen, gescheitert waren, fiel seine Wahl auf Bayreuth, wo 1876 die ersten Festspiele eröffnet wurden. Obwohl sich das Verhältnis zwischen Ludwig II. und Wagner mittlerweile abgekühlt hatte, unterstützte der König den Komponisten weiterhin. Das Ehepaar Alençon reist 1891 zusammen mit den anderen »Wagnerianern« in der Familie – Louise und ihrem Ehemann Alfons und Nichte Amélie in Bayern, die von ihrer Hofdame Marie von Redwitz begleitet wird. Sophie befindet sich in Gesellschaft einer neuen Hofdame. Lolo Bechtolsheim ist mittlerweile ersetzt worden durch Berta von Sternbach, eine Nichte von Natalie von Sternbach. Marie von Redwitz erinnert sich, dass Sophie nach einer Vorstellung mit wehmütigem Blick gesagt habe: »Ich fühle den Geist König Ludwigs über dem Haus schweben, ohne ihn wäre die Sache hier nie zustande gekommen«. Außerdem beobachtet sie ein Zusammentreffen zwischen dem Herzog von Alençon und Cosima Wagner, die mittlerweile verwitwete Ehefrau des Komponisten und maßgeblich an der Organisation der Festspiele beteiligt. Der Herzog zeigt anfangs wenig Lust, Cosima zu treffen, »waren doch die Verhältnisse der Familie von seinem katholischen Standpunkt aus nicht einwandfrei«, wie Marie von Redwitz trefflich formuliert. Doch die Witwe Wagners ist so charmant gegenüber dem spröden Herzog, dass man erstaunt feststellt, wie schnell die weltgewandte Dame ihn um die Finger gewickelt hat: »Zu unserer aller Staunen kaufte sich der Bezauberte eine Imitation des Gralsbechers als Andenken und nahm das Symbol persönlich mit in den Waggon.«

Von Bayreuth aus geht es nach Possenhofen, wo am 30. August im großen Familienkreis Ludovikas 83. Geburtstag gefeiert wird. Dies eröffnet dem Herzog von Alençon die Gelegenheit, mit seinem Schwager Karl Theodor und Baron Wulffen über das weitere Vorgehen zu sprechen. Gackel erweist sich, wie auch in der Krise von 1887, als Hardliner. Er befürchtet, dass man nicht ohne ähnliche Maßnahmen wie vor vier Jahren weiterkommen wird. Ferdinand hingegen wünscht sich zur Überwachung seiner Frau eine verlässliche Hofdame mit Autorität (»une dame sûre et ayant de l'authorité«). Es erweist sich allerdings als nicht so einfach, jemand Passenden zu finden. Probeweise engagiert der Herzog von Alençon ein Fräulein von Pausinger, doch sie entspricht nicht seinen Vorstellungen, da man sie in nichts einweihen noch zur Überwachung verwenden könne (»On ne peut l'initier à rien ni l'employer à une surveillance«).

Zurück in Mentlberg stellen die Herren Sophie eine Falle. Der Herzog von Alençon ist für einige Tage in Wien, als Mitte September 1891 in seiner Abwesenheit ein Brief des Herzogs von Nemours eintrifft. Sophie kann wohl der Gelegenheit nicht widerstehen, mehr über die Kommunikation zwischen Sohn und Vater zu erfahren und öffnet den Brief. Als ihr Mann von seiner Reise zurückkehrt, macht sie reinen Tisch – sie beichtet alles, bittet um Vergebung und macht Versprechungen für die Zukunft. Denn in dem Brief konnte Sophie genau lesen, welche Pläne ihr Bruder Karl Theodor und Baron Wulffen schmieden. Sie ist beschämt darüber, dass der Herzog von Nemours bis ins kleinste Detail über ihr Eheleben informiert ist, gleichzeitig bekommt sie große Angst, da ihr Bruder ein energisches Vorgehen wie im Jahre 1887 empfiehlt. Ferdinand verspricht, seiner Frau zu vergeben, solange die Geschichte nun endgültig beendet sei. Daraufhin plant man eine Reise von Oktober bis Dezember, dann einen Aufenthalt in Bayern, gefolgt von Weihnachtstagen in Wien. Natürlich wissen wir davon nur, da der Herzog von Alençon alles minutiös seinem Vater schildert.

Diese Episode macht uns deutlich, in welchem Maße Sophie nach den Ereignissen von 1887 unter Beobachtung steht. Entfernt sie sich nur einen Schritt vom vorgegeben Weg, schnappen alle Mechanismen zu – ihre Briefe werden abgefangen und gelesen, ihre Kommunikationsmöglichkeiten unterbrochen und die patriarchalischen Familienstrukturen aktiviert. Es ist erstaunlich, wie schnell sich der sorgende Ehemann in einen alles kontrollierenden Gatten verwandelt, der seine Frau in die Rolle der »Kranken« drängt. Mittlerweile kennen wir das Wertesystem des Herzogs von Alençon, der seine Würde und sein Ansehen über alles andere stellt. Dies konnten wir selbst seinem Vater gegenüber beobachten, als dieser den Wunsch äußerte, sich ein zweites Mal zu verheiraten. Um wie vieles schlimmer musste für den Herzog der Gedanke sein, die eigene Frau an einen Bürgerlichen zu verlieren. Und wie stark musste in Sophie der Wunsch sein, wieder mit dem Geliebten in Kontakt zu treten, dass sie 1891 nochmals so vieles aufs Spiel setzte. Doch der Gedanke an einen zweiten Aufenthalt in einem Sanatorium genügt, um Sophie für immer von weiteren Kontaktversuchen abzubringen.

Kapitel 37

Die Familie verliert ihren Mittelpunkt

Im Januar 1892 häufen sich die Nachrichten von tödlich verlaufenden Influenza-Erkrankungen. In München fürchtet sich die alte Herzogin Ludovika sehr vor dieser Krankheit. Marie von Redwitz, die Hofdame ihrer Enkelin, erinnert sich: »Sie schlief öfter bei Tische ein, aß wenig und fühlte sich nicht ganz wohl, doch war kein Grund zu Besorgnis vorhanden.« Am Abend des 24. Januars gehen die Töchter Karl Theodors ins Theater. Als sie nach der Vorstellung in das Herzog-Max-Palais zurückkehren, erfahren sie, dass ihre Großmutter erkrankt ist. Im Laufe der Nacht entwickelt sich aus der Influenza eine Lungenentzündung.

Am Morgen des 25. Januars verlässt Ludovika noch das Bett, aber die Lage ist ernst. Ihre Töchter werden telegrafisch über die Erkrankung unterrichtet. Sophie ist zu dieser Zeit als einzige von ihnen in München. Am Mittag des 25. Januars begibt sie sich zusammen mit ihrer Nichte Amélie an das Krankenlager ihrer Mutter. Amélie notiert in ihr Tagebuch, dass die alte Dame beide erkennt und murmelt, dass sie gut geschlafen habe. Amélie erwidert: »Am Besten weiterzuschlafen«, die Großmutter antwortet: »Ja, es ist am Besten« – es sind die letzten Worte an ihre Enkelin.

Mittlerweile beginnt sich das Palais zu füllen. Alle Söhne sind anwesend, Nenés Sohn Albert kommt aus Regensburg, Erzherzog Ludwig Viktor reist an, ebenso Miguel von Bragança, der Bruder von Karl Theodors Frau Marie José. »Merkwürdig, dass gerade der Sohn jenes Mannes, der Grossmama geliebt und den sie als 16-jähriges Mädchen wiedergeliebt, in diesem Augenblick zugegeben war«, notiert Amélie in ihrem Tagebuch. Am Abend ist Sophie zusammen mit ihrer Schwägerin Marie José bei der Sterbenden. Amélie hält folgende bewegende Szene fest: Als Ludovika etwas undeutlich murmelt, fragt Marie José, was sie meine. »Bist du's erste Kind?«, kommt die Frage der fast erblindeten alten Herzogin. Marie José antwortet ihr: »Das ist die Sophie.« »O meine gute Sophie«, seufzt die Sterbende und legt ihrer jüngsten Tochter die Hände um ihren Kopf. Am Morgen des 26. Januars 1892 um 4 Uhr entschläft die Herzogin sanft von vielen Mitgliedern ihrer Familie umgeben auf ihrer Chaiselongue. »Ihre immer noch dichten Flechten hingen herab, und man ließ sie im Schlafrock, in dem sie gestorben«, notiert Marie von Redwitz. Die Spitzhündin Lupa, ständige Begleiterin der alten Herzogin, bellt die Leiche ihrer Herrin an, »dann schlich sie sich weg und wollte nicht mehr ins Zimmer. Sie legte sich steif in das Vorzimmer, kläffte gegen niemanden mehr und fühlte entschieden, daß ihr der Hinterhalt an ihrer Herrin genommen.«

Die ganze Familie ist tief getroffen, auch Enkelin Amélie: »Ich sehe es noch vor mir, das matt erleuchtete Zimmer (roter Salon), die traurigen Gesichter, die Strassenlaterne, die düster hinaufleuchtete. (…) Wir sind alle furchtbar unglücklich und niedergeschlagen, besonders Papa, der immer die Tränen in den Augen hat (…) Der Familie geht der Mittelpunkt verloren, wie Papa sagt (…) Tante Sisi verzweifelt, dass sie nicht von Wien fort kann.« Sisis Tochter Marie Valérie ist krank und dazu noch hochschwanger, die Kaiserin traut sich nicht, sie in dieser Situation alleine zu lassen.

Am Abend des 26. Januars wird die Leiche Ludovikas in einem nördlichen Eckzimmer des Palais neben der Hauskapelle aufgebahrt. Man zieht ihr ein lila Kleid mit einem weißen Schleier an; sie ist umgeben von »einem wahren Blumenhain«, wie es in einem Zeitungsbericht heißt. Diese Aufgabe übernehmen die Frauen der Familie, neben Sophie ihre Schwestern Marie und Mathilde, die mittlerweile auch eingetroffen sind, ihre Tochter Louise, ihre Schwägerin Marie José und ihre Nichte Maria Theresia, die Tochter Mathildes. Nach dem Willen der Verstorbenen wird die Leiche nicht öffentlich ausgestellt, nur den engsten Verwandten ist der Zutritt zum Zimmer erlaubt. Auch die Überführung der Leiche nach Tegernsee passiert in aller Ruhe wenige Tage später. Um 4 Uhr morgens wird der Sarg von einem Leichenwagen im Palais abgeholt, dem der Trauerzug, darunter auch Oberhofmeister Wulffen, folgt. In Schloss Tegernsee wird Ludovika an der Seite ihres Mannes in der Familiengruft bestattet. Marie von Redwitz, die die Verstorbene sehr schätzte, fasst die Stimmung und die Gefühle gekonnt in Worte: »Der Mittelpunkt der Familie und einer lieben guten Zeit ist mit der alten Hoheit entschwunden. Im Palais wurde es nicht leer von Trauergästen, die von allen Seiten ankamen, obwohl alle offizielle Teilnahme verboten war. Da waren lauter betrübte Menschen. Jeder hatte in der Vierundachtzigjährigen ein Stück Jugend und ein wohlwollendes Herz zu beweinen, sie hatte stets

Die Spitzhündin Lupa ist Herzogin Ludovikas treue Gefährtin im Alter.

Zeit und Interesse für alle gehabt. Das war nicht das Hinscheiden einer alten Frau, die entbehrlich geworden, ihr Tod war eine wirkliche Lücke, so wie ihr Leben ein Bindemittel für die ganze Familie gewesen war.«

Es ist aber nicht nur der Verlust von Mutter Ludovika, der die Familie in dieser Zeit hart trifft. Mehrere Todesfälle in schneller Folge stellen die Geschwister unter großen seelischen Druck. Es ist der 2. Juni 1893, kaum eineinhalb Jahre nach Ludovikas Tod. Herzog Karl Theodor und seine Familie erreicht die Nachricht, dass Max Emanuel an einer Darmblutung erkrankt sei, es bestehe aber keine ernsthafte Gefahr. Mapperl und seine Frau Amalie weilen gerade im Hotel Strauch in Feldafing, als die Krankheit auftritt. Am nächsten Morgen in aller Frühe trifft die Eilmeldung ein, dass die Familie möglichst schnell nach Feldafing kommen soll. Der Schock sitzt tief, als der jüngste Bruder kurz nach deren Eintreffen überraschend verstirbt.

Die Sektion der Leiche ergibt, dass der Herzog an einem Magengeschwür litt, das auf einer Arterie saß – Mapperl ist innerhalb weniger Stunden innerlich verblutet. Seine Leiche wird zum Wohnsitz der Familie nach Schloss Biederstein nördlich von München gebracht. Die Beisetzung findet wenig später in der Familiengruft statt. Die Anteilnahme ist sehr groß, viele Verwandten kommen an den Tegernsee. Seine Witwe ist wie versteinert vor Trauer um ihren geliebten Mann. Als Karl Theodor sie bei der Leiche ihres Mannes sieht, sagt sie ihm: »Er ist weggegangen und hat mich nicht mitgenommen!« Selbst die drei Söhne können die Mutter nicht über den Verlust hinwegtrösten. Auch Karl Theodor trifft der Tod seines jüngeren Bruders hart, die beiden standen sich sehr nahe. Marie von Redwitz berichtet: »Der Herr Herzog sah übel aus, der Tod seines Bruders hatte ihn tief deprimiert. Er klagte über den Magen, über schlechten Schlaf und entschloß sich, dem Rate der Ärzte zu folgen und zu einem Kurgebrauch nach Tarasp zu gehen.« Dort erholt sich Karl Theodor relativ schnell wieder. Auch für Sophie ist der Tod von Mapperl sehr schmerzhaft. Wir wissen nicht genau, wo sie sich im Juni 1893 aufhält – jedenfalls ist es ihr nicht möglich, den Bruder vor der Beisetzung noch einmal zu sehen. Und als wären der Verlust der Mutter und des Bruders nicht genug, schlägt das Schicksal gleich noch ein weiteres Mal unerbittlich zu.

Nicht einmal ein Jahr später erkrankt Herzog Siegfried, der älteste Sohn von Mapperl und Amalie. Die Mutter pflegt ihren Sohn und die Krankheit greift ihr eigenes geschwächtes Immunsystem an. Es kommt bei ihr zu Blutverlusten und ruhrähnlichen Zuständen. Diesmal schafft die Familie von Karl Theodor, die gerade in Meran weilt, nicht einmal mehr die rechtzeitige Rückreise – am 6. Mai 1894 stirbt auch Amalie und lässt ihre drei Kinder als Vollwaisen zurück. Als Todesursache wird eine eitrige Bauchfellentzündung festgestellt. Karl Theodor und Marie José bieten sich an, die Kinder zu sich zu nehmen, doch die Großmutter, Amalies Mutter Clémentine, möchte den Kindern ihr Zuhause erhalten und verspricht, selbst längere Zeit nach Biederstein zu kommen. Die direkte Pflege der Kinder übernimmt nach dem Wunsch der verstorbenen Herzogin deren Hofdame.

Beim Tod ihrer Schwägerin Amalie ist Sophie in Paris. Am 17. Juni 1894 schreibt sie ihrer Tochter Louise, von der sie die Todesnachricht erhalten hat. Auch dieser Brief befindet sich in der Sammlung an Erinnerungsstücken ihrer Tochter; es ist der letzte der erhaltenen Briefe. Schon an der Handschrift kann man erkennen, wie tief erschüttert die Herzogin von Alençon über die vergangenen Ereignisse ist. An machen Stellen ist die Schrift kaum leserlich: »Ich danke dir dass du mir von Krankheit und Tod der Tante Amalie näheres berichtet. Durch dich erhielt ich die erste Nachricht. Ich bin wie auf den Kopf geschlagen und ich meine es ist wieder der 12. Juny 1893. Mir ist unsagbar leid um Amalie, denn ich hatte sie sehr lieb – aber der ganze Schmerz um meinen Mapperl ist neu aufrühren, als dürfte ich zu keiner Ruhe mehr kommen. Die ganzen Schauertage vom vorigen Jahr treten wieder vor mich hin und die stechende Qual ihn nicht mehr gesehen zu haben. Ich hätte um jeden Preis damals nach München sollen. Alles hintenansetzen, ich wäre doch nicht ganz so furchtbar unglücklich, hätte ich ihn noch einmal, wenn auch tot gesehen. Du musst sehr für mich beten, daß ich endlich Gott den [zwei unleserliche Worte] weil er das alles so hat zugehen laßen. Ich habe es ja nicht anders verdient, wahrscheinlich. Ich bin nun sehr um Gackel gequält, ich fürchte er ist seit seiner letzten Krankheit leidender. Ich werde diesen Sommer komme was wolle ihn besuchen. Es kommt oft eine schreckliche Angst über mich es könnte mir wieder eines von den Geschwistern weggenommen werden!«

Besonders der Satz, dass sie es »ja nicht anders verdient« habe, ein kleines »wahrscheinlich« hinterher geschoben, lässt uns aufmerken. Kann es sein, dass Sophie die Schicksalsschläge als »Strafe« für ihr »Fehlverhalten« sieht? Deutlich wird jedenfalls die tiefe Verunsicherung und Trauer, die die Todesfälle in ihrer Familie bei Sophie verursacht haben, insbesondere der Verlust ihres kleinen Bruders Mapperl.

Deutlich sieht man Sophies tiefsitzenden Schmerz nach dem frühen und unerwarteten Tod ihres jüngsten Bruders 1893.

Doch das Jahr 1894 wird nicht enden, ohne dass die Familie noch ein weiteres Mitglied verliert. Diesmal ist es nicht so überraschend, denn der König von Neapel kränkelt schon seit einiger Zeit. Marie von Redwitz war dem ehemaligen Königspaar ein Jahr zuvor in Bayern begegnet und hatte anschließend notiert: »Der König von Neapel (…) klagte über Schwäche, sah elend aus, sein Gang war mühsam und schwankend und er machte den Eindruck eines sehr kranken Mannes. Bald darauf traf auch die Königin ein, schweigsam und gelassen wie immer. Man hätte sie für phlegmatisch halten können, wenn nicht von Zeit zu Zeit ihre schönen dunklen Augen aufleuchteten.« Aufgrund seiner schlechten Gesundheit verbringt »Onkel König«, wie er in der Familienkorrespondenz liebevoll genannt wird, die Wintermonate in Arco am Gardasee. Zwei Tage nach dem Weihnachtsfest des Jahres 1894 treffen die ersten schlechten Nachrichten über seinen Zustand in Bayern ein. Am 27. Dezember verstirbt der letzte neapolitanische König im Alter von 58 Jahren. »Alles bedauerte, in dem König ein geliebtes Familienmitglied zu verlieren, denn er war allgemein geschätzt. Ich habe ihn als liebenswürdigen, unendlich menschlich denkenden Fürsten kennengelernt, den man so oft falsch beurteilen und unterschätzen hörte«, resümiert Marie von Redwitz. Auch Sophie und Ferdinand, zusammen mit Sohn Emmanuel, fahren nach Arco, um dort an der Beerdigung teilnehmen zu können. Kaiser Franz Joseph berichtet darüber seiner mal wieder abwesenden Frau: »Rainer schreibt, dass Marie sehr angegriffen, aber wohl ist und daß eine bedeutende Zahl Neapolitaner zur Leichenfeier nach Arco gekommen sind, so wie daß die Zahl der von Neapel eingetroffenen Theilnahmskundgebungen sehr groß ist. Aus der Zeitung sah ich, daß auch Alençon, Sophie und Emanuel (...) in Arco waren.« Es war die vierte Beerdigung im engeren Familienkreis innerhalb der letzten drei Jahre.

Die traurige Stimmung dürfte Sophie auch in den nächsten Monaten begleitet haben, einzig unterbrochen durch die Hochzeit ihres Sohnes Emmanuel mit der belgischen Prinzessin Henriette im Februar 1896. Sophie ist sehr zufrieden mit der Wahl ihres Sohnes, »denn Henriette ist das liebenswürdigste Wesen, das man sich denken kann«, wie sie einer Freundin berichtet. Das Paar macht Sophie und Ferdinand auch zum ersten Mal zu Großeltern: Am Silvestertag des Jahres 1896 kommt in Neuilly-sur-Seine Marie Louise d'Orléans zur Welt. Zuvor reist das Ehepaar Alençon im Frühling 1896 auf Drängen von Sophie wieder nach Lourdes. Dabei stattet man auch der kleinen Stadt Tarbes einen Besuch ab, wo vor Jahren Sophies Hinwendung zu den Dominikanern ihren Anfang genommen hatte. Im Herbst verdüstert sich wohl Sophies Stimmung zusehens, denn am 4. Oktober 1896 setzt sie in Mentlberg im Alter von 49 Jahren ihr Testament auf, in dem sie nicht ihre materielle Hinterlassenschaft regelt, sondern einzig und alleine die Umstände ihrer Beerdigung bis in das kleinste Detail verfügt:

»Ich wünsche und verlange, daß, sobald ich gestorben bin, eine Ordensfrau oder eine Schwester vom Dritten Orden des hl. Dominicus von der Verbrüderung des Klosters Foubourg St. Honoré 222, mir die Haare abschneide und sie ganz und sofort verbrenne, ohne für wen immer davon aufzubewahren, außer für meinen vielgeliebten Gatten, den Herzog von Alençon, wenn er davon wünscht; jedoch bitte ich ihn, sich gütigst meinem Wunsche zu fügen und meine Haare völlig verbrennen zu lassen. Schon in einem Brief an meinen Gatten vom April 1894, der sich in einem Carton bei meinem Ordenskleide vom hl. Dominicus befindet, habe ich ausgesprochen, daß ich wünsche, durch eine Ordensfrau oder eine Schwester vom Dritten Orden sogleich damit bekleidet zu werden. Ich will, daß man mir keine Blumen beigebe, und daß alles mit größter Einfachkeit veranstaltet werde. Auch soll man mir den Rosenkranz, den ich stets bei mir trage, in die Hände geben, damit ich ihn mit ins Grab nehme, ebenso ein Cruzifix und die Ordensregel (vom Dritten Orden der Buße des hl. Dominicus), die von meinem Obern unterzeichnet ist und in meiner Reisetasche sich befindet.Ich will in einem ganz einfachen Sarge, ohne Schmuck, wie eine Ordensperson beigesetzt werden, das Gesicht mit dem Schleier bedeckt. Ich will, dass ein Dominicanerpater bei meinem Begräbnis die Gebete verrichte. Auch will ich, und bitte meinen vielgeliebten Gemahl, auf mein Grab folgende Inschrift setzen zu lassen:

Sophie Charlotte
Herzogin von Alençon
Geborene Herzogin in Bayern
Schwester Marie Madleine
Vom Dritten Orden der Buße des hl. Dominicus
Datum von Geburt und Tod

Ich will, daß man die gleiche Inschrift auf den Grabstein setze, ohne Grabinschrift, außer etwa einem Spruch über Gottes Barmherzigkeit, wie solche sich in der heiligen Schrift finden. Ich möchte zunächst an der Seite meines Gatten liegen, der mir ein Schutzengel im Leben war. Ich will, daß man das Leichenbegräbnis auf die einfachste Weise veranstalte, ohne Kränze, ohne Musik. Gar sehr wünsche ich, die Messe möge von einem Dominicanerpater gelesen werden, der auch die letzten Gebete in der Gruft sprechen möge. Ich wünsche, wenn dies möglich, nach dem Dominicanerritus beerdigt zu werden und bitte meinen Gemahl, in der Kapelle Plätze zu reservieren für die Bruderschaften von St. Honoré und St. Jacques sowie für alle Mitglieder der Dominicanerfamilie, die meinem Begräbnis beiwohnen wollen.

Mentlberg, 4. October 1896, Sophie Charlotte, Herzogin von Alençon.«

Sophies Testament zeigt sehr deutlich ihre enge Bindung an den Dritten Orden der Dominikaner und dessen Werte. Zwei Dinge fallen einem bei der

Eine der letzten Aufnahmen von Sophie Charlotte.

Lektüre besonders auf: Es ist zum einen der Wunsch, dass ihre Haare verbrannt werden. Wenn wir uns vergegenwärtigen, dass besonders im 19. Jahrhundert die Haare das Schönheitssymbol der Frau sind, dann mutet es an, als ob Sophie sich nach ihrem Tode ihrer weiblichen Attraktivität entledigen möchte und eine Beerdigung wie eine einfache Nonne in ihrem Ordensgewand wünscht. Zum anderen fällt natürlich auf, wie oft sie ihre Liebe zu ihrem Gemahl betont, dem »Schutzengel« in ihrem Leben. Wir möchten an dieser Stelle Sophies Zuneigung zu ihrem Ehemann nicht in Frage stellen, gleichzeitig wissen wir aber auch, was in der Ehe alles vorgefallen ist und welche Zwangsmaßnahmen Ferdinand anwenden musste, um Sophie von einer Trennung abzuhalten. Nur mithilfe von psychischem und physischem Druck gelingt es ihm, Sophie zu halten. Es dürfte dem starken religiösen Einfluss in ihrem Leben zuzuschreiben sein, dass Sophie ihren Ehemann nun als »Schutzengel« bezeichnet, der sie vor dem »Bösen« bewahrt.

Im Laufe der 1890er Jahre wird ihre Bindung an den Orden zunehmend stärker: So nimmt sie ab 1895 regelmäßig an den Zusammenkünften der Tertianerinnen teil. In der Dominikanerkirche in der Rue du Faubourg St. Honoré, die in der Nähe der Wohnung der Alençons in Paris liegt, hat sie ihren eigenen Altar, der dem heiligsten Herzen Jesu geweiht ist. Und Sophie pflegt auch eine enge Bindung an die Priorin des Dritten Ordens, die sie »Mère« nennt und die auch dem Herzog von Alençon vorgestellt wird. Besonders verdient macht sich Sophie um die karitativen Werke, der Hauptaufgabe des Dritten Ordens. Ihre hohe Stellung und ihre zahlreichen Verbindungen sind ihr dabei natürlich sehr von Vorteil. Und die Dominikaner sind sich auch klar darüber, welche wichtige Galionsfigur sie für sich gewonnen haben. Die karitativen Werke des Dritten Ordens in Paris werden von einer Art Wohltätigkeitsorganisation betreut und gesteuert, dem »Œuvre noviciats dominicains«, zu dessen Präsidentin man die Herzogin von Alençon wählt. Sophie stürzt sich mit viel Engagement in diese neue Aufgabe, die vor allem aus der Organisation von Wohltätigkeitsbasaren besteht.

Kapitel 38

Paris, 4. Mai 1897

Für den großen Pariser Wohltätigkeitsbasar, den »Bazar de la Charité«, an dem sich auch das »Œuvre noviciats dominicains« beteiligt, muss 1897 ein neuer Standplatz gefunden werden. Bisher hatte man den Basar im Palais de l'Industrie abgehalten, einem Ausstellungsgebäude, das für die Pariser Weltausstellung 1855 auf der Avenue des Champs-Élysées errichtet worden war. Doch das Palais de l'Industrie wird 1897 abgerissen, um neuen Gebäuden für die kommende Weltausstellung Platz zu machen. Da finden die Organisatoren des Basars ein Ausweichquartier in Form eines unbebauten Grundstücks, das nicht unweit in der Rue Jean Goujon nahe der Seine liegt und von einem Millionär kostenlos zur Verfügung gestellt wird. Auf dem freien Grundstück errichtet man ein Gebäude aus Holz, 80 Meter lang und 30 Meter tief. Der Boden besteht aus leichten Fichtenholzbrettern und liegt drei Stufen über der Straße. Das Innere dekoriert man mit Kulissen aus einer Theaterausstellung, die eine Pariser Straße mit Verkaufsständen aus dem 15. Jahrhundert darstellen sollen. Die Dekoration besteht aus Pappdeckeln und Leinwand, die mit Ölfarbe bemalt wurde. Darüber spannt sich als Stoffhimmel ein dünnes, zum Schutz gegen Wasser mit Bitumen imprägniertes Segeltuch. Die sich an beiden Seiten des Gebäudes erstreckenden Verkaufsstände sind ebenfalls aus Holz und mit leichter Baumwolle verkleidet. Insgesamt scheint es fünf Ausgänge gegeben zu haben, zwei große Türen vorne zur Straße hinaus und drei kleinere Ausgänge, die auf den schmalen Rest des leeren Grundstücks führen. Die hinteren Türen sind allerdings nicht ausgeschildert und die vorhandenen Fenster verschlossen. Dass man sich über die Gefahren der Holzkonstruktion bewusst ist, zeigt das Rauchverbot, das der Baron de Mackau, Organisator des Basars, verhängt. Auf die Besucher warten zwei besondere Attraktionen: zum einen eine kleine, mit Wasserstoff gefüllte Montgolfière, die im Raum schwebt, zum anderen ein Kinematograf der Gebrüder Lumière, mit dem in einem kleinen Raum Filmaufnahmen gezeigt werden. Diese völlig neue Kunst der bewegten Bilder war erst eineinhalb Jahre zuvor zum ersten Mal der Öffentlichkeit vorgestellt worden. Schon wenig später schickt die Familie Lumière ausgebildete Bediener des Geräts in die Welt hinaus. Ein Team wird von den Organisatoren des Bazars de la Charité gebucht, der am 3. Mai 1897 mit einer Segnung des päpstlichen Nuntius seine Pforten öffnet. Die Herzogin von Alençon hat die Leitung des Verkaufsstandes der Dominikaner übernommen.

Sophie hat im Vorfeld ihre Verwandten eingeladen, sie auf dem Basar zu besuchen; darunter auch die spanische Infantin Maria de la Paz, die mit dem bayerischen Prinzen Ludwig Ferdinand verheiratet ist. Maria de la Paz und ihr Mann machen auf ihrer Rückreise von Spanien nach Bayern in Paris halt, um dort die Eltern der Infantin zu besuchen, die in Frankreich im Exil leben. Das Paar ist seit Längerem offiziell getrennt, am 4. Mai wird dem Vater ein Besuch abgestattet, der sich in Épinay-sur-Seine außerhalb von Paris niedergelassen hat. Eigentlich wollte man nur zum Frühstück bleiben, aber auf Drängen des Vaters wird die Rückfahrt nach Paris verschoben. Die Gesellschaft sitzt im Garten des Schlosses als per Telefon die Meldung eintrifft, dass im Bazar de la Charité ein Feuer ausgebrochen sei. Maria de la Paz wird unruhig, erkundigt sich nach dem Verbleib der Herzogin von Alençon, kann aber nichts in Erfahrung bringen. Von Épinay aus sieht man über Paris eine dunkle Rauchwolke aufsteigen. Die Infantin drängt zur Rückfahrt und in Paris begibt sich Prinz Ludwig Ferdinand sofort zum Haus der Alençons, aber niemand ist anwesend. Plötzlich meint er, Sophie auf der Straße erkannt zu haben – aber es stellt sich heraus, dass es sich um die Gräfin Trani handelt, die ihrer Schwester sehr ähnlich sieht. Für die Familie beginnen nun Stunden des bangen Wartens, denn die Herzogin von Alençon gilt als vermisst.

Was war passiert? Am Nachmittag des 4. Mai ist der Bazar de la Charité sehr gut besucht. Man schätzt, dass sich ungefähr 1.500 Menschen dort aufhalten, es herrscht also ein dichtes Gedränge. Auch der päpstliche Nuntius stattet der Veranstaltung an diesem Tag wieder einen Besuch ab und begrüßt unter anderem die Herzogin von Alençon. Um kurz vor 16 Uhr verlässt der Nuntius das Gebäude auf Drängen seines Sekretärs, der von einem unguten Gefühl geplagt wird, ohne sagen zu können, woher dieses kommt. Ungefähr zur selben Zeit beklagt sich die Herzogin von Alençon über die Hitze, die in dem Gebäude herrscht. Madame Belin, die Frau eines bekannten Chirurgen, die mit ihr zusammen verkauft, öffnet daraufhin ein Fenster, um frische Luft hereinzulassen. Auch der Herzog von Alençon ist seit Kurzem auf dem Basar. Er pendelt zwischen dem Buffet und dem Stand seiner Frau und kauft einen kleinen Milchtopf, den er Sophie vorbeibringt. An ihrem Stand ist ein Krug übrig geblieben, auf den Sophie ihren Mann mit den Worten hinweist: »Den könntest Du nehmen«. Ferdinand tut ihr den Gefallen und kauft den Krug, als er einen Arzt erblickt, mit dem er sprechen möchte. Beide Männer treffen sich im Mittelpunkt der Halle. In diesem Moment betritt Mathilde d'Andlau den Basar. Sie hat zwei Bilder gespendet und Sophie Charlotte möchte sie gerne kennenlernen. Sie trifft kurz nachdem der Herzog von Alençon den Stand verlassen hat dort ein. Mathilde d'Andlau wird wenig später die letzte Person sein, die Sophie noch lebend sieht.

Der Herzog von Alençon und der Arzt unterhalten sich in der Mitte des Gebäudes, als sie ein dünnes Flämmchen bemerken, das aus der Dekoration hinter dem Kinematografen hervorkommt und an der Zeltplane leckt. Kaum, dass den Männern klar geworden ist, was passiert, schießt eine große Flamme hervor. Innerhalb kürzester Zeit verwandelt sich der Basar in ein völliges Chaos. Eine schreckliche Hitze entsteht, Menschenmengen drängen in Richtung der Türen, die sich von außen nach innen öffnen und in denen sich schnell die Massen verkeilen. Später stellt sich heraus, dass der Brand von dem Kinematografen ausgegangen ist. Der Gehilfe des Filmvorführers verschüttet unachtsamerweise beim Befüllen der Lampe des Kinematografen Äther, der leicht brennbare Dämpfe entstehen lässt. Diese entzünden sich beim Kontakt mit der heißen, noch nicht abgekühlten Lampe. Unaufhaltsam greift das Feuer um sich. Innerhalb weniger Minuten brennt das ganze aus Holz und Leinwand bestehende Gebäude. Besonders die an der Decke gespannte Leinwand trägt zum rasend schnellen Umgreifen der Flammen bei.

Das nun entstehende Chaos macht es schwer, den weiteren Hergang sicher zu rekonstruieren. Die Panik, die sich verbreitet, sieht man später daran, dass sich die vielen Berichte der Überlebenden teilweise völlig widersprechen. Es wird furchtbar schwer gewesen sein, in der Hitze und dem Gewühl nur einigermaßen den Überblick zu behalten. Auf der Straße wundert man sich, wie wenige Leute durch die Türen entfliehen. Erst dann bemerkt man, dass die Ausgänge durch die vielen Menschen versperrt sind und sich im Inneren des Gebäudes schreckliches Geschrei erhebt. Die Fliehenden, die sich ins Freie retten können, stehen unter Schock. So wird eine Frau beobachtet, die auf der Straße von ihrer Rettung erzählt und dabei gar nicht bemerkt, dass ihr Haar in Flammen steht und ihr Hals von Brandwunden bedeckt ist. Eine andere Frau springt mit noch brennender Kleidung in eine Droschke, die sie

1897 möchte der Bazar de la Charité seine Besucher in eine Pariser Straße im späten Mittelalter versetzen. Deutlich zu erkennen: Das Zeltdach aus leichtem Stoff, das den Bau überspannt.

nach Hause bringen soll. Ein Polizist eilt herbei, erstickt die Flammen mit einem Mantel und bringt die Frau in ein Krankenhaus. Ferdinand von Alençon kann sich seinem eigenen Bericht zufolge aus dem Strom der Menschen lösen und sich in einen freien Verkaufsstand retten. Von dort aus versucht er zum Stand seiner Frau zu gelangen, den er verlassen vorfindet. In mehr oder weniger letzter Minute kann er sich durch eine der Türen auf das Brachland ins Freie retten. Er trägt Brandwunden am Kopf und im Gesicht davon, Haare und Bart sind versengt. Wieder im Freien bekommt der Herzog den Hinweis, seine Frau würde sich beim Herzog von Chartres befinden. Als er dort eintrifft, erweist sich dies allerdings als Falschmeldung. Auf einem Stuhl des Concierge des Hauses bricht er weinend zusammen.

Als sich der Herzog von Alençon später auf der Suche nach seiner Frau nach Hause begibt, hat sich dort schon eine große Anzahl von Freunden und Familienmitgliedern eingefunden; darunter auch Sophies Schwestern Marie und Mathilde sowie Prinz Ludwig Ferdinand von Bayern. Während der Herzog von Alençon verarztet wird, machen sich die anderen gemeinsam auf die

Die mit einem bayerischen Prinzen verheiratete Infantin Maria de la Paz wird aus der Ferne Zeugin der furchtbaren Katastrophe.

Suche nach Sophie. Mittlerweile hat man begonnen, die geborgenen Leichen in das Palais de l'Industrie zu bringen. Es muss ein fürchterliches Szenario gewesen sein, dass sich dort bietet. Bis um 11 Uhr abends hat man 115 zum Teil schrecklich entstellte Leichen geborgen und zur Identifizierung in den Saal des Palais' gebracht. Vor dem Gebäude versammelt sich eine Menschenmenge, die auf der Suche nach Angehörigen ist. Die Personen, die eintreten dürfen, erhalten Fackeln, um sich im Dunkeln zurechtzufinden. Man mag es sich gar nicht ausmalen, welcher Horror es gewesen sein mag, im Licht der Fackeln durch die Reihen der verkohlten Leichen zu schreiten. Diese Aufgabe übernimmt wohl Prinz Ludwig Ferdinand, der schließlich auch einen Körper findet, der aufgrund seiner schlanken Gestalt Sophie Charlotte sein könnte. Doch er ist sich nicht sicher.

Am nächsten Morgen ziehen Bedienstete der Familie los, um sich abermals auf die Suche zu machen, darunter auch Sophies bayerische Kammerzofe. Während man sich immer noch nicht sicher ist, ob sich die Herzogin unter den Opfern befindet, machen die Bediensteten zwei Funde, die das Schlimmste ahnen lassen. So findet man die silberne Taschenuhr der Herzogin sowie ihren Ehering mit der Inschrift »28 Septembre 1868 Ferdinand d'Orleans Sophie de Baviere«. Die schlimme Nachricht, dass es wohl keinen Zweifel mehr gibt, dass Sophie unter den Toten ist, muss der mittlerweile aus Brüssel eingetroffene Emmanuel seinem Vater überbringen. Um endgültige Gewissheit zu bekommen, zieht man Sophies Zahnarzt Isaac Davenport hinzu, der schließlich die Leiche der Herzogin, der die linke Hand und ein Bein fehlt, anhand ihres Gebisses identifiziert. Um seinem Vater den schweren Gang zu ersparen, begleiten Emmanuel und Prinz Ludwig Ferdinand den Wagen, der den Sarg mit den sterblichen Überresten der Herzogin von Alençon in die nahe gelegene Kirche St. Philippe du Roule transportiert. »Die Menge auf der Straße grüßte ehrbietig, die zur Absperrung vor dem Palais de L'Industrie aufgestellten Mannschaften der Garde Rèpublicaine präsentirten«, berichtet der bayerische Gesandte in Paris nach München. Am darauffolgenden Tag wird der Sarg – Sophies Wünschen entsprechend – in die Kirche des Dominikanerklosters Foubourg St. Honoré gebracht.

Die Angaben über die Zahl der Opfer des Brandes gehen weit auseinander. Mal wird von 126 Opfern gesprochen, dann von 140, an anderer Stelle von 400. Besonders auffällig ist allerdings die sehr große Anzahl von Frauen und Kindern unter den Toten. Im Zuge der offiziellen Ermittlungen kommt es auch zu Beschwerden von geretteten Frauen über das rüpelhafte und rücksichtslose Verhalten vieler Männer, die zuerst an ihre eigene Sicherheit gedacht hätten. Es gibt aber auch Fälle wie den des berühmten Dermatologen Dr. Henri Feulard, der mit seiner Frau und seiner 10-jährigen Tochter den Basar besucht. Die Eltern können sich zunächst aus den Flammen retten. Als sie ihre Tochter nicht finden können, kehrt der Vater ins brennde Gebäude zurück. Vater und Tochter überleben das Unglück beide nicht. Viele Personen können sich auch auf das hinter dem Gebäude liegende Brachland flüchten. Dort befindet sich ein Fenster des Hotel du Palais, über das das Personal – allen voran ein Koch – 150 Personen, darunter auch Schwerverletzte, retten kann.

Im Zuge der Ermittlungen werden viele Aussagen von Überlebenden aufgenommen. Aus diesen können wir die letzten Momente im Leben von Sophie Charlotte rekonstruieren, auch wenn dies durch die unterschiedlichen und verworrenen Aussagen nicht leicht ist. Da ist zum einen Madame Belin, die kurz vor Ausbruch des Brandes das Fenster geöffnet hatte. Als das Gedränge im Basar anfängt, glaubt sie, dass eine wichtige Persönlichkeit eingetroffen ist und entfernt sich vom Verkaufsstand. Als sie die wahre Ursache erkennt, reißt sie der Menschenstrom mit. Sie wird ausgerechnet gegen das Fenster gedrückt, das sie zuvor geöffnet hat und kann sich so in Sicherheit bringen.

Madame Henri de France ist mit Sophie im Verkaufsstand der Dominikaner, als der Ruf »Es brennt!« erschallt. Madame de France reagiert panisch. Sophie fordert sie auf, sich wieder zu setzen, solange der Menschenstrom an ihnen vorbeirollt und ermahnt sie: »Keine Panik, vor allem keine Panik!« Als die Frauen einige Schritte in Richtung der vorderen Ausgangstüren wagen, stellen sie fest, dass dort kein Entkommen mehr möglich ist. Sie kehren um und wenden sich dem Ende des Basars zu, der am weitesten vom Feuer entfernt ist. Dort werden die beiden Frauen getrennt und sehen sich nicht mehr wieder. Dann ist da noch Suzanne Dugés. Sie befindet sich beim Ausbruch des Feuers in der Nähe des Verkaufsstandes der Dominikaner. Als Sophie sich mit Madame de France in Richtung des Ausgangs bewegt, wird die Herzogin von Alençon gegen Suzanne Dugés gedrückt. Die Herzogin habe einen ängstlichen Ausdruck gehabt, sei aber ruhig gewesen. Als der Tumult sich legt, beobachtet Madame Dugés, wie sich Sophie mit sehr ruhigem Schritt zum Ende des Basars bewegt. Sie hätte noch versucht, sie zu einer der Türen zu ziehen, die auf das Brachland hinausgehen, doch die Herzogin, die Menschenmassen sehr fürchtete, habe sich losgerissen.

Als sich Sophie am Ende des Basars befindet, begegnet ihr dort Mathilde d'Andlau wieder. Sie erkennt die Herzogin, die sich aus einer Gruppe Menschen löst. Madame d'Andlau stürzt mit einem Angstschrei auf Sophie zu: »Madame, das ist schrecklich!« Sophie sei in diesem Moment vor einem Vorhang aus Feuer gestanden, die Luft glühte. Die Herzogin habe Madame d'Andlau mit einem Ausdruck des tiefen Schmerzes angesehen und die Hand in Richtung des Feuers ausgestreckt, als wolle sie sagen, dass alles zu Ende sei. »Oh, das Feuer« (»Ah! Le feu«), wären ihre Worte gewesen. Und langsam, als ob sie in einen Salon schreiten würde (»marchant comme dans un salon«), ruhig und unerschrocken, sei sie mit einigen Frauen in einen der Verkaufsstände gegangen, in dem Madame d'Andlau eine Gruppe von Frauen erkennt, die sich vor der hellen Wand abhebt.

Mathilde d'Andlau ist von der Ruhe der Herzogin von Alençon so beeindruckt, dass sie ihr folgen will, aber in ein Magazin abgedrängt wird. Dort hat man in der Wand einige Bretter auf Kopfhöhe herausgerissen. Über Kisten und Kasten klettern die Damen, die sich dort aufhalten, durch das Loch ins Freie. Auch Mathilde d'Andlau gelingt auf diese Weise die Flucht, indem sie die Schnalle ihres Gürtels in die Öffnung wirft und sich so durch das Fenster auf die freie Fläche zieht.

Es gibt noch weitere vereinzelte Aussagen von Überlebenden. Eine Comtesse Riancey, die sich in der Menge Richtung Ausgang bewegt, will gehört haben, wie Sophie sagt: »Sortez, Mesdames, sortez, je sortirai da derniére« (Gehen sie raus, meine Damen, gehen sie raus, ich gehe als Letzte). Die Beobachtung, dass Sophie kniend mit mehreren Damen gebetet hätte, könne sie nicht bestätigen. Und dann gibt es noch folgende Beobachtung: In Begleitung von Sophie habe sich die junge Vicomtesse de Beauchamp befunden, die dem Basar nur einen kurzen Besuch abstatten wollte. Als ihre Kleider Feuer fangen und sie droht, ohnmächtig zu werden, fängt Sophie sie auf und stützt sie mit ihren Armen. In diesem Moment bricht die Decke ein und begräbt beide Frauen unter sich. Es lässt sich leider nicht mehr feststellen, welche der Überlebenden diese Aussage gemacht hat. Die 30-jährige Vicomtesse, Mutter von drei Kindern, befindet sich ebenso wie die Herzogin von Alençon unter den Todesopfern. In zwei Punkten stimmen die Zeugenaussagen auffallend überein: Sophie habe Angst vor der Menschenmenge gehabt. Und sie habe

Nur rauchende Trümmer bleiben übrig vom Bazar de la Charité. Heute steht an dieser Stelle in der Rue Jean Goujon Nummer 23 eine Gedenkkapelle.

mit großer Ruhe auf die Panik reagiert, die sich in dem brennenden Basar ausbreitet. Eine Ruhe, eine Gottergebenheit, die bei den Beobachterinnen bleibenden Eindruck hinterlassen hat. Wir können natürlich nicht sagen, was es ist, das Sophie in diesem Moment bewegt. Sieht sie das Feuer als ein Zeichen Gottes? Das Feuer als Möglichkeit für eine Reinigung von ihren »Sünden«? Wir wissen, in welch niedergeschlagenem seelischen Zustand sich Sophie in diesen Jahren befindet. Könnte es sein, dass dieses Unglück, das über sie hereinbricht, einfach eine günstige Gelegenheit ist, an dieser Stelle ihr Leben zu beenden? Oder ist sie vielleicht selbst am meisten überrascht, dass die Todesahnungen, die sie hat, sich auf diese Weise erfüllen?

Ihr Testament, das sie auf den Tag genau sieben Monate vor ihrem Tod niederschrieben hatte, legt Zeugnis davon ab, dass sie eine Art Vorahnung hatte. Außerdem hatte sie angeblich zu einem Dominikanerpater kurz vor ihrem Tod gesagt: »Wenn Gott das Opfer meines Lebens verlangte, ich würde es ihm sofort geben.« Es ist jedenfalls auffällig, dass Sophie nicht wirklich alle Möglichkeiten nutzt, um sich in Sicherheit zu bringen. Vielleicht ist es aber auch nur ein Unglücksfall, der durch einige Aussagen nachträglich überhöht

Sophies Gefährtin im Tode: die 30-jährige Valérie Tuquet de La Boisserie, Vicomtesse de Beauchamp.

wird. Ein katholischer Kreis betreibt jedenfalls nach Sophies Tod ihre Seligsprechung. Dieses Vorhaben wird allerdings schnell wieder fallengelassen.

Am 8. Mai 1897 findet in der Kathedrale Notre-Dame in Paris ein feierlicher Gedenkgottesdienst für alle Opfer der Katastrophe statt, den neben 40 Mitgliedern der königliche Familien auch der französische Präsident besucht. Als letzten Gruß an ihre Schwester schickt Sisi eine Krone aus weißen Lilien und weißen Rosen, umwunden von einem Band aus den Farben von Österreich und Bayern.

Epilog

Sisi ist gerade in Gesellschaft ihrer Tochter Marie Valérie in Lainz, als am Vormittag des 5. Mai die ersten Nachrichten aus Paris über die Katastrophe eintreffen. Marie Valérie notiert in ihr Tagebuch: »Mama sprach gleich die Überzeugung aus, dass Tante gewiss tot sei. Natürlich erwachte wieder alte Bitterkeit über das Leben und das Schicksal. Gegen Abend kam die erschütternde Bestätigung, dass die fast unkenntlich verbrannte Leiche der unglücklichen Tante agnostiziert sei (…)« Kaiser Franz Joseph eilt zu seiner Frau, die niemanden sehen möchte außer Mann und Tochter. Irma Gräfin Sztáray, Sisis Hofdame und engste Vertraute zur damaligen Zeit, schreibt in ihren Erinnerungen: »Ihre Wunden waren furchtbar und sie wollte nicht, daß ihr Schmerz auch noch andere Zeugen habe als unseren guten Kaiser und ihre Tochter.« Wenige Tage später vertraut Marie Valérie ihrem Tagebuch an, dass sie von Sophies »heroischer Selbstlosigkeit« beeindruckt ist, die »den Tod gefunden habe, andere zu retten, bevor sie an die eigene Rettung dachte. (…) Möchte der liebe Gott doch auch Mama einmal diesen Frieden finden lassen, den die Welt ihr nicht geben kann.«

Im Herbst des Jahres 1897 bemerkt Gräfin Sztáray, dass sich der körperliche und seelische Zustand der Kaiserin verschlechtert, deren Todesgedanken ein ständig wiederkehrendes Thema sind. Im Sommer des Jahres 1898 stattet die Kaiserin ihrer Geburtsstadt einen Besuch ab. Alleine mit Gräfin Sztáray streift sie durch München. »Langsam dahinschreitend, jeden Augenblick innehaltend, gingen wir durch die Stadt; wir wollten nichts Neues, nichts Überraschendes sehen; dieser Besuch galt ganz der Vergangenheit, den Erinnerungen.« Der Weg führt die Kaiserin und ihre Hofdame auch vor das Herzog-Max-Palais: »Dann gingen wir vor das Palais, in dem die Kaiserin ihre Kinder- und Mädchenjahre verlebt hatte. An diesem schönen, guten alten Hause, obschon sein Geschick inzwischen eine große Wandlung erfahren, hatte sich nichts verändert, nur waren seine Räume von anderen bewohnt, von ganz anderen. Jetzt wies sie auf zwei Fenster hin, von denen wir stehenblieben. ›Das sind die Fenster meines Mädchenzimmers‹. (…) Die beiden verhängten Fenster blickten wie zwei umflorte Augen auf uns herab. Vielleicht klagten auch sie wie jenes schöne, traurige Augenpaar, das jetzt an ihnen hing. Wir sind ausgestorben, sprachen die traurigen Blicke. Und wie wir so hin und her durch die bevölkerte Stadt wanderten, die Gegenwart vergessend, in die Vergangenheit zurücksinnend, erschien mir die Kaiserin wie jemand, der in den ersten Seiten seines eigenen Tagebuchs blättert. Bloß in den ersten; in den übrigen, selbst den glänzendsten, ist zuviel des Wehs.«

Wenige Wochen später weilt Sisi, auch hier von Gräfin Sztáray begleitet, am Genfer See. Es ist der 10. September 1898, gegen Mittag, als die Kaiserin sich auf den Weg von ihrem Hotel zu einer Anlegestelle am See macht. Da kreuzt der italienischer Anarchist Luigi Luccheni ihren Weg. Eigentlich hatte dieser vorgehabt, ein Mitglied des Hauses Orléans, einen Verwandten des Herzogs von Alençon, zu ermorden. Als sich dessen Reisepläne änderten, gerät mehr oder weniger zufällig Sisi in sein Visier. Mit einer angespitzten Feile, die er ihr ins Herz stößt, ermordet Luigi Luccheni Kaiserin Elisabeth von Österreich.

Danke!

An erster Stelle möchte ich Heinz Gebhardt und Jean Louis Schlim danken. Von Anfang an haben sie dieses Projekt mit ausführlichen Gesprächen, hilfreichen Hinweisen und ihrem Fachwissen unterstützt.

Bei der Arbeit in Bibliotheken und Archiven ist man immer besonders dankbar für eine fachkundige und engagierte Betreuung. Mein Dank gilt daher an dieser Stelle: SKH Herzog Franz von Bayern für die Erlaubnis, die im Geheimen Hausarchiv befindlichen Quellen benutzen zu dürfen; Dr. Gerhard Immler und Andreas Leipnitz vom Geheimen Hausarchiv; Anton Löffelmeier vom Stadtarchiv München; Natalie Walters von der Wellcome Library in London; Alexandra Untersulzner, Direktorin des Südtiroler Landesmuseums für Volkskunde, für ihre Unterstützung auf der Suche nach Natalie von Sternbach; Dr. Lukas Morscher vom Stadtarchiv in Innsbruck für seine Informationen über Mentlberg; Olivia Lichtscheidl vom Sisi Museum in Wien; Karin Pircher von der Landesbibliothek Dr. Friedrich Tessmann in Bozen.

Ohne den großen Rückhalt und das große Interesse in meinem Freundeskreis hätte das Projekt längst nichts so viel Freude bereitet. Insbesondere möchte ich an dieser Stelle Claudia Maier danken, die zum richtigen Zeitpunkt die richtige Vision hatte; Dr. Ricarda Vidal und Dr. Julia Kindt, die mir mit ihren eigenen Erfahrungen mit dem Schreiben eines Buches den Start sehr erleichtert haben; Anja Stoecker, die nach der Lektüre der ersten Seiten entscheidende Worte sprach und allen interessierten Zuhörerinnen und Zuhörern, die mir geholfen haben, die Geschichte im Laufe der Zeit zu entwickeln.

Es hilft die spannendste Geschichte nicht, wenn man keinen Verlag hat, der sie publizieren möchte. Ich danke von ganzem Herzen Dr. Anne Dreesbach für ihr Engagement und ihre Empathie. Ebenso herzlichen Dank an meine Lektorin Nadja Hollstein.

Der größte Dank aber gebührt meiner Mutter Beatrix Sepp, ohne deren Hilfe ich der französischen Literatur und Quellen nicht Herr geworden wäre. Von Beginn an hat sie mit ihrem unglaublichen Wissen und ihrer Energie mein Vorhaben unterstützt. Es war eine große Freude und Bereicherung, mit ihr zusammen an meinem ersten Buch zu arbeiten.

Quellen- und Literaturverzeichnis

A. Archive

Bayerisches Hauptstaatsarchiv München
- Abteilung II:
Gesandtschaft Paris 1561
Aussenministerium (MA) 2155
- Abteilung III: Geheimes Hausarchiv
Kabinettsakten König Ludwigs II.
Kopien Drucke Tafeln
Nachlass Königin Marie Therese
Oberhofmarschallstab
Oberhofmeisteramt
Urkunden und Akten

Bayerische Staatsbibliothek München
Handschriften und Alte Drucke
- Autographen: Alençon, Sophie Charlotte von
- Ana. 346 Nachlass Sexau, Richard (1882–1962) Schriftsteller
Briefabschriften
- Briefe König Ludwigs II. von Bayern
- Briefe von Herzogin Louise in Bayern
- Briefe an Herzogin Louise in Bayern
Tagebuchabschriften
- Abschrift der Tagebücher der Herzogin Amelie von Urach
- Aus den Aufzeichnungen von Herzogin Amelie: Erinnerungen an Herzogin Ludovica in Bayern
- Peters Journal [Journal des Hofsekretärs Joseph Peter]

Stadtarchiv Innsbruck
- Sammelakte Mentlberg

Stadtarchiv München
- PMB 262
- EBA 1881/514

Wellcome Library London
- Nachlass Richard von Krafft-Ebing PP/KEB/D/5

Adalbert von Bayern, Prinz: Vier Revolutionen und einiges dazwischen. Siebzig Jahre aus dem Leben der Prinzessin Ludwig Ferdinand von Bayern, Infantin von Spanien. Nach den Tagebuchblättern der Prinzessin zusammengestellt von ihrem Sohn Dr. phil. Prinz Adalbert von Bayern. München: Hanns Eder Verlag 1932.

Bomhard, Ernst von: Staatsminister a.D. Eduard von Bomhard. Ein Lebens- und Charakterbild, verfaßt nach den Tagebuchaufzeichnungen Eduards von Bomhards. München/Berlin: R. Oldenbourg 1913.

Christomanos, Constantin: Tagebuchblätter. Erinnerungen des Hauslehrers von Kaiserin Elisabeth (Bibliothek der Erinnerung, Band IV). Wien: Czernin Verlag 2007.

Curtis, Friedrich (Hrsg.): Denkwürdigkeiten des Fürsten Chlodwig zu Hohenlohe-Schillingsfürst, hrsg. im Auftrag des Prinzen Alexander zu Hohenlohe-Schillingsfürst, 2 Bde., Stuttgart/Leipzig: Deutsche Verlags Anstalt 1907.

Die Presse, 40. Jahrgang, 1887, im Online-Bestand der Österreichischen Nationalbibliothek, Wien: http://anno.onb.ac.at/cgi-content/anno?aid=apr&datum=1887&zoom=33.

Eulenburg-Hertefeld, Philipp Fürst zu: Das Ende König Ludwigs II., hrsg. von Klaus von See. Frankfurt am Main/Leipzig: Insel Verlag 2001.

Hamann, Brigitte (Hrsg.): Kaiserin Elisabeth – Das poetische Tagebuch (Fontes Rerum Austriacum, Erste Abteilung: Scriptores, 12. Band). Wien: Verlag der österreichischen Akademie der Wissenschaften 1984.

Kerler, Dietrich (Hrsg.): Lebens-Erinnerungen von Robert von Mohl 1799–1875, 2 Bände. Stuttgart/Leipzig: Deutsche Verlags-Anstalt 1902.

Körner, Hans-Michael und Ingrid (Hrsg.): Leopold von Bayern. Aus den Lebenserinnerungen: 1846–1930. Regensburg: Friedrich Pustet 1983.

Meraner Zeitung, 21. Jahrgang, 1887, im Online-Bestand der Landesbibliothek Dr. Friedrich Teßmann, Bozen: http://dza.tessmann.it/tessmannPortal/Zeitungsarchiv/Monatsuebersicht/Zeitung/1/1887.

Münchner Neueste Nachrichten, Ausgabe vom 6. Mai 1897.

Nostitz-Rienek, Georg (Hrsg.): Briefe Kaiser Franz Josephs an Kaiserin Elisabeth, 1859–1898, 2 Bände. Wien/München: Herold 1966.

Redwitz, Marie Freiin von: Hofchronik 1888–1921. München: Verlag für Kulturpolitik 1924.

Schad, Martha (Hrsg.): Cosima Wagner und Ludwig II. von Bayern. Briefe. Eine erstaunliche Korrespondenz. Zum ersten Mal vollständig hrsg. von Martha Schad unter der Mitarbeit von Horst Heinrich Schad. Bergisch Gladbach: Gustav Lübbe Verlag 1996.

Schad, Martha und Horst (Hrsg.): Marie Valérie von Österreich. Das Tagebuch der Lieblingstochter von Kaiserin Elisabeth. München/Zürich: Piper 72013.

Strobel, Otto: König Ludwig II. und Richard Wagner. Briefwechsel. Mit vielen anderen Urkunden in vier Bänden hrsg. vom Wittelsbacher Ausgleichsfonds und Winifred Wagner. Karlsruhe: Verlag G. Braun 1936.

Stürmer, Traudl (Hrsg.): König Ludwig II. speist. Die Erinnerungen seines Hofkochs Theodor Hirneis. München: Stiebner Verlag 2010.

Wallersee-Larisch, Marie Louise von: Meine Vergangenheit. Berlin: Fontane 1913.

Wallersee, Marie Louise von, vormals Gräfin Larisch: Kaiserin Elisabeth und ich. Leipzig: Goten-Verlag Herbert Eisentraut 1935.

Weissensteiner, Friedrich (Hrsg.): Lieber Rudolf: Briefe von Kaiser Franz Joseph und Elisabeth an ihren Sohn. Wien: Ueberreuter 1991.

C. Sekundärliteratur

Ammerer, Heinrich: Am Anfang war die Perversion. Richard von Krafft-Ebing. Psychiater und Pionier der modernen Sexualkunde. Wien u.a.: Styria Verlagsgruppe 2011.

Bankl, Hans: Die kranken Habsburger. Befunde und Befindlichkeiten einer Herrscherdynastie. München: Goldmann 2005.

Böhm, Gottfried von: Ludwig II., König von Bayern. Sein Leben und seine Zeit. Berlin: Verlag Hans Robert Engelmann 1924 (zweite, verbesserte Auflage).

Bußmann, Hadumod: »Ich habe mich vor nichts im Leben gefürchtet«. Die ungewöhnliche Geschichte der Therese Prinzessin von Bayern, 1850–1925. München: Verlag C.H. Beck 2011.

Corti, Egon Cesar Conte: Elisabeth. »Die seltsame Frau«. Nach dem schriftlichen Nachlaß der Kaiserin, den Tagebüchern ihrer Tochter und sonstigen unveröffentlichten Tagebüchern und Dokumenten. Augsburg: Weltbild 2003 (Original: Wien: Styria Pichler Verlag 1934).

Chapman-Huston, Desmond: Bavarian Fantasy. The story of Ludwig II, hrsg. von Osyth Leeston. London: John Murray 1955.

Feustel, Gotthard: Die andere Liebe. Eine illustrierte Geschichte der Homosexualität. Leipzig: Edition Leipzig 1995.

Gebhardt, Heinz: König Ludwig II. und seine verbrannte Braut. Unveröffentlichte Liebesbriefe Prinzessin Sophies an Edgar Hanfstaengl. Pfaffenhofen: Verlag W. Ludwig 1986.

Gebhardt, Heinz: König Ludwig II. hatte einen Vogel. Unglaubliche, aber wahre Geschichten über Bayerns Märchenkönig. München: Stiebner Verlag 2011.

Grimm-Stadelmann, Isabel/Grimm, Alfred: Eine Zitherpartie auf dem Nil. Die Orientreise von Herzog Maximilian in Bayern und seine orientalische Sammlung. München: Staatliches Museum Ägyptischer Kunst 2009.

Hamann, Brigitte: Elisabeth. Kaiserin wider Willen. Wien/München: Amalthea Verlag ²1982.

Hamann, Brigitte (Hrsg.): Die Habsburger. Ein biographisches Lexikon. München: Piper ³1988.

Häfner, Heinz: Ein König wird beseitigt. Ludwig II. von Bayern. München: Verlag C.H. Beck 2008.

Hilmes, Oliver: Ludwig II. Der unzeitgemäße König. München: Siedler Verlag 2013.

Holzschuh, Robert: Das verlorene Paradies Ludwigs II. Die persönliche Tragödie des Märchenkönigs. Mit 27 unveröffentlichten Briefen des Königs. München/Zürich: Piper 2003.

Kuhn, Barbara: Vom Herzog-Max-Palais zur Landeszentralbank. Geschichte des Hauses Ludwigstraße 13. Mit einem Vorwort von Andreas Kraus. München: Landeszentralbank in Bayern 1990.

McIntosh, Christopher: The swan king: Ludwig II. of Bavaria. London: Tauris 2012 (Original: London: Allen Lane 1982).

Osterhammel, Jürgen: Die Verwandlung der Welt. Eine Geschichte des 19. Jahrhunderts. München: C.H. Beck 2011.

Panzer, Marita A.: Fürstinnen von Thurn und Taxis. Regensburg: Verlag Friedrich Pustet 2008.

Paoli, Dominique: Il y a cent ans l'incedie du bazar de la Charité. [Paris]: Mémorial du Bazar de la Charité 1997.

Paoli, Dominique: La Duchesse d'Alençon. Sophie-Charlotte, soeur de Sissi. Brüssel: Editions Racine 1999.

Rall, Hans/Petzet, Michael: König Ludwig II. Wirklichkeit und Rätsel. Mit einer umfassenden Übersicht über die Aufenthalte des Königs in den Residenzen, Schlössern und Berghäusern von Franz Merta. München/Zürich: Verlag Schnell & Steiner 1986.

Rall, Hans/Rall, Marga: Die Wittelsbacher in Lebensbildern. Aktualisierte Taschenbuchausgabe. München: Piper Verlag 2005.

Reichold, Klaus: Keinen Kuß mehr! Reinheit! Königtum! Ludwig II. von Bayern (1845–1886) und die Homosexualität. München: forum homosexualität und geschichte 2003.

Rohrer, Josef: Sissi in Meran. Kleine Fluchten einer Kaiserin. Wien/Bozen: Folio Verlag 2009.

Schad, Martha: Bayerns Königinnen. Neuausgabe mit Farbbildteil. München/Zürich: Piper ²2007.

Schober, Gerhard: Schlösser im Fünfseenland. Bayerische Adelssitze rund um den Starnberger See und den Ammersee. Waakirchen: Oreos 2005.

Sexau, Richard: Fürst und Arzt. Dr. med. Herzog Carl Theodor in Bayern. Schicksal zwischen Wittelsbach und Habsburg. Graz u.a.: Verlag Styria 1963.

Shorter, Edward: Geschichte der Psychiatrie. Aus dem Amerikanischen von Yvonne Badal. Reinbeck bei Hamburg: Rowohlt Taschenbuch Verlag 2003.

Sigusch, Volkmar: Heinrich Kaan – der Verfasser der ersten »Psychopathia sexualis«. Eine biografische Skizze, in: Zeitschrift für Sexualforschung 16, 2 (2003), S. 116–142.

Sommer, Felix: Psychiatrie und Macht. Leben und Krankheit König Ludwig II. von Bayern im Spiegel prominenter Zeitzeugen (Europäische Hochschulschriften, Band 1062). Frankfurt am Main: Peter Lang 2009.

Sokop, Brigitte: Jene Gräfin Larisch. Marie Louise Gräfin Larisch-Wallersee. Vertraute der Kaiserin – Verfemte nach Mayerling. Wien u.a.: Böhlau Verlag [4]2006.

Spangenberg, Marcus: Ludwig II. Der andere König. Regensburg: Verlag Friedrich Pustet 2011.

Sternbach, Paul von: Familiengeschichte der Herren von Wenzel und der Freiherren von Sternbach, maschinenschriftliches Manuskript, Bruneck 1945; 2. Auflage, herausgegeben von Lothar von Sternbach, Bruneck 1998.

Unterreiner, Katrin: Sisi. Mythos und Wahrheit. Wien: Brandstätter 2005.

Unterreiner, Katrin: Sisi und das Salzkammergut. Wien u.a.: Styria 2013.

Wehofer, Thomas M.: Schwester Marie-Madleine aus dem dritten Orden des heiligen Dominicus. Sophie Charlotte Herzogin von Alençon, geb. Herzogin in Bayern. München: Letner 1898.

Witzleben, Hermann von/Vingau, Ilka von: Die Herzöge in Bayern. Von der Pfalz zum Tegernsee. München: Prestel 1976.

Kurzbiografien

Die folgenden Kurzbiografien beanspruchen keine Vollständigkeit aller im Text erwähnter Personen. Sie sollen vielmehr zur kurzen Orientierung und Einsortierung der zentralen Personen dienen.

AMÉLIE IN BAYERN (1865–1912), Tochter von Herzog Karl Theodor in Bayern aus seiner ersten Ehe mit Sophie von Sachsen. Taufname Amalie Maria, aber in der Familie von allen nur Amélie genannt. Nichte von Sophie Charlotte und eng befreundet mit Erzherzogin Marie Valérie. Wie diese führt sie ein Tagebuch, das eine wichtige historische Quelle darstellt. Heiratet 1892 Herzog Wilhelm von Urach aus einer Nebenlinie des Hauses Württemberg. Stirbt im Alter von 46 Jahren nach der Geburt ihres neunten Kindes.

ELISABETH IN BAYERN (1837–1898), Tochter von Herzog Maximilian und Herzogin Ludovika in Bayern, ältere Schwester von Sophie Charlotte. Elisabeth wird in der Familie »Sisi« genannt. Im Alter von 16 Jahren heiratet sie 1854 Kaiser Franz Joseph I. von Österreich, mit dem sie vier Kinder hat. 1898 fällt sie am Genfer See dem Attentat eines Anarchisten zum Opfer. Im deutschsprachigen Raum wird ihr Bild durch die »Sissi«-Filmtrilogie aus den 1950er Jahren mit Romy Schneider in der Hauptrolle geprägt.

EMMANUEL D'ORLÉANS, HERZOG VON VENDÔME (1872–1931), Sohn von Ferdinand d'Orléans, Herzog von Alençon, und Sophie Charlotte in Bayern. Heiratet 1896 in Brüssel Prinzessin Henriette von Belgien (1870–1848), mit der er drei Töchter und einen Sohn hat. Emmanuel d'Orléans stirbt im Alter von 59 Jahren in Cannes.

EULENBURG, PHILIPP ZU (1847–1921), preußischer Diplomat, von 1881 bis 1888 Legationssekretär, von 1891 bis 1894 Gesandter in München. Persönlich eng befreundet mit Kaiser Wilhelm II.; ist maßgeblich am Sturz von Reichskanzler Otto von Bismarck beteiligt. Die sogenannte Harden-Eulenburg-Affäre (1906–1908), der größte Skandal der Wilhelminischen Zeit, isoliert ihn gesellschaftlich.

FERDINAND D'ORLÉANS, HERZOG VON ALENÇON (1844–1910), Sohn von Louis d'Orléans, Herzog von Nemours, und dessen Gemahlin Viktoria von Sachsen-Coburg-Gotha. Bei seiner Geburt ist Ferdinand auf Platz fünf der französischen Thronfolge. 1848 muss er zusammen mit seiner Familie Frankreich verlassen und wächst in England im Exil auf. 1868 heiratet er Herzogin Sophie Charlotte in Bayern, mit der er zwei Kinder hat. Er stirbt 1910 in Wimbledon im Alter von 65 Jahren.

FRANZ JOSEPH I. VON ÖSTERREICH (1830–1916), Sohn von Erzherzog Franz Karl von Österreich und Sophie von Bayern, einer Tante von Sophie Charlotte. Seit 1848 Kaiser von Österreich. Er heiratet 1854 Sophie Charlottes ältere Schwester Elisabeth, mit der er vier Kinder hat. Ihr einziger Sohn, Kronprinz Rudolf, begeht 1889 Selbstmord. Franz Joseph I. regiert 68 Jahre, länger als jeder andere Herrscher aus dem Hause Habsburg, und erlebt noch den Ausbruch des Ersten Weltkriegs (1914). Er stirbt 1916 im Alter von 86 Jahren.

GLASER, FRANZ JOSEPH SEBASTIAN (1848–?), praktischer Arzt in München. Heiratet 1881 Alexandra Anastasia von Quist (1862–1936), die Tochter eines russischen Staatsrats aus St. Petersburg. Das Paar hat drei Kinder. Im Winter 1886/1887 behandelnder Arzt von Sophie Charlotte, mit der er eine Affäre hat. Als diese publik wird, da Sophie Charlotte sich scheiden lassen will um Dr. Glaser zu heiraten, führt dies zur Auflösung der Ehe der Glasers. Dr. Franz Glaser heiratet 1888 Maria Victoria von Sutner, mit der er zwei Kinder hat.

HANFSTAENGL, EDGAR (1842–1910), Sohn des Photographen Franz Hanfstaengl. Nach einer Ausbildung zum Handelskaufmann übernimmt Edgar Hanfstaengl 1868 das väterliche Fotoatelier und baut es zum Kunstverlag Hanfstaengl aus. Anfang 1867 lernt er Sophie Charlotte bei Portraitaufnahmen als Verlobte des bayerischen Königs kennen und hat mit ihr im Sommer 1867 eine kurze Affäre, die erst über 100 Jahre später ans Licht kommt, als in seinem Nachlass die Liebesbriefe gefunden werden. Edgar Hanfstaengl heiratet erst im Alter von 40 Jahren und wird Vater von fünf Kindern.

HELENE IN BAYERN (1834–1890), älteste Tochter von Herzog Maximilian und Herzogin Ludovika in Bayern, Schwester von Sophie Charlotte. In der Familie wird sie »Nené« gerufen. Geplant ist eine Ehe mit Kaiser Franz Joseph I. von Österreich, der sich aber für ihre jüngere Schwester Elisabeth entscheidet. Helene heiratet 1858 den Erbprinzen Maximilian Anton von Thurn und Taxis, der 1867 im Alter von 36 Jahren stirbt. Nach dem Tod ihres Schwiegervaters (1871) ist sie bis zur Volljährigkeit ihres ältesten Sohnes Albert das Oberhaupt der Familie Thurn und Taxis.

HENRI D'ORLÉANS, HERZOG VON AUMALE (1822–1897), vierter Sohn des späteren französischen Bürgerkönigs Louis Philippe. Gilt als der begabteste und beliebteste unter den Söhnen des Bürgerkönigs. 1847 für kurze Zeit Generalgouverneur von Algerien. Von 1848 bis 1871 im Exil in England. Verheiratet mit Marie Caroline von Neapel-Sizilien (1822–1868), mit der er zwei Söhne hat, die beide in jungen Jahren sterben. Sophie Charlotte hat ein enges freundschaftliches Verhältnis zum Onkel ihres Mannes. Der Herzog von Aumale stirbt drei Tage nach Sophie Charlotte, nachdem er die Nachricht von ihrem Tode erhalten hatte. Seine umfangreiche Kunstsammlung vermacht er dem Institut de France.

KARL THEODOR IN BAYERN (1839–1909), Sohn von Herzog Maximilian und Herzogin Ludovika in Bayern. In der Familie »Gackel« genannt. Studiert als erster Wittelsbacher Medizin und praktiziert als Augenarzt. Gründet in München eine private Augenklinik, die heute noch existiert. Heiratet in erster Ehe Sophie von Sachsen (1846–1867), mit der er eine Tochter hat. Heiratet in zweiter Ehe Marie José von Portugal (1857–1943), mit der er drei Töchter und zwei Söhne hat.

KRAFFT-EBING, RICHARD VON (1840–1902), Studium der Medizin, Professor für Psychiatrie, lehrt an den Universitäten von Straßburg, Graz und Wien. Eröffnet 1886 das Privatsanatorium Maria Grün bei Graz. Von seinen zahlreichen Veröffentlichungen macht ihn vor allem die »Psychopathia sexualis« berühmt, die zum Standardlehrbuch der Sexualpathologie im 19. Jahrhundert wird. Ist eine der zentralen Figuren unter den Psychiatern des Fin de Siècle. Krafft-Ebing stirbt ein halbes Jahr nach seiner Pensionierung infolge mehrerer Schlaganfälle.

LOUIS D'ORLÉANS, HERZOG VON NEMOURS (1814–1896), zweiter Sohn des französischen Bürgerkönigs Louis Philippe I. Er heiratet 1840 die deutsche Prinzessin Viktoria von Sachsen-Coburg-Gotha (1822–1857). Mit seiner Familie flüchtet er vor der Februarrevolution 1848 nach England, wo er bis 1871 lebt. Seine Frau stirbt bei der Geburt ihres vierten Kindes. Sein Sohn Ferdinand d'Orléans, Herzog von Alençon, heiratet 1868 Sophie Charlotte in Bayern. Der Herzog von Nemours stirbt hochbetagt im Alter von 81 Jahren in Frankreich.

LOUISE D'ORLÉANS (1869–1952), Tochter von Ferdinand d'Orléans, Herzog von Alençon, und seiner Frau Sophie Charlotte. Louise kommt in Bushy House in der Nähe von London auf die Welt. Sie ist eng befreundet mit ihren Cousinen Marie

Valérie von Österreich und Amélie in Bayern. 1891 heiratet sie Prinz Alfons von Bayern, einen entfernten Verwandten. Das Paar hat zwei Kinder, einen Sohn und eine Tochter.

LUDOVIKA VON BAYERN (1808–1892), Tochter des ersten bayerischen Königs Maximilian I. Joseph aus dessen zweiter Ehe mit Karoline Friederike von Baden. Heiratet 1828 gegen ihren Willen Herzog Maximilian in Bayern. Mutter von Sophie Charlotte und deren Geschwistern Ludwig, Helene, Elisabeth, Karl Theodor, Marie, Mathilde und Maximilian Emanuel. 1875 erbt sie von ihrem Lieblingsbruder Prinz Karl von Bayern Schloss Tegernsee, das sie an ihren Sohn Karl Theodor weitergibt. Ludovika überlebt alle ihre Geschwister und stirbt hochbetagt im Alter von 83 Jahren in München.

LUDWIG IN BAYERN (1831–1920), ältester Sohn von Herzog Maximilian und Herzogin Ludovika in Bayern, in der Familie »Louis« genannt. Heiratet 1859 gegen den Willen der Familie die bürgerliche Schauspielerin Henriette Mendel, spätere Freiin von Wallersee (1833–1891), und verzichtet auf sein Erstgeborenenrecht. Vater von Marie Louise Freiin von Wallersee, verheiratete Gräfin Larisch (1858–1940). Ein Jahr nach dem Tod seiner ersten Frau heiratet er die 40 Jahre jüngere Balletttänzerin Antonie Barth, die Ehe wird 1913 geschieden.

LUDWIG I. VON BAYERN (1786–1868), Sohn von König Maximilian I. Joseph von Bayern aus dessen erster Ehe und damit Halbbruder von Herzogin Ludovika in Bayern und Onkel von Sophie Charlotte. Regiert Bayern seit dem Tode seines Vaters (1825) und muss im Revolutionsjahr 1848 zugunsten seines Sohnes Maximilian II. abdanken. Großvater von König Ludwig II. von Bayern.

LUDWIG II. VON BAYERN (1845–1886), Sohn von König Maximilian II. von Bayern und Marie Friederike von Preußen. Wird nach dem frühen Tod seines Vaters 1864 König von Bayern. 1867 ist Ludwig II. 259 Tage lang mit Sophie Charlotte in Bayern verlobt. Wenige Tage nach seiner Absetzung stirbt er am 13. Juni 1886 unter bis heute nicht geklärten Umständen im Starnberger See. Durch seine rege Bautätigkeit (die Schlösser Linderhof, Herrenchiemsee und Neuschwanstein) ist er heute als »Märchenkönig« Bayerns populärster Monarch.

MAXIMILIAN (MAX) IN BAYERN (1808–1888), Sohn von Herzog Pius in Bayern (1786–1837) und dessen Gemahlin Amalie Luise von Arenberg (1789–1823). Heiratet 1828 Prinzessin Ludovika, Tochter des bayerischen Königs Maximilian I. Joseph, mit der er acht Kinder hat. Vater von Sophie Charlotte. Erbt von seinem Großvater und seiner Mutter ein großes Vermögen. Lässt in München das Herzog-Max-Palais bauen und kauft 1834 Schloss Possenhofen am Starnberger See. Förderer der bayerischen Volksmusik.

MAXIMILIAN EMANUEL IN BAYERN (1849–1893), jüngster Sohn von Herzog Maximilian und Herzogin Ludovika in Bayern. In der Familie »Mapperl« genannt. Schlägt eine Militärlaufbahn ein, kämpft im Deutschen Krieg von 1866 gegen Preußen und im Deutsch-Französischen Krieg von 1870/71. Steigt bis zum Generalleutnant auf. Aus seiner Ehe mit Amalie von Sachsen-Coburg-Gotha (1848–1894) hat er drei Söhne. Mapperl stirbt als zweites der Herzogskinder im Alter von 43 Jahren an den Folgen eines Magengeschwürs.

MARIE IN BAYERN (1841–1925), Tochter von Herzog Maximilian und Herzogin Ludovika in Bayern, ältere Schwester von Sophie Charlotte. Heiratet 1859 Kronprinz Francesco von Neapel-Sizilien (1836–1894), an dessen Seite sie wenig später Königin wird. 1861 muss das Paar im Zuge der italienischen Einigung auf seinen Thorn verzichten. Durch ihre Tapferkeit im Kampf um die Krone Neapels erhält Marie den Beinamen »Heldin von Gaeta«. Im Exil wird sie Mutter einer unehelichen Tochter, kehrt aber wieder zu ihrem Mann zurück. Die einzige Tochter des Paares wird nur wenige Wochen alt.

MARIE JOSÉ VON PORTUGAL (1857–1943), Tochter des portugiesischen Königs Miguel I. aus dem Hause Bragança und der Prinzessin Adelheid von Löwenstein-Wertheim-Rosenberg. Heiratet 1874 Herzog Karl Theodor in Bayern. Das Paar hat drei Töchter und zwei Söhne. Marie José unterstützt tatkräftig ihren Mann in seinem Beruf als Augenarzt und überlebt ihn um mehr als 30 Jahre.

MARIE VALÉRIE VON ÖSTERREICH (1868–1924), jüngste Tochter von Kaiser Franz Joseph und Kaiserin Elisabeth von Österreich, als deren Lieblingstochter sie gilt. Nichte von Sophie Charlotte. Marie Valérie führt seit 1878 Tagebuch, das eine sehr wichtige historische Quelle darstellt. Sie heiratet 1890 ihren entfernten Verwandten Franz Salvator von Österreich-Toskana und wird Mutter von zehn Kindern.

MATHILDE IN BAYERN (1843–1925), Tochter von Herzog Maximilian und Herzogin Ludovika in Bayern. In der Familie wird sie »Spatz« genannt. Sie heiratet 1861 den Bruder des neapolitanischen Königs und Schwager ihrer älteren Schwester Marie, Luigi Graf Trani (1838–1886). Aus dieser Ehe stammt eine Tochter, Maria Theresia (1867–1909), in der Familie »Mädi« genannt. Mathilde überlebt alle anderen Herzogskinder und stirbt im Alter von 82 Jahren in München.

REDWITZ, MARIE VON (1856–1933), stammt aus einer fränkischen Adelsfamilie, Tochter des Dichters Oskar von Redwitz. Marie von Redwitz tritt 1888 als Hofdame von Amélie in Bayern in den Dienst der herzoglichen Familie. Sie betätigt sich später als Schriftstellerin und veröffentlicht 1924 ihre Erinnerungen unter dem Titel »Hofchronik, 1888–1921«, die zu den verlässlichsten Quellen über die herzogliche Familie in Bayern gehört.

SOPHIE VON SACHSEN (1846–1867), jüngste Tochter des sächsischen Königs Johann I. und dessen Gemahlin Amalie von Bayern. Sie heiratet 1865 ihren Cousin Herzog Karl Theodor in Bayern. Das Paar hat eine Tochter, Amalie, genannt Amélie. Herzogin Sophie stirbt im März 1867 wenige Tage vor ihrem 22. Geburtstag an den Folgen einer Grippe.

STERNBACH, NATALIE FORTUNATA HENRIETTE VON (1833–1904), Tochter von Judas Thaddäus von Sternbach und Anna Maria Magdalena Mayr. Gehört zum Bludenzer Familienzweig der Tiroler Familie von Sternbach. Hofdame bei der herzoglichen Familie in Bayern und enge Vertraute von Sophie Charlotte. Natalie von Sternbach stirbt unverheiratet als Haller Stiftsdame in Arco am Gardasee.

THURN UND TAXIS, PAUL MAXIMILIAN LAMORAL VON (1843–1879), Sohn des Fürsten Maximilian Karl von Thurn und Taxis und Halbbruder des Erbprinzen Maximilian Anton von Thurn und Taxis, der mit Helene in Bayern verheiratet ist. Von Januar 1865 bis November 1867 persönlicher Flügeladjutant von König Ludwig II. von Bayern, mit dem er sich überwirft. Durch Pauls Liaison mit der Soubrette Elise Kreuzer, mit der er einen 1868 geborenen Sohn hat, kommt es auch zum Bruch mit seiner Familie, die ihm seine Titel und sein Geburtsrecht aberkennt. Ludwig II. gewährt ihm schließlich den Titel eines »Herrn von Fels«. Paul heiratet Elise Kreuzer und versucht sich als Leiter von verschiedenen Provinztheatern in der Schweiz. Er stirbt im Alter von nur 36 Jahren in Cannes.

Abbildungsnachweis

Sammlung Jean Louis München: 46; 52; 54; 56; 58; 69; 72; 90; 103; 109; 112; 125; 129; 131; 133; 135; 138; 146; 154; 161; 213; 222; 225; 228; 237; 240; 245; 246; 250; 251.

Sammlung des Autors: 13; 31; 36; 41; 99; 100; 107; 117; 126; 187; 204; 206; 209; 214; 224.

Bayerisches Hauptstaatsarchiv, Abteilung III: Geheimes Hausarchiv, Leopoldinische Bildersammlung: 29; 34; 40; 42; 44; 45; 60; 74; 76; 114; 142.

ÖNB Bildarchiv: 17; 21; 25; 144; 166; 234.

Wikipedia/Wikicommons: 39; 65; 140.

Nachlass Franz Hanfstaengl/Kunstverlag Hanfstaengl: 83; 122.

akg-images: 191.

Fürst Thurn und Taxis Zentralarchiv: 27.

Münchner Stadtmuseum, Sammlung Fotografie: Cover.

Wellcome Library London: 165.

I. Die Könige von Bayern und die Herzöge in Bayern – Sophies Vorfahren

Friedrich Michael
v. Pfalz-Zweibrücken-Birkenfeld
1724–1767

∞

Maria Franziska
v. Pfalz-Sulzbach
1724–1794

Maximilian I. Joseph
1756–1825
1799 Kurfürst v. Pfalz-Bayern
1806 König v. Bayern

I ∞ Auguste Wilhelmine
v. Hessen-Darmstadt
1765–1796

II ∞ Karoline Friederike
v. Baden
1776–1841

Ludwig I.
1786–1868
König v. Bayern (1825–1848)

zwei Töchter
ein Sohn

fünf
Töchter

Könige v. Bayern
bis 1918
(s. Stammtafel II)

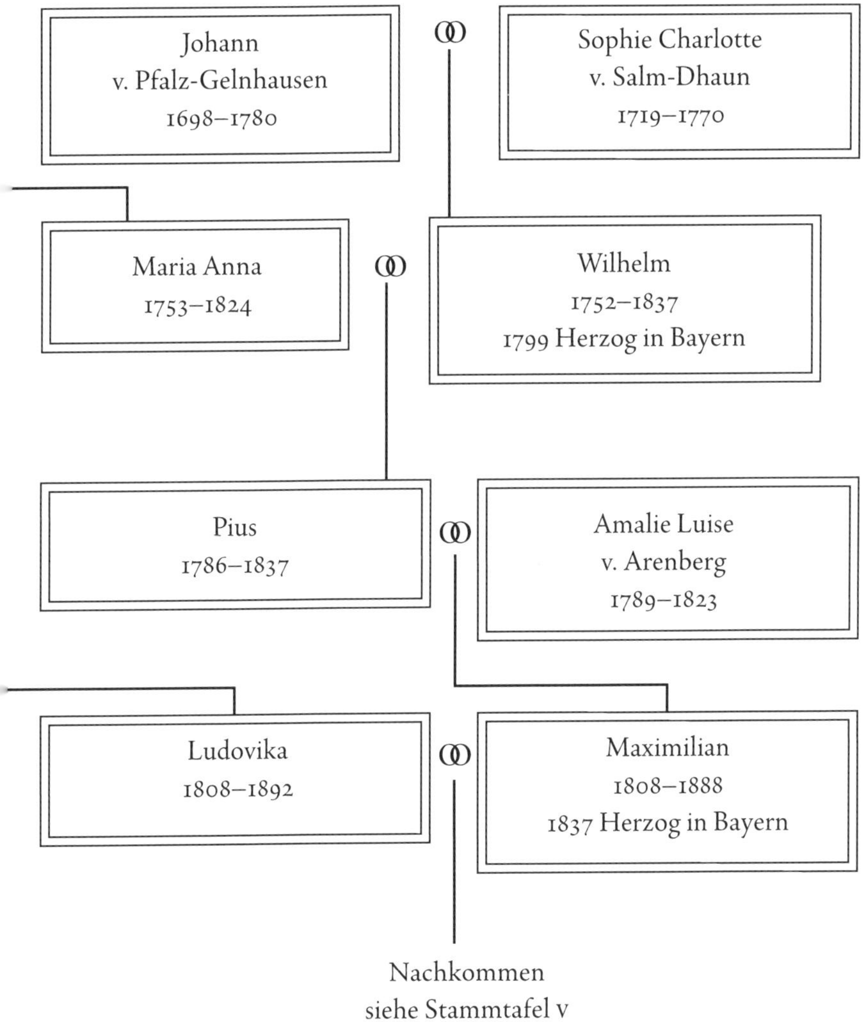
Johann
v. Pfalz-Gelnhausen
1698–1780
Sophie Charlotte
v. Salm-Dhaun
1719–1770
Maria Anna
1753–1824
Wilhelm
1752–1837
1799 Herzog in Bayern
Pius
1786–1837
Amalie Luise
v. Arenberg
1789–1823
Ludovika
1808–1892
Maximilian
1808–1888
1837 Herzog in Bayern
Nachkommen
siehe Stammtafel v

II. Das Bayerische Königshaus

Auguste Wilhelmine
v. Hessen-Darmstadt
1765–1796

⚭
I. 1785

Maximilian I. Joseph
1756–1825
1799 Kurfürst v. Pfalz-Bayern
1806 König von Bayern

Ludwig I.
1786–1868
König von Bayern
(1825–1848)
1810 ∞ Therese
v. Sachsen-Hildburghausen
1792–1854

Auguste Amalie
1788–1851
1806 ∞ Eugéne
de Beauharnais
1781–1824

Maximilian II.
Joseph
1811–1864
König v. Bayern
(1848–1864)
1842 ∞ Marie v.
Preußen
1825–1889

Otto
1815–1867
König v.
Griechenland
(1832–1867)
1836 ∞ Amalie
v. Oldenburg
1818–1875
=

Luitpold
1821–1912
Prinzregent v.
Bayern
(1886–1912)
1844 ∞ Auguste
Ferdinande
v. Österreich-
Toskana
1825–1864

Ludwig II.
1845–1886
König v. Bayern
(1864–1886)

Otto I.
1848–1916
König v. Bayern
(1886–1916)

Linie Luitpold
siehe Tafel IV

∞
II. 1797

Karoline Friederike
v. Baden
1776–1841

sechs Töchter
siehe Tafel III

Karoline Auguste
1792–1873
II 1816 ∞ Franz I.
Kaiser v. Österreich
1768–1835
=

Karl
1795–1875
I 1823 ∞ Sophie Petin
1796–1838
II 1859 ∞ Henriette Schoeller
1815–1866

Alexandra
1826–1875
=

Adalbert
1828–1875
1856 ∞ Amalia
v. Spanien
1834–1905

drei weitere
Töchter

Linie Adalbert
siehe Tafel IV

III. Die Schwestern von Ludovika in Bayern

Auguste Wilhelmine
v. Hessen-Darmstadt
1765–1796

∞

Maximilian I. Joseph
1756–1825
1799 Kurfürst v. Pfalz-Bayern
1806 König von Bayern

Nachkommen
Tafel II

Zwillinge

Zwillin

Elisabeth
(Elise)
1801–1873
∞ Friedrich Wilhelm IV.
König v. Preußen
1795–1861
=

Amalie
1801–1877
∞ Johann I.
König v. Sachsen
1801–1873

Maria Anna
1805–1877
∞
Friedrich August II.
König v. Sachsen
1797–1854
=

acht
Kinder

Sophie
1845–1867
∞ Karl Theodor
in Bayern
1839–1909

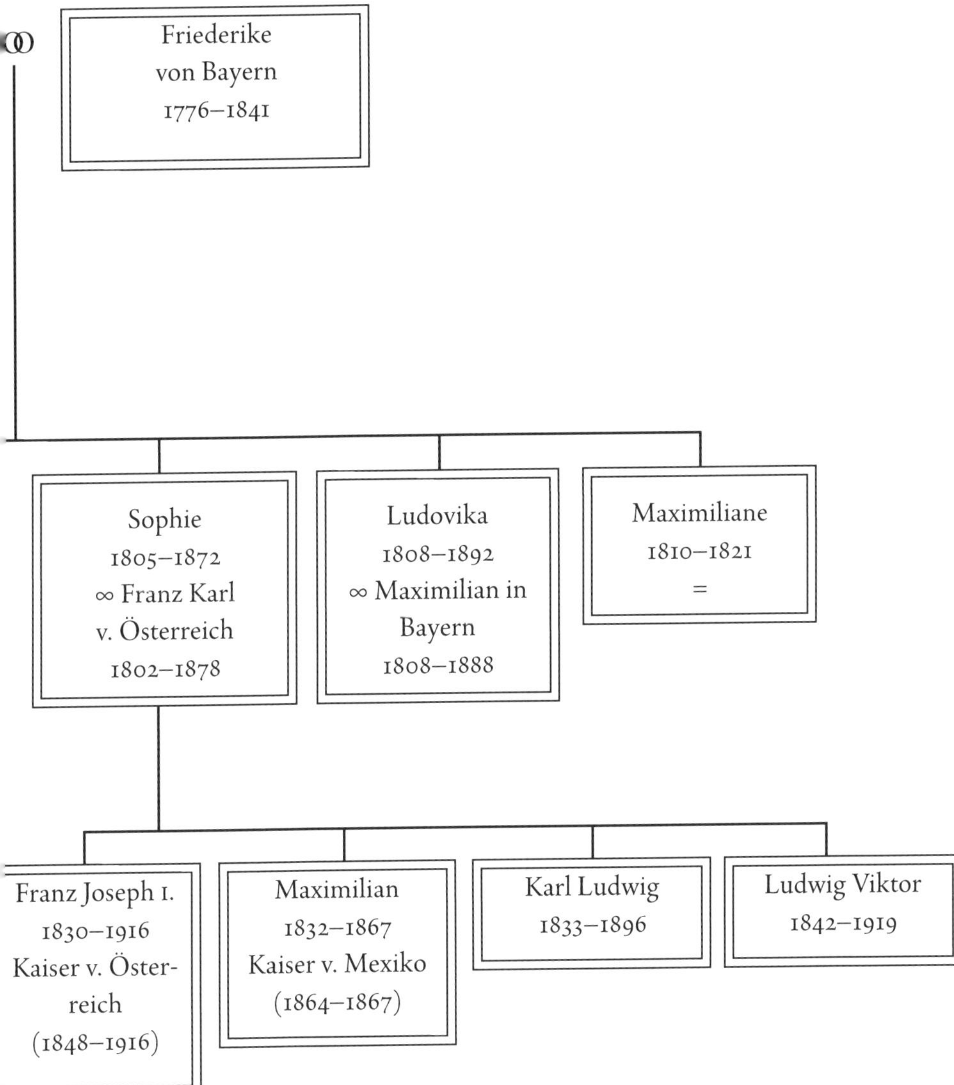
∞
Friederike von Bayern 1776–1841
Sophie 1805–1872 ∞ Franz Karl v. Österreich 1802–1878
Ludovika 1808–1892 ∞ Maximilian in Bayern 1808–1888
Maximiliane 1810–1821 =
Franz Joseph I. 1830–1916 Kaiser v. Österreich (1848–1916)
Maximilian 1832–1867 Kaiser v. Mexiko (1864–1867)
Karl Ludwig 1833–1896
Ludwig Viktor 1842–1919

IV. Die Linien Luitpold und Adalbert des Bayerischen Königshauses

- Ludwig I.
  1786–1868
  König v. Bayern
  (1825–1848)
  - zwei weitere Söhne und vier Töchter
  - Luitpold
    1821–1912
    Prinzregent v. Bayern
    (1886–1912)
    1844 ∞
    Auguste Ferdinande
    v. Österreich-Toskana
    1825–1864
    - Ludwig III.
      1845–1921
      1912–13
      Prinzregent
      1913–18
      König von Bayern
      1868 ∞
      Maria Therese
      v. Österreich-Este
      1849–1919
    - Leopold
      1846–1930
      1873 ∞
      Gisela v. Österreich
      1856–1932
    - Therese
      1850–1925

∞

Therese
v.
Sachsen-Hildburghausen
1792–1854

Adalbert
1828–1875
1856 ∞ Amalia
v. Spanien
1834–1905

Arnulf
1852–1907
1882 ∞
Therese
v.
Liechtenstein
1850–1938

Ludwig
Ferdinand
1859–1949
1883 ∞
Maria de la
Paz
v. Spanien
1862–1946

Alfons
1862–1933
1891 ∞
Louise
d'Orléans
1869–1952

Elvira
1868–1943

zwei weitere
Töchter

v. Sophie und ihre Geschwister

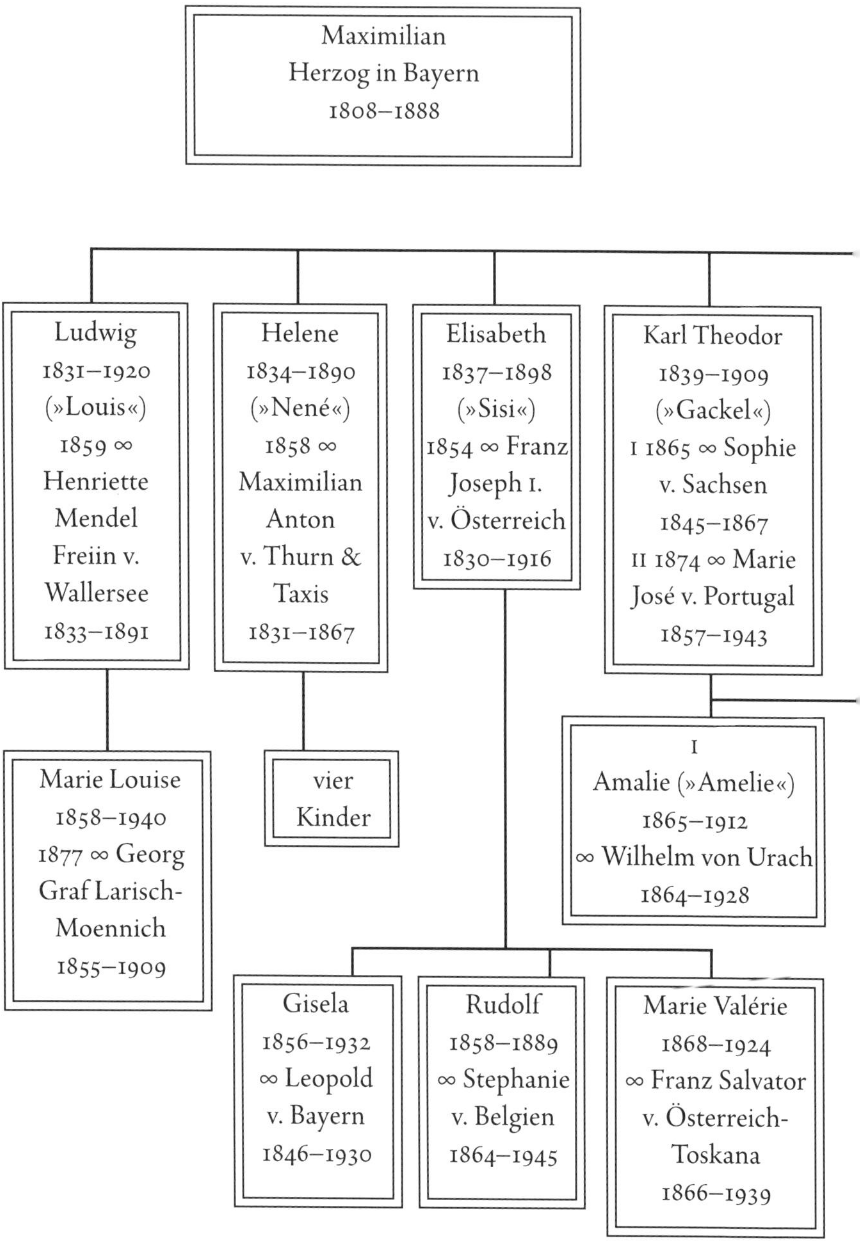

Ludovika
von Bayern
1808–1892

∞
1828

Marie
1841–1925
1859 ∞
Francesco II.
v. Neapel-
Sizilien
1836–1894

Mathilde
1843–1925
(»Spatz«)
1861 ∞
Luigi
Graf Trani
1838–1886

Sophie
Charlotte
1847–1897
siehe Tafel
VII

Max Emanuel
1849–1893
(»Mapperl«)
1875 ∞
Amalie
v. Sachsen-
Coburg-Gotha
1848–1894

II
fünf Kinder

drei
Söhne

Maria
Christina
1869–1870

Maria
Theresia
1867–1909
∞ Wilhelm
v. Hohenzollern
1864–1927

VI. Das Haus Orléans

Louis Philippe I.
1773–1850
König der Franzosen
(1830–1848)

- Ferdinand
  1810–1842
  Herzog v. Orléans
  1837 ∞
  Helene
  v. Mecklenburg-Schwerin
  1814–1858
  - Philippe
    1838–1894
    Graf v. Paris
  - Robert
    1840–1910
    Herzog v. Chartres
- Louis
  1814–1896
  Herzog v. Nemours
  1840 ∞
  Viktoria
  v. Sachsen-Coburg-Gotha
  1822–1857
  siehe Stammtafel VII
- Clémentine
  1817–1907
  1843 ∞
  August
  v. Sachsen-Coburg-Gotha
  1818–1881
  - Amalie
    1848–1894
    1875 ∞
    Max Emanuel
    Herzog in Bayern
    1849–1893

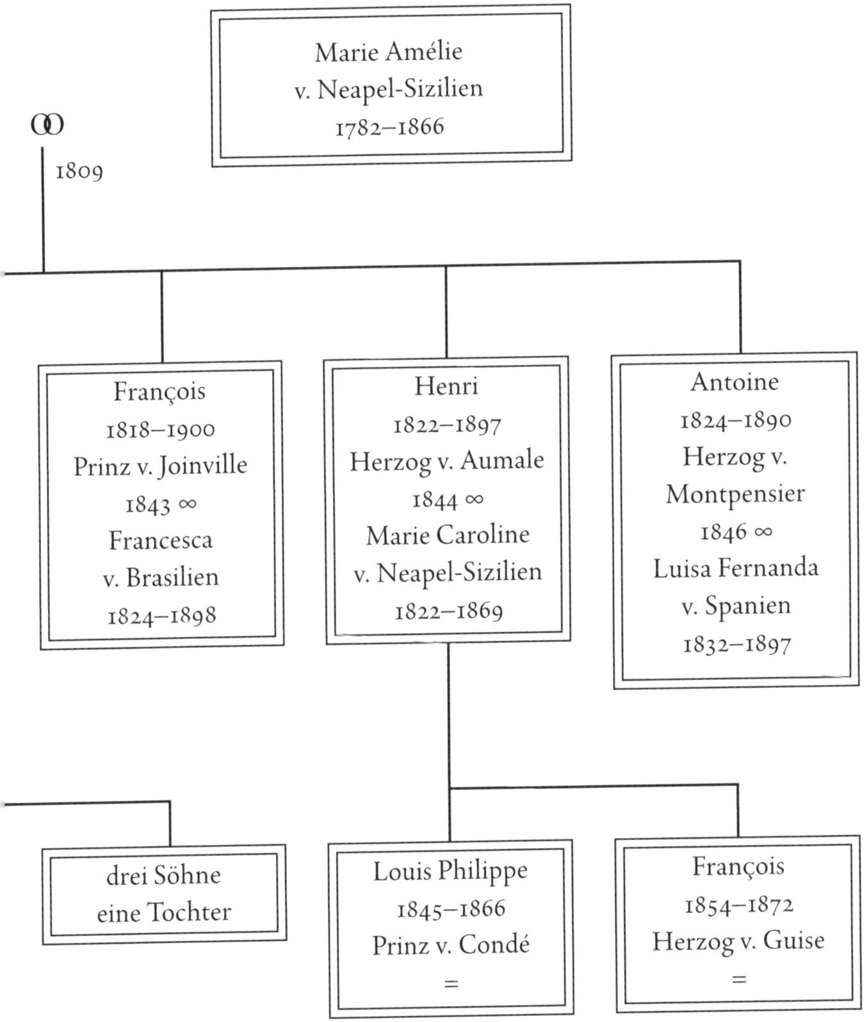
Marie Amélie
v. Neapel-Sizilien
1782–1866
∞
1809
François
1818–1900
Prinz v. Joinville
1843 ∞
Francesca
v. Brasilien
1824–1898
Henri
1822–1897
Herzog v. Aumale
1844 ∞
Marie Caroline
v. Neapel-Sizilien
1822–1869
Antoine
1824–1890
Herzog v.
Montpensier
1846 ∞
Luisa Fernanda
v. Spanien
1832–1897
drei Söhne
eine Tochter
Louis Philippe
1845–1866
Prinz v. Condé
=
François
1854–1872
Herzog v. Guise
=

VII. Die Familie des Herzogs von Nemours

Louis
1814–1896
Herzog v. Nemours

- **Gaston**
  1842–1922
  Graf von Eu
  1864 ∞ Isabella von Brasilien
  1846–1921
  - **Pedro** 1875–1940
  - **Luiz** 1878–1920
  - **Antonio** 1881–1918
- **Ferdinand**
  1844–1910
  Herzog von Alengon
  1868 ∞
  Sophie Charlotte in Bayern
  1847–1897
  - **Louise**
    1869–1952
    1891 ∞ Alfons von Bayern
    1862–1933
  - **Emmanuel**
    1872–1931
    Herzog v. Vendôme
    1896 ∞
    Henriette von Belgien
    1870–1948

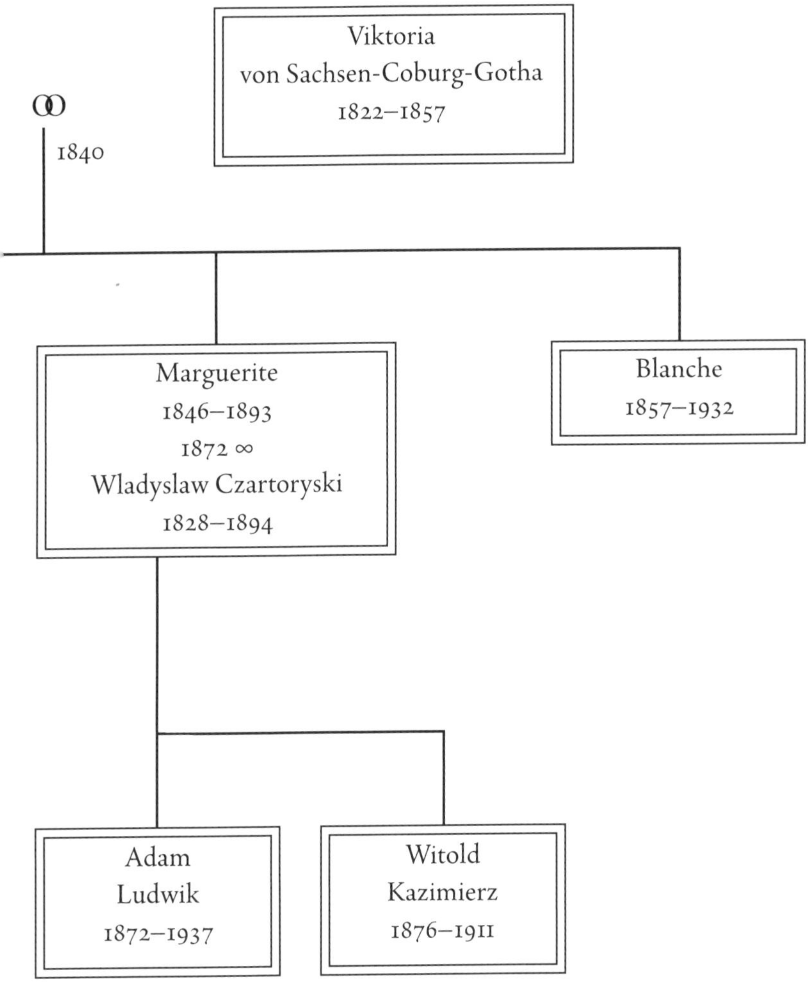
Viktoria
von Sachsen-Coburg-Gotha
1822–1857
∞
1840
Marguerite
1846–1893
1872 ∞
Wladyslaw Czartoryski
1828–1894
Blanche
1857–1932
Adam
Ludwik
1872–1937
Witold
Kazimierz
1876–1911

Personenregister

Verwendete Abkürzungen:
Frhr./Frfr. = Freiherr/Freifrau
Gf./Gfin. = Graf/Gräfin
Hzg./Hzgin. = Herzog/Herzogin
Kf. = Kurfürst
Kg./Kgin. = König/Königin
Ks./Ksin. = Kaiser/Kaiserin